身體技能實踐的
反映與轉化

鄭仕一　蕭君玲著

文 史 哲 學 集 成
文史哲出版社印行

國家圖書館出版品預行編目資料

身體技能實踐的反映與轉化 / 鄭仕一, 蕭君
玲著.初版 -- 臺北市：文史哲, 民 102.03
頁；公分（文史哲學集成；637）
　　參考書目：　　頁
　　ISBN 978-986-314-092-4（平裝）

1.武術　2.民族舞蹈　3.哲學

928.9701　　　　　　　　　　102004039

文史哲學集成　　637

身體技能實踐的反映與轉化

著　　　者：鄭　仕　一　　蕭　君　玲
出 版 者：文　史　哲　出　版　社
　　　　　http://www.lapen.com.tw
　　　　　e-mail：lapen@ms74.hinet.net
登記證字號：行政院新聞局版臺業字五三三七號
發 行 人：彭　　　正　　　雄
發 行 所：文　史　哲　出　版　社
印 刷 者：文　史　哲　出　版　社
臺北市羅斯福路一段七十二巷四號
郵政劃撥帳號：一六一八〇一七五
電話886-2-23511028・傳真886-2-23965656

實價新臺幣四二〇元

中 華 民 國 一〇二 年（2013）三 月 初 版

身體技能實踐的反映與轉化

目　　次

第一篇　緒　論

第一章　研究背景

第一節　傳統與創新

　　身體文化的傳承與創新是築基於身體不斷的實踐，所謂的傳承與創新也是在一次又一次的身體實踐中發生著。身體實踐傳承著身體文化的精神、意義、象徵，也傳承著身體文化的規律、規範、制度等。然而，在歷史的進程中，身體實踐的主體是不斷地變換著，一代接著一代延續下去，技術不斷精進，文化不斷深化，意義不斷地延展，這其中即蘊涵著「傳承與創新」的發展。問題在於如何看待「傳承與創新」這看似二種不同層面的議題！傳承意謂著延續「傳統」，保留「傳統」，但這究竟是否意謂著「傳統」的不可變異性呢？或者由另一個角度而言，「傳統」的不可變異性，實際上是難以存在的。這現象似乎並不難理解，因為身體實踐著身體文化，其實踐的主體在不同的時間裡、不同的空間裡都有所不同，然而不同的主體對於身體文化的實踐觀點、實踐態度、實踐行為、實踐習慣都存在著差異性，此差異性就必然導致身體文化的傳承必然包含著創新的意義，也因此，身體實踐著身體文化，一方面傳承著傳統的意涵，一方面也自然且必

然地創新著每一次的實踐。學著曾嘯良表示：

> 傳統與創新之間的模糊地帶，向來是文化界爭辯不休的焦點。[1]從整個社會文化的演化過程來看，傳統是文化發展延續的基礎，…在歷史的傳承之中，總有些適合的傳統被保留，不適合的傳統被放棄。傳統在它所屬的那個時代也曾經是創新的產物，創新和傳統是一個不斷演化的過程，今日的創新將成為明日的傳統。唯有在當代同一社會組織下的人群創新能力不足，無法接續歷史或反映時代與社會特色之時，民族文化才會漸趨虛弱而貧乏。[2]

　　傳承不代表著完整的複製或再現！完整的傳承存在著「不可能性」，其原因在於：身體的感知受制於時間與空間、傳承的完整性又取決於他者的詮釋性、太多的變異因素存在於身體文化的實踐之中。因此，由另一個視角來看：傳承本身是蘊藏一種破壞性！對傳統的傳承本身，即蘊含著破壞性，因為每一次的實踐中，乃是不同的身體性、不同的實踐性及不同的意義性。然而這三種層面的差異性就構成了傳承的破壞性。換句話說，因為空間的不同、時間的不同、主體的不同、身體感知的差異，都會引發在傳承的實踐中，自然而然地運用「創造性詮釋」的現象。

　　身體文化在傳承的過程中存在著太多的變異性，實踐主

1　曾肅良，《傳統與創新 —— 現代藝術的迷思》（臺北：三藝文化，2002），封底。
2　曾肅良，《傳統與創新 —— 現代藝術的迷思》（臺北：三藝文化，2002），83-84。

體的不同、實踐場域的不同、時間的不同、互動（競賽）對象的不同等都會形成變動。身體文化的傳承與創新，它發生在空間的差異、時間的延續及他者的詮釋三個方面。在這三個方面的變異狀態下，身體文化既必然有著繼承與保護的作用，亦自然有著創新與發展的能量。身體文化傳承的對象即是我們一般所說的「傳統」，然而，傳承與創新之間實在太過於模糊、渾沌不清。若由空間的差異、時間的延續及他者的詮釋三個方面的變異現象來說，在一般常見的認知當中，似乎一般對「傳統」這個概念有著模糊且誤解的概念：**即「傳統」是某種固定的、不變的形式、原則與風格的表現。**似乎只要不符合傳統既定的形式、原則、風格，就容易被專家評斷為非傳統的表現，在此概念下的文化發展，即容易出現所謂「傳統」與「非傳統」的一種粗略的二分法。例如在近幾年民俗民族舞蹈的身體表現，其表現技術、形式與風格早已和傳統大不相同，這是創新程度遠大於保留傳統形式的文化發展現象。但值得注意的是不論民族舞蹈如何創新其表現形式、風格，它仍然是在傳統的基礎上來進行的。

的確，傳承與創新似乎很難以明確分開來看待，它在文化的發展脈絡中似乎同時存在、同時形成二股力量，拉扯著文化的發展。在現代科技發達的時代，各種身體文化的實踐場域裡，不免地由各種科技產物介入實踐之中，這些介入也就自然會改變著身體文化的發展。例如這幾年溫布頓網球賽，選手可以藉由鷹眼來挑戰線審的判決，為自己的競賽爭取更多的利基；美國職棒也開始考慮透過錄影重播來判定爭議的判決。由此可知，傳承的難度在於各種新穎的、多元的

因素不斷介入身體文化的實踐場域裡，不起變化幾乎是不可能的，然而創新也就在一種主動的（介入新因素）與被動的（接受新因素）的過程裡存在著，當然，它是在傳統的基礎上發生著。看來，似乎傳承與創新並不是二回事，而是二種作用力，它是文化發展必然存在的二種作用能量，觀察各種身體文化的發展，不難發現它的蹤跡。

傳統身體文化的規律是順應社會思潮而不得不進行改變的！完整地想在實踐之中保留傳統是不可能的，原因在於每一次的實踐之中，都存在著主要的差異性：空間的差異性、時間的延緩性及他者的詮釋性。每一次身體實踐的空間都有所不同，身體的感知會有所差異，因此，身體實踐過程中的反映也有所不同；然而，每一次身體表現都會有新的現象發生，這在主體的感知當中，會形成反映的延緩作用，造成對未來的實踐有不同的觀點與對應；另外，就是來自於主體之外的他者的詮釋，可能來自於隊友的意見、教練的指導、觀眾的反應等。這一切都在身體文化的傳承過程中發生著，它起著變化！

傳統與創新常是一種難以解決的迷思！傳統與創新是一個整體，是一體二面的現象。有些人認為傳統就是原汁原味的風貌，是不可被改變的形式與風格。現代社會裡，許多的藝術創作者，始終得面對這個問題：傳統與創新。尤其本研究所探討的民族舞蹈創作更甚之。傳統與創新似乎左右為難著創作者，每當創作過程中，總得思索著這樣的問題，但這樣的問題是不是一種迷思呢？創作者應如何重新思索面對它的態度與立場。曾肅良在論傳統與創新時指出：**傳統來自不**

斷地創新。

> 創新與傳統的關係是不可分割的整體，只有創新為歷
> 史所接受，創新才可能成為傳統，創新在傳統背景的
> 烘托下才能顯出其創新的意義，兩者相輔相成，不斷
> 地融合消長，汰蕪存菁，它是長時間的累積、淘汰和
> 醞釀發酵的文化過程。[3]

　　創新是文化發展不可避免的現象，或許我們應該更正確
地、更深入地理解這個現象，才能更適切地面對文化的發展，
但這並不意謂著應該捨棄傳統，而是二面兼具的對待。身體
文化的傳承，蘊涵著雙重層面，這包括：傳統的再現性、傳
統的創造性。前者以繼承、保護傳統文化為目的，後者則以
改變傳統文化的形式、風格以利其發展為目的。這雙重意蘊
取決於實然與應然的效應，實然，為傳統文化遺留下的事實
面；應然，則為當代思潮下被創造的價值面。其實，縱然是
傳統的再現性，它重視傳統文化遺留下的事實面，也不可避
免地、被動地產生一些創新的元素！然而，許多的創新現象，
僅是在空間上或時間上有著些微的差異罷了！例如我們在時
間上的改變造成身體表現節奏的創新，在空間上的變化造成
競賽評分的改變等。林谷芳教授對於新舊事物曾表示：

> 原創呢？科學上有句話：「尖端為常規之和」，新事
> 物其實是舊事物的重新組合，沒有那種是絕對原創
> 的，在這裡，可以有異質性的創造，也可以有同質性
> 的演化，你不能說前者一定較高，因為文化的積澱必

---

3 曾肅良，《傳統與創新 —— 現代藝術的迷思》（臺北：三藝文化，2002），
　81-82。

須有後者的基礎。[4]

認知傳統文化完整再現的不可能性，可以令我們重新思索與面對傳統文化的態度，我們應該以傳承的雙重意蘊來看待身體文化的傳承與創新，這可以較正面地理解傳統在文化發展的過程中不可避免地會遭到破壞性的解構，原因其實也很簡單：因爲歷史也正在發生變化。經由上述初探，可以理解傳承過程中的變異來自於幾個差異：感知焦點、實踐能力、他者詮釋、持續時間。由於歷史正不斷地發生變化，文化也必然產生變化，而變化之中是對傳統的傳承，也是對傳統的創新，這二者是同時存在且發生作用的，僅在於作用程度的大小存在著差異。

身體文化經驗的「集結」不論是個體化的或是集體化的，它總是一種在場顯現而又帶著不在場顯現的一種印跡（trace）（或稱爲印跡），而這印跡的生發是「身體存在性」的一種現象，這一印跡有時外顯，有時隱匿，但它總是在時間的流動上、在空間的位移上，恒常地生發著變異，就有如 Jacques Derrida（德里達）解構理論中的「延異」現象：

> "延異"是差異的有系統遊戲，是差異的特徵的有系統遊戲，是使各因素相互聯繫的空白（spacing）的有系統遊戲。這種空白同時既是主動地又是被動地產生間歇。沒有間歇，豐富的術語就不能有所意指，不能有所作為。[5]

4 林穀芳，《期待民族舞的朗然存在：樂舞臺灣 —— 臺北民族舞團二十週年特刊》（臺北：台灣舞蹈雜誌社、台灣樂舞文教基金會出版，2007），15-16。
5 德希達（Jacques Derrida）著，《立場（Positions）》（楊恆達、劉北成譯）（臺北：桂冠出版，1998），29。

　　Jacques Derrida 提出「文本（text）」的概念來進行解構，他說：「文本之外無物」，[6]這即是說，所有的信仰實踐都在文本之中，同時也在重覆歷史文本的同時創構新的文本，此文本的遵循、重覆、創構都築基於一種「身體感」，此「身體感」位於現實與虛幻的交界處，它是理性與感性的交互作用下的結果，「身體感」來自於軀體性態式的種種運行的「在場性回饋」，亦來自於心靈性漾動的「不在場回饋」，二種不同的回饋共同書寫出關於傳統文化實踐的文本，不論任何形式的傳統文化實踐皆為如此。狹義的文本，指涉某一明確的主題、對象，而廣義的文本，指涉某種意義的傳達的符號體系，一種傳統文化活動，一種傳統文化實踐的呈現，它可以是文字語言符號系統的，也可以是人們自然本性的身體行動，身體行動即由「身體感」來主導，在傳統文化實踐的過程中，乃以一種身體行動來實踐，其身體行動包含著非文字及語音符號的書寫，也包含著以文字、語音符號的書寫，由於傳統文化的遺傳與脈絡之故，身體實踐得在這些傳統文本上來運作，但由於「身體感」的變異性及作用性，使得每一次的身體實踐都是在傳統文化的文本脈絡上，刻劃著新的文本痕跡。在 Jacques Derrida 看來，「任何新敘事文本都是在摹仿已有的文本的基礎上形成的。一個文本的運行過程必然是一個既重覆又重寫舊文本的過程（Jacques Derrida 將之稱作是"二重敘事/double narrative），必然是一個文本的自我變

---

6 Jacques Jacques Derrida, trans. by G. C. Spivak Baltimore.Of Gammatology, 1976. P. 5-6.

異過程」。[7]由此觀點，就解構了「傳統」這個概念，也解構出傳統文化實踐的另一層創新文本的意義。一個傳統文化實踐的運行，它既是重覆亦是重寫，重覆就象徵著傳統的延續，重寫就象徵著在傳統的延續上進行的新文本創作。一種真正的傳統文化實踐文本，是對過去的文化傳統、形式的模仿，同時亦是實踐者個性化的創造和變革，是一種既繼承又創新的運行，傳統文化實踐即是 Jacques Derrida 所言的現象：「雙重折疊（double invagination）」。

Jacques Derrida 言：

> 我堅持認為文字或 text 無法還原到書寫的或字面的，可感的或可見的在場，[8]text 從不是由符號和能指構成的。[9]trace 的無處不在表明所謂的自身實際上是由無數他者交織而成的，text 實際上就是由互文構成的。[10]

因此，文本（text）本身就是互文性的，是差異與延緩性的，這在解釋宗教信仰的實踐現象，是一種較為貼近的詮釋。文本（text）本身就是互文性的，就表示其文本的核心並不在主體自身之中，亦不存在於事件本身。互文性就表徵著存在著某種動態的交織現象。以傳統文化實踐的「身體

7　蕭錦龍，《德里達的解構理論思想性質論》（北京：中國社會科學出版社，2004），188。

8　J. Jacques Derrida, trans, by Alan Bass. Position. The University of Chicago Press, 1981. P.65.（引自周榮勝，〈論德里達的本文理論〉，《北京社會科學》，4（2000）：120-130。）

9　J. Jacques Derrida, trans, by Barbara Johnson. Disse mination. The University of Chicago Press, 1981. P.261.（引自周榮勝，〈論德里達的本文理論〉，《北京社會科學》，4（2000）：120-130。）

10　周榮勝，〈論德里達的本文理論〉，《北京社會科學》，4（2000）：120-130。

—漾‧態」表現為例，究竟所為的中心點或核心是存在於主體的軀體性態式，還是存在於主體的心靈性漾動，而此二者又是以那一者為其主體的關鍵因素。由互文性的現象來看，可以推衍出這二者是「互為主體性」的表現，其所謂的核心也不存在於這二者的任何一者，而是存在於這二者的互動關係裡，唯有在此互動關係之中，才能成為傳統文化實踐的關鍵因素。

> 文本是一種非中心化的結構。無中心的結構就是結構因素不斷重複、代替、轉換、和置換的遊戲活動，因而是一種無限開放性的結構。[11]

在傳統文化的規範裡，其軀體性態式的結構是較趨於穩定的結構狀態，其各種規範化的軀體性態式是較強烈依存在傳統的脈絡；相反地其心靈性漾動的可變異性是極高且不穩定的狀態。唯此二者已如前述所提，是一種重疊、重覆、重新的現象，因此是難以明確切割來分別探究的，尤其是在傳統文化實踐的身體觀之中。

> 圍繞中心搭建起來的結構這個觀念雖然表現為自身的連貫統一，並且是哲學或科學知識的先決條件，它卻是一種自相矛盾的連貫統一。在缺乏中心和本源的情況下，一切都變成了話語，也就是說變成了一個系統，在此系統中，中心所指即本源的和先驗的所指絕對不存在於一個差異的系統之外。這種先驗所指的不在場無限地擴展了意指的領域和遊戲。[12]

---

11 周榮勝，〈論德里達的本文理論〉，《北京社會科學》，4（2000）：120-130。
12 周榮勝，〈論德里達的本文理論〉，《北京社會科學》，4（2000）：120-130。

因此，傳統文化此種充滿著重疊、重覆、重新的「身體感」所創構的文本是難以定義，是多元意義的文本，由於傳統文化實踐並不完全透過語言和文字符號來表現，其大部分是以軀體性態式及心靈性漾動的融合來表現其實踐的核心意義，所以傳統文化實踐的文本因「身體感」的極高變異性而具有更廣闊、更差異化、更多元的特點，也蘊涵著更自由的文本性及更複雜交織的互文性。這種多元性或互文性並不源自於某種本源的、終極的概念，它持續差異化的運行著，有著不可還原的多元性。

「身體感」的意義是在延緩性與差異性的時空裡發生變化與作用性的，由於互文性的表述意涵，「身體感」在傳統文化實踐裡可說是主體與文化媒介及身體表現核心意義之間的交流現象。因為：

> 意義所指不是源自事物本身的屬性而是源自一種事物與其他事物間的差異關係，能指符號也不由概念所指決定的，而是源自一種符號與另一種符號的差異關係。[13]

傳統文化實踐的文本，透過身體表現之軀體性態式與場域中的文化符號所構成一種綜合性的、解構性的符號表現，傳達或表述著某種深層隱晦的意義及創作或表現之思。這其中正是在主體與文化符號之間所交互而成的差異關係，才使得傳統文化的核心意義或信仰之思得以被表述，事件因而發生，意義因此而被「他者」再詮釋，「意義的過程是一種遊

---

13 蕭錦龍，《德里達的解構理論思想性質論》（北京：中國社會科學出版社，2004），77。

戲的差異，這意味著無論是說話的秩序還是書寫的話語，符號的功能都只有在與另外的符號相互參照中才有可能實現」。[14]所以，傳統文化實踐的文本並不在實踐之中，而在於實踐的「身體——漾‧態」與「他者」或傳統文化與創作場域中之相關的媒介相互交織的關係之中，在此複雜的關係中，永遠創造著另一種可能性的空缺，使得差異、變動、發展可以繼續的延遲下去。因此，傳統文化的創作得以發生，傳統與創新也因此一空缺而得以合理、和諧的存在著。

　　傳統與創新存在著一個多元且差異化的「撕裂空間」，傳統到創新之間也存在著極為複雜的「反映」與「轉化」的現象，本文將以傳統與創新為背景，探究身體技能實踐中的「反映」與「轉化」的現象。

第二節　身體技能實踐的反映

　　身體技能實踐，意謂著許許多多透過身體技能表現的技藝，舉凡各類的運動項目，不論西方或東方，不論傳統與當代新興的項目，都可以是身體技能實踐的範圍裡，唯本研究將集中幾個筆者較熟悉的項目。身體技能實踐是一種身體處於有著某種規律性的與某種獨特性的動態過程，身體技能表現是在一種熟悉的規律裡運行著，既然是在熟悉的規律中運行著，那麼每一次的運行，都會逐漸產生並累積許許多多的

---

14 李建盛、劉洪新，〈德里達的解構哲學及其對藝術真理的理解〉，《湖南科技大學學報》，7.1（2004）：8-11。

深沉的、內化的感知。然而，這些感知卻不是那麼容易將之明確化、規範化成簡易的條理或口語化的資訊，也就是說這些深沉的、內化的感知是不易於表達出來的，或說不容易將之感知的全部內容透過簡單明確的方式傳達出來。此種深沉的、內化的感知當然是一種屬於身體技能實踐中的知識體系，它由實踐的過程中逐漸累積而成，這種知識體系就是一種「內隱知識」。既然有「內隱知識」，那麼是否有與其相對的另一種知識體系？沒錯，既然設定了「內隱知識」，那麼另一種與其相對的知識體系就是「外顯知識」，它的特點就是正好與「內隱知識」相對應的，它是可以明確的、簡單易了的形式傳達出來，具有規律性、規範性、結構性、明確性等特點，它並沒有「內隱知識」那種隱晦、含混、曖昧的特點。然而，對於身體技能實踐而言，這二種知識體系都是非常重要且存在著差異性與互補性的現象，二者皆是良好身體技能實踐所不可或缺的知識體系。

　　其實「內隱知識」與「外顯知識」是互相增補的現象，許多好的、簡明的、有效的「外顯知識」都來自於自身獨特的「內隱知識」，相對的，許多獨特的「內隱知識」也都來自於「外顯知識」的刺激所致。例如中國武術裡有很多的武術諺語，就是一種好的「外顯知識」，能夠引動內在強烈的想像，創造出獨特有效的「內隱知識」。舉例來說，下列的武術諺語，都蘊涵著很好的想像空間：

　　　　坐如鐘，立如松，行如風，臥如弓！

　　　　吸氣綿綿，呼之微微！

　　　　忘卻呼吸，氣血自暢！

> 起如猿摘果，下如燕抄水，蓄力如開弓，發力如放箭！
>
> 進功如春蠶吐絲，退功如流水即逝。
>
> 起動如龍行雲，落地如同樹栽根。[15]

　　身體技能實踐的過程裡，不論是「內隱知識」或「外顯知識」，它們都不會是單獨存在、單獨產生作用的。事物總是一體二面，甚致一體三面或多面向的，對於身體技能實踐過程中的不同感知與理解，是由於原有的知識基礎上所造成之「焦點意識」的不同，也就是對於事物或情境中的變化，其意識所聚焦的重點在不同的主體之中，有不同的聚焦重點，也因此而產生了不同的感知與理解，進而衍生出獨特的「內隱知識」。當然，「內隱知識」存在於內在心靈之中，以隱晦的、含混的、曖昧的特點存在著，就連主體自身也模不著頭緒似地，只能明確的知道自身內在的某種感知影響著身體技能的實踐。但是，人們總有一種在內在的這類感知「賦形」的習慣，也就是將之形式化，身體文化之所以能成為文化，也就在於這類的形式化所積累而成的一系列體系的身體技能。

> 形式，以其規則性，突出地表現為與個體感性相對立的理性性質，是為"形式理性"。形式理性，正是人文科學的普偏性之所以成立的理由。因為有了它，文化才有了普遍性，可交流性，可傳遞性。也正是經由形式理性，紛繁複雜的文化感受才能被形式化，成為

可以理解的文化現象。[16]

正是由於人類心智中的這一「賦形」的習慣，使身體技能能夠成就爲一種豐富的文化體系，諸如中國武術、民族舞蹈等。而此一「賦形」的習慣也是使得「內隱知識」能與「外顯知識」成爲相互增補的原因。至此，似乎可以微微地感受到其身體文化實踐中的「反映」，是在「內隱知識」與「外顯知識」之間相互遊走，它並不屬於其任何一方。同時，也似乎可以感受到其「反映」也受著形式理性的影響，也就是在「賦形」的過程中，其「反映」的內容很可能會被增強。身體技能實踐的「反映」之所以會遊於「內隱知識」與「外顯知識」之間，主要乃受到形式符號的影響，由於「外顯知識」所能運用之形式符號，在本質上有著侷限性的存在，因此常見「外顯知識」無法完整的、完全的表達出「內隱知識」的意涵！這一現象早在中國古老思想中即有類似的論述。例如《周易》中有許多關於意與象關係的論述，散見於許多地方，其中特別是在《系辭上》的一段論述：

> 子曰：「書不盡言，言不盡意。」然則聖人之意其不可見乎？子曰：「聖人立象以盡意，設卦以盡情僞，系辭焉以盡其言，變而通之以盡利，鼓之舞之以盡神。」[17]

《周易》中早已表明許多人們內心所思所想所意者，皆

---

16 畢芙蓉，〈意象、風格與形式 —— 卡西爾形式理性說與中國古代意象說、風格論〉，《理論學習》，7（2000）：48-50。

17 恆毓，〈周易的聖人觀與儒家的內聖外王〉，《世界弘明哲學季刊》，2000：http://www.hkshp.org/hengyu/005-1.htm。

難以透過言詞傳達出來，既然「文字與語言」皆不能完全表達內在所思所想，所以就得透過「象」來加以傳達，輔助其「文字與語言」的缺落之處。然而，具有規律性的、規範性或結構性之「象」被呈現出來時，其所能引動之內在想像則是更廣、更深的。由此可知其「象」被規律化、規範化或結構化之後，成為一種極具想像空間，或說極具創造「內隱知識」的一種「外顯知識」。「象」在身體技能實踐中可說是身體技能的表現、示範、表演，或某些既定的動作規範，例如中國武術各種派別的拳術套路、演練規範等。那麼「象」在身體技能實踐過程中是極為重要的「外顯知識」之一，「文字與語言」反倒成了配角，輔助著身體技能實踐中的「象」。由另一個角度而言，身體技能實踐中的「象」成了溝通的主要媒介，不論在選手與裁判之間、教練與選手之間或任何主體與主體之間，「象」是最為主要的主體，也就是最主要的「外顯知識」，它具有強烈的規律性、規範性與結構性。而對於身體技能實踐中的「反映」而言，關鍵點則在於「象」在不同的主體之間、在不同的時空之間，其所引動的具有差異性、創造性的「內隱知識」。由此似乎可以感到身體技能實踐中的「反映」，是相當豐富且複雜多變的，關於上述所提的，將會在本研究的後續章節更深入地探究其中的意蘊。

　　身體技能實踐場域裡經常出現許多做得出、說不出；或是感覺得到，卻又覺得模糊的情形。這些情形很可能是技高一等或是即將突破原有瓶頸的特點。這些可能都來自於不斷地身體技能實踐過程中所積累下來的種種「反映」

（Reflective[18]），這些身體技能實踐中的「反映」，它並不是一種單純的肢體動作的反應或反射動作而已，「反映」意謂著透過深度的反思進而呈現的反應動作。當然，許多人會感到訝異，在運動技能實踐的過程中如何能夠產生深度的反思，而在各各不同項目的運動技能裡，又存在著相同的或不相同的情形嗎？另外，身體技能實踐的「反映」是反思在前，反應動作在後？或是相反呢？也就是「思考」與「動作」之間似乎存在著某種時間上差異以及空間上的差異，或者以另一種說法來看，「思考」與「動作」之間似乎存在著「主客問題」，而此「主客問題」之間的界線卻又是那麼地難以切割、或明確地區分開來。的確，這是一個很關鍵的問題，在運動技能實踐中的「反映」，究竟是動作行為引導反思，或是反思創造及改變了動作行為？這即是本研究所欲探究的重點之一。而另一個值得探究的重點在於許多的運動技能實踐，似乎強烈要求在實踐技能的同時摒除掉思考的干擾，尤其是理性思考會成為技能表現的障礙。例如中國武術諺語中有一云：「拳到無心方為真」，其所強調的即是拳術應修練至自動化的反應，才能達到至高的拳術境地；另外，舞蹈表演似乎也有此現象，舞蹈家總是要求舞者達至忘我的境界，使其表演時受理性思維的干擾能降至最低程度，而將感性的成分發揮致極以期感動觀賞者。換言之，也就是在技能實踐過程中，大多數人認為思考會阻礙了快速化或藝術化的反

18　Reflective：有反射的（throwing back light）、圖像（image）、如鏡的反映（as a mirror）；亦有著深思的（thoughtful）、熟慮的或沉默思維的（given to meditation）等意思。

應，尤其是理性的思考。

　　那麼「拳到無心方為真」或「忘我」的境地，難到真的有辦法達到一種純粹的肢體反應、肢體動作而毫無思考的影響或作用力在其中嗎？筆者對於此點是保持存疑的態度！「拳到無心方為真」或「忘我」或許可以認定是高度技能實踐的一種「反映」，此種「反映」是技能的高層次表現，不論是武術或是舞蹈，亦或是其他項目的運動技能。另一方面或許可以這麼說：類似於「拳到無心方為真」或「忘我」的技能表現，它是否已不再受理性思考的干擾，而反倒是感性的感覺部分主導了大部分的實踐過程？那麼感性的感覺、感情、知覺或想像，應屬於思考的一種類別或範疇，而不應只是由理性思考來代表思考的全部意義。因此，對於運動技能的實踐而言，「反映」就蘊涵著極深、極廣的意義，至少可以分為幾個層次來探討它，以理解身體技能實踐過程中其「反映」的特點與內涵。

　　身體技能實踐的高度表現裡的「反映」，早已脫離了在實踐的過程中，其意識的焦點集中於技術本身的情況，一種「身遊於技、心遊於藝」的「反映」。「遊」的意義，乃在於精緻、極緻、熟捻、傳神、高超、自由的技能實踐，此種境地的技能實踐中的「反映」，最主要在於透過技術表現內在心靈的情意，如上述提及的「拳到無心方為真」或舞蹈表現中的「忘我」的境地。其實在其他運動項目中也是如此的，例如高爾夫球揮桿剎那，不在思索著技術本身的問題，而考慮著如何挑戰困難，擊出漂亮的致勝球；網球、羽球、游泳等亦為如此。只不過不同項目之間仍有著層次上與範疇上的

差異。「身遊於技、心遊於藝」的「反映」是高度技能表現所不可或缺的過程，這種「反映」來自於主體自身對於技能表現的「藝術性思維」與「直覺性感知」，它以一種內在自我對話的形態存在著，「藝術性思維」使得身體技能表現能以一種藝術形態存在著，並被欣賞著，即使不是屬於表演藝術類別的運動，也有許多藝術性的技能表現出現在實踐的場域裡；「直覺性感知」使得身體技能表現對於當下的變化的情境能做出適切的反應。這二個特點在技能實踐的「反映」裡，是相當重要的特點，筆者將會在後續章節進一步做深入的探討。

在技能實踐裡，其「反映」的意蘊是深化且隱晦的，它基本上具備著極大的自由性，雖然在大部分的運動技能裡，都有著相當強烈的規律性、規範性與結構性，但技能實踐的「反映」卻是在主體的技能成熟度、技能實踐的經驗及種種相關的認知所構成的基礎上被自由地運行著。「反映」使其「身遊於技、心遊於藝」，也就是身體技能、動作、姿態 是自由地運行著，心靈思維則遊戲於獨特的技藝感知之中，這二者相互增補著，互為影響著。其實，不難看出其「身遊於技、心遊於藝」的「反映」有一種相當重要的特點，即是「自由性」！不論是「藝術性思維」與「直覺性感知」都有著相當大空間的自由性。因此，身體技能實踐的「反映」似乎是一種相當自我的「遊戲」，「反映」遊戲於身體的種種技能與心靈的藝術思維之間，「反映」遊戲於感性的感知與理性的思考之間。身體技能實踐中的「反映」在某個程度上而言，它類似於一種自由的、創造的「遊戲」。康德將「遊戲」解

釋為「活動的自由和生命力的暢通」，[19]但在身體技能實踐的「反映」之中，這種自由性並非無規則的自由，而是主體依照其運動技能之規律性、規範性、結構性以及當下情境的變化所做出的高度自由性的「反映」。它是一種「藝術性思維」與「直覺性感知」的「遊戲」，包含著感性的感知、感覺、情感及理性的認知、分析等。席勒曾提出人有兩種自然的要求或衝動：

> 一個是「感性的衝動」，即要求使理性形式獲得感性內容，使潛能變為實在，也就是使人成為一種「物質東在」。另一個是「形式衝動」，即要求感性內容或物質世界獲得理性形式，使千變萬化的客觀世界現出和諧法則。前一個衝動要"把我們自身以內的必然的東西轉化為現實"，後一衝動要"使我們自身以外的實在的東西服從必然的規律"，這兩者的統一就是「遊戲衝動」。在「遊戲衝動」中，感性與理性，形式與內容統一在一起，在這種統一體中，才產生了「完整的人格」，才產生了人的自由。因此，席勒認為："人同美只應是遊戲，人只應同美遊戲。只有當人是完全意義上的人，他才遊戲，只有當人遊戲時，他才完全是人"。[20]

身體技能實踐中的「反映」似乎某種程度而言，其「遊戲」的成分很高，因為在一個相當熟練其身體技能者，最終對於這些技能實踐時的規律性、規範性與結構性都將落入其

---

19 朱光潛，《西方美學史》（北京：人民文學出版社，1979），384。
20 席勒，《審美教育書簡》（北京：北京大學出版社，1985），80。

「內隱知識」的體系裡。因為如此，所以在身體技能實踐裡的「反映」才能是自由的一種「遊戲」，才能展現其「藝術性思維」與「直覺性感知」！因此，「反映」的一種獨特的特點即是「遊戲」，「真正屬於遊戲的動詞是遊戲活動本身。……遊戲這一活動具有存身在一般的活動範疇之外的獨特本質」。[21]若身體技能實踐的「反映」具有「遊戲」的特點，而「遊戲」即是「遊戲」本身，那麼關於身體技能實踐的「反映」的研究，所要關注的重點之一，即是身體技能實踐本身的存在方式，也就是身體技能實踐本身存在的方式即是一種「遊戲」，亦因此，其「反映」才蘊涵著「遊戲」的特點。伽達默爾[22]（高達美 H.Gadermer，1900-2002）認為：

> 凡是在主體性的自為存在沒有限制主體視域的地方，凡是在不存在任何遊戲的行為的主體的地方，就存在遊戲，而且存在真正的遊戲。[23]

「遊戲」能令人感到喜悅與成就，在「遊戲」中獲勝或自我挑戰是身體技能實踐的一種規律，在身體技能實踐裡由於「反映」的藝術思維與直覺感知，使得身體技能實踐的「反映」本身極具藝術的意蘊。尤其本研究所探究的對象：中國武術、民族舞蹈、臺灣民俗活動等經常被當作一種藝術來看待，即便是其他的運動項目，只要是精彩的實踐、高超的實踐，也常被看待是一種技能藝術的表現，良好高超的技能實

---

21 胡伊青加，《人：遊戲者》（貴州：貴州人民出版社，1998），46。
22 亦有翻譯成高達美者，本文採用伽達默爾之譯名。
23 伽達默爾（H. Gadamer）著，《真理與方法》（洪漢鼎譯）（台灣：時報文化出版社，1993），151。

踐者必定具備了某種獨特性的「反映」。身體技能實踐是一種「遊戲」，一種身體技能展現的「遊戲」，而身體技能實踐的「反映」則是對既定的技能基礎與當下情境所帶出的視域[24]，進行一種綜合藝術思維與直覺感知的內在運作，它蘊涵著另一不同層次的「遊戲」意義。身體技能實踐的「反映」來自於較長時間的藝術思維與較短時間的直覺感知，這二者之間的關係是複雜緊密的，它們既非誰是主體，也非誰是客體，亦非人為主體，而「遊戲」為客體。若身體技能實踐本身是一種「遊戲」，而存在於身體技能實踐裡的「反映」是另一種自由度更廣的「遊戲」，那麼首先得要理解「遊戲」的一些論點，在此先看看伽達默爾的幾點看法：

> 第一，遊戲活動的主體性：遊戲活動的主體，並不是從事遊戲活動的人，而是遊戲活動本身。第二，遊戲是活動者的自我表現：即遊戲是活動者自身意願的表現。遊戲活動者經由玩味某種東西，或表現某種東西，而達成其特有的自我表現。第三、遊戲必須依賴於觀看者：遊戲本身是由遊戲者和觀看者所組成的整體，必須由觀看者去感受。對於觀看者而言，遊戲是在觀看者之中進行的。[25]

然而，不論是身體技能實踐的「遊戲」或是身體技能實踐中「反映」的「遊戲」，前者可謂之「遊戲」活動自身，後者則是遊戲活動者的自我表現，其中後者這種自由度較高

---

24 視域，意指由主體自身的技能基礎、對技能實踐的觀點與思想及對當下情境所感知的部份，此三者綜合之後的所能引發主體的「反映」範圍與內涵。

25 高達美的詮釋學。http://www.nhu.edu.tw/~sts/class/class_03_3.htm。

的「遊戲」現象，其實它涉及了三個部分：一是主體自身的技能基礎，二是對技能實踐的觀點與思想，三則是對當下情境的感知，此三種形塑了主體在身體技能實踐裡中的「視域」，也因此才能導致其「反映」。由於本文探討身體技能實踐中的「反映」，然而經過上述初步討論，可以將身體技能實踐本身理解為一種「遊戲」現象，身體技能實踐中的「反映」亦是一種「遊戲」現象，那麼本文對於伽達默爾的「遊戲」論述及其相關之「視域融合」的論述就有極大的興趣，同時亦可由伽達默爾的理論裡推衍出在身體技能實踐中許許多多難以言述的、隱晦的部分，這亦符合本文的主題方向。關於伽達默爾的「遊戲」觀點，他將遊戲看作是如下的一種概念，在此分為三個部分來說明：

> 遊戲是一種往返重複的運動，沒有一個使它中止的目的，而只是在不斷的重複中更新自身。這種往返運動本身是最重要的。遊戲具有一種相對於遊戲者之意識的優先性。遊戲表現了一種秩序，它的一個一般特徵是：一切遊戲活動都是一種被遊戲過程。他舉了貓現線球的遊戲以為說明：玩耍的貓選擇了一團線球來現，這線球因而參加遊戲。球類遊戲的永存性就是依據於球的自由周身滾動，球彷彿由自身做出了令人驚異的事情。由此可見，遊戲的魅力，正在於遊戲超越了遊戲者而成為主宰。[26]

> 伽達默爾云：遊戲是 "一種被動式而含有主動性的意

---

26 高寧，〈論伽達默爾對 "遊戲" 概念的重構〉，《瀋陽工程學院學報》，2.2（2006.04）：142-144。

義"。[27]往返重覆運動對於遊戲的本質規定來說是如此明顯和根本，以致誰或什麼東西進行這種運動倒是無緊要的。[28]

身體技能實踐確實是一種不斷往返重覆的活動，每一次的往返重覆都在既定的規則裡運行著，卻也存在著差異性於每一次往返與重覆之中。實踐者的「反映」基礎在於那些存在於「遊戲」之中的規律性、規範性與結構性，它建構出了時間的長度與空間的範圍；另外實踐者的「反映」關鍵在於每一次往返與重覆之中的「差異性」。另一問題在於究竟是遊戲主宰了遊戲者或是遊戲者主宰了遊戲？這個問題筆者認為是互為主體性的現象，而非任何一方主宰了另一方，用另一種方式來說：「遊戲」的主體存在於遊戲與遊戲者之間的互動關係之中，它是動態存在的狀態，也就是不斷發生變化的一種存在，「遊戲」的主體是遊存於之間的。

遊戲的存在方式就是自我表現，而自我表現是自然的普遍的存在狀態。遊戲又是一種主動性和被動性相兼的過程。在遊戲中，遊戲的存在遠遠超過它本身的意義。遊戲是由遊戲者和觀賞者所組成的整體。球員和觀眾具有一個共同的要求：玩出意義來，即以遊戲的意義內容去意指遊戲存在。[29]

---

27 伽達默爾（H. Gadamer）著，《真理與方法》（洪漢鼎譯）（北京：商務印書館，2007），146。
28 伽達默爾（H. Gadamer）著，《真理與方法》（洪漢鼎譯）（北京：商務印書館，2007），146。
29 高寧，〈論伽達默爾對"遊戲"概念的重構〉，《沈陽工程學院學報》，2.2（2006.04）：142-144。

　　伽達默爾說：只是為觀賞者 —— 而不是為遊戲者，只
是在觀賞中 —— 而不是在遊戲中，遊戲才起遊戲的作
用。[30]

　　遊戲存在的方式就是自我表現，那麼自我表現是否已然
存在著身體技能實踐者的那種來自於藝術思維與直覺感知的
「反映」，我想這個答案是肯定的。正如上述筆者所言：「遊
戲」的主體是遊存於遊戲與遊戲者之間的互動關係裡！因
此，「遊戲」本身既有主動性亦含被動性的成分。進一步推
衍之，身體技能實踐者的「反映」亦可區分為主動性反映與
被動性反映二者，前者大多來自於實踐者的藝術思維所致，
後者大多來自於直覺感知後的直接反應。當然這還可以區分
各種不同層次的關係，諸如「時間性的層次、空間性的層次、
他者存在的層次」，此形成了「反映性對話」的三層結構，
關於此部分，將成為本文的探究的重點之一。

　　遊戲主體是遊戲本身。通常的理解，遊戲的主體是從
事遊戲活動的人即遊戲者，但伽達默爾的看法是，遊
戲的真正主體不是遊戲者，而遊戲本身，遊戲只有擺
脫了自己的目的的意識和緊張情緒才能真正說在遊
戲。遊戲之所以吸引和束縛遊戲者，按照伽達默爾的
分析，正在於遊戲使遊戲者在遊戲過程中得到自我表
現或自我表演。[31]

---

30 伽達默爾（H. Gadamer）著，《真理與方法》（洪漢鼎譯）（北京：商
　務印書館，2007），155。
31 高寧，〈論伽達默爾對"遊戲"概念的重構〉，《瀋陽工程學院學報》，
　2.2（2006.04）：142-144。

> 伽達默爾云：遊戲的秩序結構好像讓遊戲者專注於自身，並使他擺脫那種造成此在真正緊張感的主動者的使命。[32]
>
> 遊戲本身對於遊戲者來說其實就是一種風險。我們只能與嚴肅的可能性進行遊戲。我們享受一種作出決定的自由，而這種自由同時又是要擔風險的，而且又是不可收回地被限制的。[33]伽達默爾說：每一種遊戲都給從事遊戲的人提出一項任務。遊戲的人好像只有通過把自己行為的目的轉化到單純的遊戲任務中去，才使自己進入表現自身的自由之中。伽達默爾說：遊戲的存在方式就是自我表現。而自我表現乃是自然的普遍的存在狀態。[34]

身體技能實踐者對於實踐情境不斷地進行著「反映」，這是一種自我表現的「遊戲」，它是遊戲活動者的自我表現，其自由度較高。在這類的「反映」裡如前述中所提及的，它涉及了三個部分：一是主體自身的技能基礎，二是對技能實踐的觀點與思想，三則是對當下情境的感知。此三種形塑了主體在身體技能實踐裡中的「視域」，或說這三種的交織作用進而產生了一種獨特的「視域」！當然，這一「視域」與身體技能實踐中的「反映」有著緊密複雜的關聯，「視域」

---

32 伽達默爾（H. Gadamer）著，《真理與方法》（洪漢鼎譯）（北京：商務印書館，2007），148。

33 伽達默爾（H. Gadamer）著，《真理與方法》（洪漢鼎譯）（北京：商務印書館，2007），150。

34 伽達默爾（H. Gadamer）著，《真理與方法》（洪漢鼎譯）（北京：商務印書館，2007），152。

與「反映」的交織結構，大體上可以由幾個部分的切入探討
之，首先是主體自身的「視域」與實踐中情境的實際狀況存
在著一種來自於「差異」的「張力」，也就是說，經由主體
的「視域」所理解或感知的部分是與實際狀況有著差異的現
象存在，但由於此差異造成了一種「張力」，此「張力」必
然地影響著身體技能實踐者的「反映」；其次，身體技能實
踐中的「反映」是否意謂著真正的「理解」，或是存在著許
多不同層面上的「誤解」；第三個部分要加以分析探究的是，
身體技能實踐中的「反映」與運動文化或身體文化之「創造」
的關係為何？運動文化或身體文化的發展是否與身體技能實
踐中的「反映」存在著關聯？伽達默爾在談及文化創造時曾
有如下的論述：

> 視域融合與文化創造 ：當讀者帶著自己的歷史「視
> 域」去理解某種歷史作品時，兩種不同的歷史「視域」
> 必然會產生一種「張力」（tension）。讀者必須擺脫
> 由作品自身歷史存在所產生的「成見」，但又不能以
> 自己的「成見」任意曲解其理解的對象。只有在解釋
> 者的「成見」和被解釋者的「內容」融合在一起，並
> 產生出意義時，才會出現真正的「理解」。這種過程，
> Gadamer 稱之為「視域融合」（fusion of horizons）。
> 惟有在人以不同態度對傳統進行「過濾」後，才有可
> 能創造出新的文化產物，這就是歷史真正的價值所
> 在。[35]

---

35 高達美的詮釋學。http://www.nhu.edu.tw/~sts/class/class_03_3.htm。

　　運動技能實踐中有許多令人驚嘆的技能表現，這是運動世界相當有價值且值得讚賞的一種藝術性技能，這通常出現在大眾預設觀點中認為極困難的情境中，如網球競賽高難度的穿越球、高爾夫幾乎不可能進洞的短切進洞球、籃球剩下零點幾秒時出手的三分得分球、棒球競賽最後半局最後一人，二好三壞後擊出的逆轉勝安打等等。這些帶有藝術性的運動技能表現是令人激賞的，這來自於運動技能實踐者在實踐過程中相當獨特的、依情境而變的一種「反映」，「反映」為一種對運動情境進行「判斷[36]」而後「實踐」的過程。它來自於個人獨特的知識、經驗與特殊情境的一種內在的對話，身體技能實踐者依運動情境的變化狀態進行技術上的修正、改變，以因應變化的情境進而執行出良好的技能表現，這稱之為「反映性對話」，它具備二種特性：藝術性與直覺性。在運動技能的實踐過程中，其藝術性意指：在知識與經驗下對情境中諸多特點的選擇與判斷；直覺性則來自於身體機能的直接反射。關於運動技能表現的「反映」常來自於身體本能的生理基礎與技術的精熟度，這種獨特的實踐知識，它包含二個主要的部分，一種是能夠以規範性、程序性的方式來進行表述或教導的部分；另一種則與之相反，是較為複雜的、多變的、難以系統化、規範化的部分。這二個部分是交互影響的情形，而藝術性與直覺性是這二部分交互作用下的結果，它體現在身體技能實踐的過程當中。

　　唯此藝術性與直覺性的「反映」有時是需要較長時間的

---

36 判斷為身體技能實踐中「反映」的重要過程，其意謂著包含理性思維與感性思維的綜合。

沉澱，或是不斷進行重覆思維之後，獲得一個創造性的理解，才能表現出其藝術性與直覺性的「反映」，那麼有時在運動情境中是極需要快速的「反映」，其「反映」的時間是極短暫，在類似的情境中又能如何進行其「反映」呢？依此觀點而推衍，是否依時間性的差異而展現出具有本質差異性的「反映」？

　　以上為本文第一篇探討的重點，依此將以「內隱知識」與「外顯知識」為主軸，結合伽達默爾的「遊戲」觀點，切入下列幾個重點：

　　一、身體技能實踐中反映的藝術性與直覺性：「如何遊戲著」。

　　二、身體技能實踐中反映性對話的三層結構：「時間性的層次、空間性的層次、他者存在的層次」。

　　三、身體技能實踐中反映的思之行與行之思：「視域」與「反映」的交織結構。

　　四、身體技能實踐中反映的破壞性：「視域融合與文化創造」。

　　五、身體技能實踐的知識轉化與「身體文化發展」的關係。

第三節　身體技能實踐的知識轉化

　　身體技能實踐知識知識經常得透過有趣的、易理解的、隱喻的或具有想像空間的方式來進行轉化，以提昇其「內隱

知識」的強度，並使之轉移至身體技能的實踐上，以期提昇技能、改善技能。

　　當一個自由式的游泳選手在競賽中進行衝刺時，他專注的焦點意識是否在於呼吸換氣的技巧或其他技能部位的實施？事實上，這些情形可能會發生在技能不成熟者身上，對專業選手而言，在長期的嚴苛訓練中早已將技能實施這樣的重要實踐規範，進一步地轉化進入非焦點意識（Michael Polanyi 稱爲支援意識）[37]，而在進行激烈的競賽時，其焦點意識可能會集中在能提昇自我整體競爭力的某種「信念」上，而這信念的內涵可能帶有「隱喻」的意味。也就是說，對於技能實踐的基本規則（如上述的握桿或游泳的換氣技巧）在實際競賽中很難成爲選手專注的焦點，根據 Michael Polanyi 的觀點：「實施技能的目的是透過遵循一套規則達到的，但實施技能的人卻不知道自己是這樣做的」。[38]一個良好的身體技能表現，是在技能實踐原則的基礎上有著整合性的發揮，所以，在運動技能的實踐中除了科學知識外，還有很多因素要考慮。透過科學的分析或許有助於選手在某一部分改善技能實踐的原則，提昇其技能水準，例如透過運動力學分析可以得知一個羽球選手的扣殺球爲何沒有威力，其原因可以由擊球瞬間其羽球拍面的角度、水平與垂直速度、角速度等來加以探尋，也可能因其中的某一因素獲得改進而提昇羽

---

37 非焦點意識，又稱支援意識，意指在特定時空中，感官知覺可感知但並不明確且模糊者。

38 邁可‧博藍尼（Michael Polanyi）著，《個人知識－邁向後批判哲學（Personal Knowledge:Towards a Post-Critical Philosophy）》（許澤民譯）（台北：商周出版，2004），64。

球扣殺球的威力。但除了這樣的科學角度來分析之外，還有更多的層面應該加以關注，諸如腦海中某種隱喻性的「意象」。

因為科學分析必竟是屬於一種「外顯知識」，而此科學分析的「外顯知識」能否轉而經過選手深思熟慮，再與動作技術的實踐做出緊密的聯結而成為選手自身的「內隱知識」，這是值得保持疑慮的！這就如我們透過力學分析，然後告訴一名內家形意拳與一名長拳的選手：「弓步正拳攻擊經過力學測力板分析，其垂直反作用力、水平反作用力與矢狀反作用力的數據」。這二名選手在得知自我弓步正拳攻擊的力學數據後，是否能依此數據來改善自身的武術技能的？這值得深思！而這樣的現象其實是發生在各種運動領域的科學分析中。為何大部分科學研究的成果對選手或教練而言總是感到距離遙遠，甚至於沒有十足的體驗感與信任感，其最大的原因在於沒有把握到確實的「知識轉化」，而「知識轉化」的關鍵在於「內隱知識」的運用！例如，有至少有二種情形可以有效地提昇一個武術選手的技能，一是可能經由一場與高手的競賽之後而獲得相當可貴的技能經驗；二是經由高深經驗的武術教練或選手的親自示範與指點。以上這二種例子的經驗對於武術技能的提昇，可以較正面的認定是確實有效的，因為他已身在實踐場域中，其「知識轉化」是比較直接有效的，原因就在於選手自身正充分地運用自我的「內隱知識」以進行「知識轉化」。所以，許多「外顯知識」，例如科學研究的數據，或哲學意涵的詮釋，對於運動技能的提昇而言，關鍵就在於能否觸發其「內隱知識」的作用！

　　Ikujiro Nonaka 和 Hirotaka Takeuchi 在認識論的構面上提出：「外顯知識與內隱知識的分野。認為知識創造之鑰在於內隱知識的運用與轉化」[39]，知識的創造對運動技能的提昇是重要的，其運動技能中的「內隱知識」類似於 Michael Polanyi 所提的「默會知識」，對運動技能而言，它是技能實踐的重要因素，但又難以明確言述或表述的部分。因為「技能無法按照其細節被充分解釋，這是事實」，[40]例如一個高爾夫選手以 1 號木桿開球的同時，他不可能在短短幾秒的揮桿過程中進行太多的專注焦點（如初始設定、上桿角度、頭部位移、手腕翻轉、重心右移、下桿角度、下桿速度、擊中甜蜜點、重心左移、腰部轉動、延遲抬頭、伸展性送桿、保持平衡等），即便他以 1 號木桿揮擊出滿意的 1 球之後，他也很難將為何擊出成功球路的技能因素一一解釋清楚，因為這大量分解後的單位技能，已連貫地、隱晦地存在於他自身的「內隱知識」之中。在此，值得我們關注的是對於運動技能的提昇必須能不斷地「創造知識」，以高爾夫球為例，身為世界第一的 Tiger Woods 仍需為了更精準的技術而聘請教練指導，不斷地創造知識以提昇高爾夫技能。「創造知識」的關鍵就如 Nonaka 和 Takeuchi 所言：在於內隱知識的運用與轉化。因此本文將以 Nonaka 和 Takeuchi 所提出的四種轉化模式為基礎，進行關於運動知識中其「內隱知識」的探究。

---

39 Ikujiro Nonaka & Hirotaka Takeuchi，《創新求勝（The Knowledge-Creating Company）》（楊子江、王美音譯）（台北：遠流出版，2006），73-74。
40 邁可‧博藍尼（Michael Polanyi）著，《個人知識 —— 邁向後批判哲學（Personal Knowledge:Towards a Post-Critical Philosophy）》（許澤民譯）（台北：商周出版，2004），65。

由於運動知識乃築基於身體技能的表現，因此，筆者認為運動知識的轉化是更為複雜的結構體，所以本文試圖在這四種模式的基礎上，探究運動知識的轉化複雜結構與現象。其中主要的幾個部分來進行：第一部分為前言，敘述運動知識轉化的困難與現況及研究動機；第二部分探討身體技能實踐之螺旋性的知識轉化結構；第三部分探討身體技能實踐之螺旋性的知識轉化結構，試圖說明運動知識轉化並不是穩定的「螺旋結構」，其本質是斷裂的解構，其曲線更不是純粹的點到點的聯結，以及因斷裂而產生的「滲透關係」；第四部分探討身體技能實踐之知識轉化的意象與現象；第五部分探討「螺旋結構」中的四種知識轉化的「實化」、「虛化」、「自化」與「他化」的作用性及其特點。

第二章　研究設計

第一節　研究範圍

　　本書研究的主要範疇是「身體技能實踐」，但由於運動項目的廣泛與多元，若涉及過多的對象，恐易失去深度探究的機會。因此基本筆者自身的運動經驗及近期的研究成果，本研究將以中國武術、民族舞蹈創作、臺灣民族舞蹈表演藝術的身體技能表現的知識體系為主，其餘諸如各類的球類運動、技擊運動或其他項目等，則不以其為主要探究對象，文中偶而涉及相關議題的論述，但主要仍以中國武術、民族舞蹈創作、臺灣民族舞蹈表演藝術為主要研究對象。

第二節　研究方法

　　本研究主要為質性研究，其方法以文獻研究法為主，輔以身體技能實踐場域的文本資料（例如訪談、觀察實踐活動），探討身體技能實踐的知識轉化與反映的現象。至於文獻資料的部分，主要以 Donald A. Schön 著，《反映的實踐者（The

Reflective Practitioner）》、邁可‧博藍尼（Michael Polanyi）著，《個人知識 —— 邁向後批判哲學（Personal Knowledge: Towards a Post-Critical Philosophy）》、Ikujiro Nonaka & Hirotaka Takeuchi，《創新求勝（The Knowledge-Creating Company）》等三種理論體系，輔以相關之哲學理論，結合中國武術、中國舞蹈、臺灣民族舞蹈表演藝術等的實證經驗，進而交互論證，最後歸結出關於身體技能實踐的反映與知識轉化的哲學論點。

第三節 研究目的

　　本文的主要研究目的乃依據研究背景所述內容，由反映理論、知識轉化、默會知識切入來探究身體技能實踐場域中的現象，其主要研究目的如下：

　　一、身體技能實踐反映中的文化、意識、身體。

　　二、身體技能實踐反映與社會化的關係。

　　三、身體技能實踐反映性的藝術性與直覺性。

　　四、藝術創作與身體技能實踐

　　五、身體技能實踐之想像域與身體感。

　　六、民族舞蹈的身體意象與撕裂空間

　　七、身體技能實踐的存在性。

　　八、身體技能實踐轉化的螺旋性。

第二篇　身體技能實踐的反映

　　文化經驗的「集結」不論是個體化的或是集體化的，它總是一種在場顯現而又帶著不在場顯現的一種痕跡（trace）（或稱為蹤跡），而這痕跡的生發是「身體存在性」的一種現象，這一痕跡有時外顯，有時隱匿，但它總是在時間的流動上、在空間的位移上，恒常地生發著變異，就有如德里達（Derrida）解構理論中的「延異」現象。文化痕跡的外顯與隱匿表徵著「身體存在性」的不圓滿性或有限性，文化的存在現象由身體在時間與空間的運動上被顯現出來，但它總是蘊涵著二層意義，一是在場顯現的意義，一是不在場顯現的意義，二者是相互作用並同時生發的一種存在現象。「身體，作為蹤跡化的存在：表達在世界中的經驗，顯現出一生存空間的形跡，也就是我們的生活，乃是一種活生生的真實體驗；空間，也就是一種真實的體驗，是身體存在－蹤跡化的運動，即“延異”的現象自身的顯現，同時也證明“存在”是一種“現象”，也就是延異的“蹤跡”本身」。[1]身體在歷史進程中留下的痕跡（trace）總是文化性的，痕跡（trace）是雙向的運動現象，一方面部分的痕跡殘留在歷史脈絡中，進行一

---

1 劉畹芳，〈「身體 —— 空間」經驗的現象研究〉（南華大學環境與藝術研究所碩士論文，2002），摘要。

種積澱；一方面，痕跡不斷外顯，隨著歷史發展延續下去，痕跡的延異，總是蘊涵著這雙向運動的意義。「蹤跡延異理論中的來回運動路徑，亦即是"現在的"當下存在的身體在場狀態；蹤跡是曾經的存在，是存在的刪除號，它意味著某種"在場"的"缺場"，故而它總是指涉一個總是先已缺場的在場；因此，它總是在指涉一個"未來的"時間中，又意味著已是"過去的"時間曾經在場的狀態。只有蹤跡能同時涵蘊"過去－現在－未來"的時間整體與空間整體的完形運動現象中，所代表的身體／經驗的意識整體結構在世界中的存在，在觀照自身時又能同時賦予自身一個歷史」。[2]「身體存在性」是歷史的，它既代表著個體化的歷史，也表徵著族群歷史的意涵，身體的文化痕跡在生發的同時，已成爲歷史，身體是處在一個「活」的狀態中，雙向運動是這一「活」的特徵，肉體化的運行與心靈意識的變化是一雙向運動；個體化的身體文化與族群的集體化身體是一雙向運動；文化痕跡的當下的生發與過往歷史的積澱是一種雙向運動。「因爲，先驗主體的理想客體乃是它自身，在觀照自身時，自我不可能滯留在某個"活的在場"的純粹現時態中，它必須賦予自身一個歷史，在顧後進而瞻前之中，從意識在過去和未來之間的這一往返，同自身構成差異。它能說明"此在"在世存有的現象整體的意義：對存在的體驗，正就是對存在的否定；存在"已是" —— "變爲"蹤跡，在這"否定"與"保留"

---

2 劉畹芳，〈「身體 —— 空間」經驗的現象研究〉（南華大學環境與藝術研究所碩士論文，2002），摘要。

之間的同時也就是現象自身的呈現」。[3]由於「身體性的主體，是存在於世界上的主體，也是一個非"主"體的主體」，[4]因此，身體的出場，對於「身體存在性」的詮釋與解析，是對文化痕跡研究的一個重要關鍵，傳統文化、武術文化及舞蹈文化透過對身體的各種分析理論，透過身體運行著文化的生命能量，身體的文化痕跡成為基因式的遺傳是一種必然的存在現象，這是「身體存在性」的現象。對於「身體存在性」的研究。

　　身體存在於這個客觀世界中，總是身與心一起生發作用的，雖然在層次與內涵上仍有著些微的差異，但心靈意識總會「身體化」，而動作姿勢總會「心靈化」。這二種轉化的現象，是發生在瞬間並延續著、變異著，如同漣漪效應一樣，持續性地變異生發，且延綿不絕。「身體存在性」的轉化現象在傳統文化信仰上尤為顯著，肉體對傳統文化的感官知覺，直接影響著心靈意識的虛幻世界，信仰者總會創構一個自己「能」也「願」的虛幻世界，並由此獲得滿足。「一個人看到的世界，只是他能看到和願看到的世界，"能"是先天限制。"願"是後天傾向」。[5]

　　看到的世界不僅指涉客觀世界，更指涉著心靈意識的虛幻世界，這是傳統文化生發能量的場域。也就是，肉體的感官知覺，如觀、聽、聞、觸、問等，與意識、無意識形成一

3　劉畹芳，〈「身體 ── 空間」經驗的現象研究〉（南華大學環境與藝術研究所碩士論文，2002），摘要。

4　劉一民，《運動哲學新論》（臺北：師大書苑出版，2005），105。

5　周與沉，《身體：思想與修行》（北京：中國社會科學出版社，2005），引言 2。

個聯結的複雜連動機制，在文化領域上，主體的觀、聽、聞、觸、問的同時，也都在進行著一種「反觀」或「反思」，這種向外又向內的雙向運動現象，逐漸積累成人們經驗的「集結」，而這經驗的「集結」是在「身體存在性」的基礎上進行的。人們「在關注事實、提出問題之傾身所向中，人的身體動姿乃得呈現；在觀之有所得、問之有所解的過程中，人的眼界視域和思想品性亦隨之而更新」，[6]也就是經驗的「集結」是在不斷變異的更新狀態。變異與更新表徵著文化信念、文化意象、文化體驗、文化行為、文化制度與團體都是「活」出來的，「"活"是以其身體、心靈通而為一所展開的實存活動，這是活生生的實存而有的"實-存-活-動"」。[7]「身體」應該是一個「動詞」的意涵，而非「名詞」的代表物，「以身心體驗世界」、「以身心體會"活"之動姿」的動詞概念，才能表示「身體存在性」象徵意涵。在實存活動中個體經驗的「集結」決定著個體生命的脈動，族群共同經驗的「集結」決定著族群的生命旋律。

> 海德格爾（Heidegger）認為：我們並非"擁有"（haben）一個身體，而毋寧說，我們身體性地"存在"（sind）。[8]
>
> 伊格爾頓（T. Eagleton）指出：談"有一個身體"或

6　周與沉，《身體：思想與修行》（北京：中國社會科學出版社，2005），引言 3。

7　林安梧，《儒家革命論：後新儒家哲學的問題向度》（學生書局，1998），273。

8　海德格爾（Heidegger, Martin）著，《尼采（Nietzsche）》（孫周興譯）（北京：商務印書館，2002），108。

談"是一個身體"，其中大有關節。[9]

毛斯（Marcel Mauss）認為：人首要的與最自然的技術對象與技術手段就是他的身體。[10]

特納（Bryan S. Turner）認為：人類有一個顯見和突出的現象：他們有身體並且他們就是身體。[11]

王曉華認為：傳統哲學中"我擁有身體"的表述是錯句，不應說"我的身體"、"我擁有身體"，而應說"我是身體"、"我作為身體"。[12]

9　伊格爾頓（T. Eagleton）著，《〈身體工作〉歷史中的政治、哲學、愛欲》（馬海良譯）（北京：中國社會科學出版社，1999），202。
10　毛斯（Marcel Mauss）著，《各種身體的技術》（佘碧平譯）（上海：上海譯文出版社，2003），306。
11　特納（Bryan S. Turner）著，《身體與社會》（馬海良、趙國新譯）（春風文藝出版社，2000），54。
12　王曉華，《個體哲學》（上海：上海三聯書店，2002），17。

第一章　文化、意識、身體

第一節　社會化的身體文化

　　文化研究是一個龐大的議題，所涉及的層面相當廣泛，關於社會、藝術、運動競技、養生、法律、教育、民生、生態…等等。一般而言，文化研究首先都得明確一個問題：文化是什麼？什麼是文化？這似乎在各個研究裡都有著不太一樣的定義存在，而且若由不同的研究領域來看待這一個問題，也都會有著不同的看法，由社會學的角度或由藝術的角度或由身體的角度，可能就會有很大的差異存在。

　　文化可以由各個層面切入來探究，例如以身體的視角切入形成身體文化的概念與論點，那麼反過來思考，身體文化可以成為一個軸心，再由各個不同的視角切入來探究它，例如藝術、宗教、民俗、美學、哲學、文學、教育、社會…等，舉凡涉及身體運行的文化都可以成為其探究的對象。若能將「身體文化」當作一個軸心，輔以各個不同層面的探討，即可建構一個較完整的身體文化的理論體系。

　　其實，身體文化可以涉及的層面相當廣泛，因為，「文化」是「人化」所造成的現象，而「人化」就避免不了透過

身體來運行，所以我認爲身體文化的層面是極爲廣泛的。針對文化而言，「人化」是一種動態的、長時間的、集體的轉化過程，其中除了個體的身體表現與意識內涵之外，更重要的是集體的身體表現與意識內涵，它體現在一民族獨特的文化活動裡，例如原住民的各種祭祀活動。

　　「人化」是文化研究一個重要的概念，許多文化的形成乃由人們個體或集體的將自然環境中所感知到的，以該族群獨特的思想特點將之轉化爲某種具有象徵性的文化產物，例如雅美族出海捕漁儀式中某個特定的祭祀動作，即是與驅除邪魔，平安返家有關。此乃因爲人們對於大海有太多的未知，只能在想像中轉化其恐懼，並將之化爲特定的身體動作，透過身體動作的運行來化解其恐懼感！由各個不同的層面來探究身體文化的內涵，建構身體文化的體系。文化的重要機轉在於「人化」，而「人化」的過程極爲複雜，可以藉由哲學的方法進行深度的深究。因爲機械時間的制約，人們難以發現文化的層次上存在著許多不同於機械時間類型的時間型態，諸如民間傳統文化一旦進入了學院派的系統之中，其時間型態即刻被轉變得更機械性，這是因爲學院派更要求其時間的精準度或客觀性的緣故（例如廟會陣頭跳鼓陣）。另一種轉變的情形即是競賽制度的規範，各類傳統身體文化進入了競賽制度的規範之中，其時間的框架更爲明確。太極拳必須在一定的時間內演練完畢，這與原有太極拳注重以「意」導「形」，並且不受「形」之侷限的概念有所不同，因此，競賽制度亦導致了太極拳對時間型態的轉變。

　　過去、現在和未來制約著人們的時間概念，人們習慣於

用此方式來解釋時間脈絡裡發生的事情。但是當我們在思考或說出「當下」這個概念或這個詞時,過去正在發生,未來也正在發生著!對於過去,人們喜歡將之標示爲傳統,也意謂著區別過去和現在,表示著進步的歷程。有一種值得理解的是:當人們討論著過去發生的事件時,很多的「現在式」正進行著。我們討論著過去時,想像正在發生且主導著討論,真實發生了什麼?很難以得知。只能在想像討論著發生了什麼?例如考古學家的探測工作。歷史的真實是確實存在的,問題在於歷史事件中的當事人或參與人都未必能掌握其真實的全貌,何況是後來人們在想像中對其歷的闡釋呢!

　　現實環境的物質被人們的某種技能轉化之後(作品),即帶有某種「隱喻性」的存在,以後人們透過此作品來發現其歷史中的真實,就容易被其隱喻性所引導。這樣看來,真實的歷史似乎難以被呈現!但是由另一個視角來看:理解、闡釋歷史就是一種「歷史發生」!身體受到文化發展的影響,而文化發展又被權力所主導著,身體的動態模式與靜態姿勢皆受到權力、文化的規範。人的意識狀態存在一種外化作用,它是「肉體化」的過程;反之,人的肢體動作存在一種內化作用,它是「意識化」的過程。然而,文化現象在此二種轉化過程中存在著、發生著、改變著。當人們意識到文化的符號,肢體動作似乎會自然而然的起著改變,這即是文化的力量,例如當人們走入寺院之中,可能隨即改變了內心的意識狀態與態度,自然肢體動作也會跟著改變。

　　事實上,「任何社會的語言都是從前的世代所遺留下來

的，社會也別無選擇地接受」。[1]舞蹈的身體符號系統也是一種遺留下的社會語言，不論是民族舞蹈、芭蕾舞或現代舞，都是以此為基礎而再發展的。例如在中國傳統舞蹈中，「雲門相傳是黃帝時的樂舞，周代用於祭祀天神；大卷在周代用來祭祀上蒼星辰日月；大咸亦稱咸池，相傳是堯修訂黃帝時的樂舞，周代用於祭地神；大磬相傳是舜時代的樂舞，周代用於祭四望；大夏相傳是夏禹時的樂舞，周代用於祭祀山川」等等。[2]這些中國傳統與宗教有關的舞蹈，都以一種極單純的身體符號作為表現，隨著時代流轉，這些舞蹈已經作了大幅度的轉變，不變的是以身體動作為符號。但在某種程度上而言，舞蹈的身體符號具有不可變動的特性，因為不可能忽略或完全放棄因歷史因素而形成的身體符號。「任何特定的語言狀態都是歷史因素的產物，而這些因素正好解釋了為什麼符號是不能變動的」，[3]「語言符號的不變性指能指和所指之間關係的相對固定，不由個人或社會大眾隨意對其加以改變」。[4]語言符號的不可變動性是因為語言符號的任意性原則而造成的，「符號的任意性本身實際上使語言避開了一切旨

1 傑夫瑞・C・亞歷山大、史蒂芬・謝德門（Jeffrey C. Alexander, Steven Seidman）主編，《文化與社會 ── 當代論辯（Culture and Society-Contemporary Debates）》（古佳豔等譯）（臺北：立緒文化出版，1997），83。

2 卞晨，〈中國早期舞蹈談略〉，《揚州教育學院學報》，20.2（2002.6）：39-41。

3 傑夫瑞・C・亞歷山大、史蒂芬・謝德門（Jeffrey C. Alexander, Steven Seidman）主編，《文化與社會 ── 當代論辯（Culture and Society – Contemporary Debates）》（古佳豔等譯）（臺北：立緒文化出版，1997），83。

4 馬壯寰，《語言研究論稿》（北京：中華書局，2002），2。

在使它發生變化的嘗試」。[5]語言符號的不可變動性也保證了語言符號的差別性，此差別性指所指的概念差別與能指的符號差別，索緒爾指出，「語言並不可能有先於語言系統而存在的觀念或聲音，而只有由這一系統發出的概念差別和聲音差別」。[6]由於差別性才能使語言符號明確化，在語言符號的能指與所指關係未確立之前，一切都是模糊的。由於語言是一種社會化的符號，所以它並不是可以隨意被改變的，「任意性並不意味著使用語言的人可以隨心所欲的用任何能指來表達任何所指，這是因爲語言符號還具有規約性」。[7]

語言符號的可變動性意指，「能指和所指之間的關係出現變化或轉移的性質」，[8]實際上就本質意義而言，符號的可變動性是較具意義的內涵，不論符號的轉移變動有多大，它始終處於此種變動之中，只是人們有時不易覺察。因爲使語言變動的因素或條件隨時都存在，這也是人們本能的需求。畢竟語言並無法完整地表現人們心中的想法或概念，因此，「語言根本無力抵檔那些隨時促使所指和能指的關係發生移轉的因素」。[9]此種現象，在舞蹈身體符號的能指與所指關係中更爲明顯，例如民族舞蹈的動作元素被當代的創作者擷

---

5 索緒爾（Saussure）著，《普通語言學教程（Course in General Linguistics）》（高名凱譯）（北京：商務印書館，2001），109。
6 索緒爾（Saussure）著，《普通語言學教程（Course in General Linguistics）》（高名凱譯）（北京：商務印書館，2001），163。
7 董敏，〈功能主義視角下索緒爾語言符號觀述評〉，《西安外國語學院學報》，12.4（2004）：14-17。
8 馬壯寰，《語言研究論稿》（北京：中華書局，2002），4。
9 索緒爾（Saussure）著，《普通語言學教程（Course in General Linguistics）》（高名凱譯）（北京：商務印書館，2001），113。

取，在所創作的舞蹈作品中作為一種主要的身體符號－能指，但其所表現的情感內涵與意義－所指，是與原本有所不同的，這就改變了能指與所指的關係。語言符號也因為具備了可變性，這才使得語言符號能不斷存在，且作為生活的重要部分，「我們所生活於其中的這個社會不是一種事實，而是關於事實的符號」。[10]由於社會事實是變動存在的，符號也就隨著社會的變動而改變，語言符號的可變動性是依存於社會發展的，視社會需要而進行轉變。舞蹈身體符號也相同是依存於社會因素的，不論是那一種類的舞蹈表現，都離不開過往的歷史因素與當代的社會因素。尤其是民族舞蹈的編創所面臨的是一種符號的能指與所指關係改變的穿境，若是依傳統的動作套路一成不變地搬上舞臺，那將會受到批判；若將傳統加以創新來呈現，又會被附予破壞傳統的批判，舞蹈身體符號的改變是必然的社會因素，但卻也面臨兩難的境地。

　　符號的能指與所指之間的關係，其本質上是「任意性」的，其表象上是結構的、規律的。透過語言我們可以獲得交流的進行，傳達內在所思、所想像之意。語言做為一種符號有其強烈的結構性與規律性，但在做為符號被使用、被實踐的情形下，它常態性地以「言語」的形式進行著。「言語」則意謂著語言實踐過程中，被獨特化、解構化的情形，目的在於能更精準地表達其所思所意之事。索緒爾認為：是一個與語言相對立的概念 —— 言語活動中受個人意志支配的部分，它帶有個人發音、用詞、表達習慣等的特點。古云：書

10　苟志效、陳創生，《從符號的觀點看》（廣州：廣東人民出版社，2003），287。

不盡言，言不盡意；言者無心，聽者有意；莊子：得魚忘筌，得意忘言。其實「言語」是在一般語言的規律下，結合許多非語言結構內的符號來增補語言，例如表情、手勢、姿態等。「言語」在身體技能實踐過程中是極為重要的，它負責許許難以言傳的技術交流，例如太極拳要求的鬆弛、柔中勁、忘記形式以得精義等，這些技術除了身體不斷地實踐之外，更需要結合許多非語言系統內的符號來加以傳達之。

　　符號的解碼可以說是一種創造性的解讀，而此解讀自然又形成對意義的另一種編碼。依此循環，意義與符號都不斷地在演進之中變化著。所以解碼的同時已在創造另一種形式的編碼，使得意義能不斷地延展與深化。但另一種情形則是使用極為簡單的符號，來傳達強烈的意識形態，這種方式可獲得極快速的延展性，由於符號的極簡易記易了，所以產生創造性解讀的空間較小，容易使政治人物達到預期的目的。這個部分將由符號系統的論點切入，並以身體文化的實踐情況，結合相關的社會評論來探索其「反映」的變化與其對身體文化的影響。除了理論的探討之外，並以民族舞蹈這一充滿傳統元素與概念的身體文化為實證之例來加以深究之。

　　台北民族舞團自 2001 年來不斷地推出新民族風的舞蹈作品，其間就受到各種不同的批判與讚賞。對於舞蹈身體符號的能指與所指關係的不理解，以及常以西方舞蹈評論的一套公式或自我主觀意識的批判，往往是可笑且不當的。舞評家對於 2005 年台北民族舞團《牡丹紅》的批評就過於敷衍、表象，一種傳統身體符號的社會因素與文化背景而加以輕率的批判下定論，這樣的舞蹈評論是否早已落入一種不自覺的

框架而無法自醒。舞評家要求舞蹈創作的突破與傳統的傳承，那舞蹈評論本身是否也應進行改造與突破，不能一味地使用一套主觀的評斷框架來評論所有的作品，囚禁了舞蹈創作者的藝術思維。例如評論中對《牡丹紅》的評論中寫著：《無言歌》、《姹紫‧嫣紅》、《牡丹紅》「這三個作品，不但都環繞著愛情而走，也擅用道具象徵（傘、髮簪、頭巾、篩子、隔簾），就連對動作、美感的詮釋與投射，也都相當接近」，[11]從這段評論可以看出，評論者過於簡單的下了輕浮的定論，連對符號最基本的區別能力都沒有。《無言歌》是母親一生無私奉獻精神的情感表現，這是評論者所遺漏的；《牡丹紅》是女性與女性間爭鬥的情感表現；而《姹紫‧嫣紅》更深具著虛實表現、穿越時空的男女愛情，一種虛幻夢境呈現的意境表現，以崑曲《牡丹亭》為本，表現杜麗娘前世今生的偶遇等等，這些似乎是舞評者所忽視的。這些是每一作品對於情感不同層次的表現，其中運用的手法與創新理念都明顯不同，身為舞評家不應如此對於花費了近一年時間，在傳承與創新的隙縫中開創出新民族風的舞作，作出簡單輕率的批判，而未涉及真實的藝術思維。由舞蹈身體符號的社會因素與文化因素來看，這正是繼承傳統與創新發展的創作，更何況民族文化的舞蹈應立足於文化層次的思維，若缺乏了文化層次的思維如何對蘊涵文化因素的舞蹈作品作出適切的評斷，這也是民族舞蹈在臺灣社會所面臨的嚴峻考驗。

　　語言符號的不可變動性與可變動性是立基於時間線上的

---

11 〈舞蹈〉，《民生報》，（2005.10.5）。

一種判斷，因此時間因素就顯得重要，「離開了時間，語言的現實性就不完備。任何結論都無法做出」，[12]時間體現出了語言符號的不可變動性與可變動性。不可變動性從另一個視角而言，它保證了語言在歷史時間上的連續性，使語言不致因爲可變動性而中斷了。但若仔細分析，語言符號的連續性也代表著另一個含意，就是緩慢地變動。索緒爾指出，「時間保證了語言的連續性，同時卻有有一個從表面看來好像跟前一個相矛盾的效果，就是使語言或快或慢發生變化的效果」。[13]符號的變動性是文化因素與社會因素拉址作用力的影響，民族舞蹈的身體符號面臨傳統與創新的兩難局面，對於創作者而言是艱難的挑戰。民族舞蹈不能爲了創新而拋棄了文化根源，變得與現代舞一樣，也不能一味地保留傳統而不賦予時代意義，這二者必須兼備，才能保證民族舞蹈的傳承與發展。評論中指出：「然而過於熟捻的動作套路，卻也成了創作表現的障礙」，[14]評論者此論點正切中了民族舞蹈創新的要害，這樣的動作套路式的身體符號，形成了一種不可變動性的僵化思維，造成民族舞蹈創作的困難。「民間動作套路的形成自有其行爲上的道理，反映著他們的文化思考，如何選擇，如何運用，如何讓它們內化成作品的動作邏輯？可能還要再深思」。[15]這樣的評論代表著評論者在民族

12 索緒爾（Saussure）著，《普通語言學教程（Course in General Linguistics）》（高名凱譯）（北京：商務印書館，2001），116。
13 索緒爾（Saussure）著，《普通語言學教程（Course in General Linguistics）》（高名凱譯）（北京：商務印書館，2001），111。
14 〈舞蹈〉，《民生報》，（2005.10.5）。
15 〈舞蹈〉，《民生報》，（2005.10.5）。

舞蹈創作上其文化思維方面的忽略，代表著評論者對於民族
舞蹈身體符號的社會因素影響作用的不理解，在這一系列《牡
丹紅》的舞作中，動作套路的明確定義爲何？動作精神又何
在？類似的舞蹈動作難道指涉相同的動作精神嗎？這是對舞
蹈身體符號的不理解所造成的誤判，那有什麼動作套路可
言，每一種舞蹈形態的存在都有其社會因素與文化因素，不
可一概而論之。更何況評論者以此論點評論了《無言歌》、
《姹紫・嫣紅》、《牡丹紅》三個作品，實爲過於簡單隨便。
民族舞蹈的創作可以擷取傳統動作元素，再提煉新的動作符
號，賦予新的時代精神與意涵，此動作符號在形式與內涵已
不同於原傳統的動作符號，這樣的創新是在傳統的根源上進
行的，蘊涵著深厚的文化意義；或是不改變傳統民族舞蹈動
作，而改變動作的節奏，轉換動力的使用，以及運用舞台設
計來呈現，這二者是民族舞蹈創作常用的方式。例如《姹紫・
嫣紅》作品擷取了崑曲寫意性的美學意涵，創造了「輕、緩、
圓、柔」的寫意性動作符號，這並非評論中所言的一種動作
套路的套用而形成的障礙，而是一種在崑曲文化根源上創作
的寫意性舞蹈藝術，它蘊涵著廣闊的寫意性美學空間，充滿
著想像的虛幻情感，真正符合蘇珊・朗格所言：「舞蹈的姿
勢是生命的運動。舞蹈是一種完整的、獨立的藝術，就是創
造和組織一個由各種虛幻的力量構成的王國」。[16]或許這一
作品不盡完美，但也在民族舞蹈之傳承與創新的隙縫中，試
圖突破開創新局。這也是舞蹈身體符號可變動性與不可變動

---

16 蘇珊・朗格，《情感與形式 —— 中文版》（北京：中國社會科學出版社，
   1986），213。

性之間的矛盾，民族舞蹈在文化因素與社會因素之間的拉扯，或許提供了創作者更好的視點與創新的靈感。

　　傳統肢體動作現代化或許是民族舞蹈創新唯一的方式，但對此現代化的定義是必須釐清的，現代化應包含現代舞台表演時空的一切，民族舞蹈已不是傳統在廣闊草原、廣場與太陽光下或營火堆前的舞蹈呈現，它包含著燈光、佈景、舞台設計、服裝設計、音樂設計等範疇。《牡丹紅》系列作品中的《心花處處》就是一種現代化程度較高較廣的創作，評論說此作品「不走傳統肢體現代化的路線，卻同樣在選擇背離之後，面臨不知何處而往的困境」[17]。筆者與此見解不同，該作品的動作設計正是一種較徹底的肢體動作現代化的現象，它是傳統身體符號的大幅度變化。另外，不知何處而往的創作理念，怎會是困境，實在相當不解。藝術意境常尋求一種「言盡意猶」的美學意涵，這有著更大的藝術生命張力，人們內心深處的心花，本就是不可捉模的含混與曖昧，以種種看似無相關聯的動作符號，正表現了心花多樣性與多變性的現象，內心深處的心花更是觸之不可及的、不知何處而往的。創作者的精心巧思，實在看不出有何困境可言。總之，舞蹈身體符號的不可變動性築基於人們的身體動作與姿勢，而可變動性是大幅度地存在於身體符號的能指與所指的關係中。

17　〈舞蹈〉，《民生報》，（2005.10.5）。

第二節 反映的視域融合

　　身體表現場域裡經常出現許多做得出、說不出；或是感覺得到，卻又覺得模糊的情形。這些情形很可能是技高一等或是即將突破原有瓶頸的特點。這些可能都來自於不斷地身體表現過程中所積累下來的種種「反映」（Reflective[18]），這些身體表現中的「反映」，它並不是一種單純的肢體動作的反應或反射動作而已，「反映」意謂著透過深度的反思進而呈現的反應動作。當然，許多人會感到訝異，在身體技能實踐的過程中如何能夠產生深度的反思，而在各各不同項目的身體技能裡，又存在著相同的或不相同的情形嗎？

　　另外，身體表現的「反映」是反思在前，反應動作在後？或是相反呢？也就是「思考」與「動作」之間似乎存在著某種時間上差異以及空間上的差異，或者以另一種說法來看，「思考」與「動作」之間似乎存在著「主客問題」，而此「主客問題」之間的界線卻又是那麼地難以切割、或明確地區分開來。的確，這是一個很關鍵的問題，在身體技能實踐中的「反映」，究竟是動作行為引導反思，或是反思創造及改變了動作行為？這即是本研究所欲探究的重點之一。而另一個值得探究的重點在於許多的身體技能實踐，似乎強烈要求在

---

18 Reflective：有反射的（throwing back light）、圖像（image）、如鏡的反映（as a mirror）；亦有著深思的（thoughtful）、熟慮的或沉默思維的（given to meditation）等意思。

實踐技能的同時摒除掉思考的干擾，尤其是理性思考會成為技能表現的障礙。例如中國武術諺語中有一雲：「拳到無心方為真」，其所強調的即是拳術應修練至自動化的反應，才能達到至高的拳術境地；另外，舞蹈表演似乎也有此現象，舞蹈家總是要求舞者達至忘我的境界，使其表演時受理性思維的干擾能降至最低程度，而將感性的成分發揮致極以期感動觀賞者。換言之，也就是在技能實踐過程中，大多數人認為思考會阻礙了快速化或藝術化的反應，尤其是理性的思考。

那麼「拳到無心方為真」或「忘我」的境地，難到真的有辦法達到一種純粹的肢體反應、肢體動作而毫無思考的影響或作用力在其中嗎？筆者對於此點是保持存疑的態度！「拳到無心方為真」或「忘我」或許可以認定是高度技能實踐的一種「反映」，此種「反映」是技能的高層次表現，不論是武術或是舞蹈，亦或是其他項目的身體技能。另一方面或許可以這麼說：類似於「拳到無心方為真」或「忘我」的技能表現，它是否已不再受理性思考的干擾，而反倒是感性的感覺部分主導了大部分的實踐過程？那麼感性的感覺、感情、知覺或想像，應屬於思考的一種類別或範疇，而不應只是由理性思考來代表思考的全部意義。因此，對於身體技能的實踐而言，「反映」就蘊涵著極深、極廣的意義，至少可以分為幾個層次來探討它，以理解身體表現過程中其「反映」的特點與內涵。

身體技能實踐的高度表現裡的「反映」，早已脫離了在實踐的過程中，其意識的焦點集中於技術本身的情況，一種「身遊於技、心遊於藝」的「反映」。「遊」的意義，乃在

於精緻、極緻、熟撚、傳神、高超、自由的技能實踐，此種境地的技能實踐中的「反映」，最主要在於透過技術表現內在心靈的情意，如上述提及的「拳到無心方爲真」或舞蹈表現中的「忘我」的境地。其實在其他身體表現項目中也是如此的，例如民族舞蹈表現出動作的刹那，不在思索著技術本身的問題，而考慮著如何挑戰困難，表演者完全沉浸於情感之中；武術表現或崑曲藝術的身體表現亦爲如此，只不過不同項目之間仍有著層次上與範疇上的差異。「身遊於技、心遊於藝」的「反映」是高度技能表現所不可或缺的過程，這種「反映」來自於主體自身對於技能表現的「藝術性思維」與「直覺性感知」，它以一種內在自我對話的形態存在著，「藝術性思維」使得身體技能表現能以一種藝術形態存在著，並被欣賞著，即使不是屬於表演藝術類別的身體表現，也有許多藝術性的技能表現出現在實踐的場域裡；「直覺性感知」使得身體技能表現對於當下的變化的情境能做出適切的反應。

　　在技能實踐裡，其「反映」的意蘊是深化且隱晦的，它基本上具備著極大的自由性，雖然在大部分的身體技能裡，都有著相當強烈的規律性、規範性與結構性，但技能實踐的「反映」卻是在主體的技能成熟度、技能實踐的經驗及種種相關的認知所構成的基礎上被自由地運行著。「反映」使其「身遊於技、心遊於藝」，也就是身體技能、動作、姿態　是自由地運行著，心靈思維則遊戲於獨特的技藝感知之中，這二者相互增補著，互爲影響著。其實，不難看出其「身遊於技、心遊於藝」的「反映」有一種相當重要的特點，即是「自

由性」！不論是「藝術性思維」與「直覺性感知」都有著相當大空間的自由性。因此，身體表現的「反映」似乎是一種相當自我的「遊戲」，「反映」遊戲於身體的種種技能與心靈的藝術思維之間，「反映」遊戲於感性的感知與理性的思考之間。身體表現中的「反映」在某個程度上而言，它類似於一種自由的、創造的「遊戲」。康得將「遊戲」解釋為「活動的自由和生命力的暢通」，[19]但在身體表現的「反映」之中，這種自由性並非無規則的自由，而是主體依照其身體技能之規律性、規範性、結構性以及當下情境的變化所做出的高度自由性的「反映」。它是一種「藝術性思維」與「直覺性感知」的「遊戲」，包含著感性的感知、感覺、情感及理性的認知、分析等。席勒曾提出人有兩種自然的要求或衝動：

> 一個是「感性的衝動」，即要求使理性形式獲得感性內容，使潛能變為實在，也就是使人成為一種「物質東在」。另一個是「形式衝動」，即要求感性內容或物質世界獲得理性形式，使千變萬化的客觀世界現出和諧法則。前一個衝動要"把我們自身以內的必然的東西轉化為現實"，後一衝動要"使我們自身以外的實在的東西服從必然的規律"，這兩者的統一就是「遊戲衝動」。在「遊戲衝動」中，感性與理性，形式與內容統一在一起，在這種統一體中，才產生了「完整的人格」，才產生了人的自由。因此，席勒認為："人同美只應是遊戲，人只應同美遊戲。只有當人是

---

19 朱光潛，《西方美學史》（北京：人民文學出版社，1979），384。

完全意義上的人，他才遊戲，只有當人遊戲時，他才
完全是人"。[20]

身體表現中的「反映」似乎某種程度而言，其「遊戲」
的成分很高，因為在一個相當熟練其身體技能者，最終對於
這些技能實踐時的規律性、規範性與結構性都將落入其「內
隱知識」的體系裡。因為如此，所以在身體表現裡的「反映」
才能是自由的一種「遊戲」，才能展現其「藝術性思維」與
「直覺性感知」！因此，「反映」的一種獨特的特點即是「遊
戲」，「真正屬於遊戲的動詞是遊戲活動本身。……遊戲這
一活動具有存身在一般的活動範疇之外的獨特本質」。[21]若
身體表現的「反映」具有「遊戲」的特點，而「遊戲」即是
「遊戲」本身，那麼關於身體表現的「反映」的研究，所要
關注的重點之一，即是身體表現本身的存在方式，也就是身
體表現本身存在的方式即是一種「遊戲」，亦因此，其「反
映」才蘊涵著「遊戲」的特點。伽達默爾[22]（高達美
H.Gadermer，1900-2002）認為：

> 凡是在主體性的自為存在沒有限制主體視域的地
> 方，凡是在不存在任何遊戲的行為的主體的地方，就
> 存在遊戲，而且存在真正的遊戲。[23]

「遊戲」能令人感到喜悅與成就，在「遊戲」中獲勝或
自我挑戰是身體表現的一種規律，在身體表現裡由於「反映」

---

20 席勒，《審美教育書簡》（北京：北京大學出版社，1985），80。
21 胡伊青加，《人：遊戲者》（貴州：貴州人民出版社，1998），46。
22 亦有翻譯成高達美者，本章採用伽達默爾之譯名。
23 伽達默爾（H. Gadamer）著，《真理與方法》（洪漢鼎譯）（台灣：時
　報文化出版社，1993），151。

的藝術思維與直覺感知，使得身體表現的「反映」本身極具藝術的意蘊。尤其本研究所探究的對象：中國武術、民族舞蹈、臺灣民俗活動等經常被當作一種藝術來看待，即便是其他的身體表現項目，只要是精彩的實踐、高超的實踐，也常被看待是一種技能藝術的表現，良好高超的技能實踐者必定具備了某種獨特性的「反映」。身體表現是一種「遊戲」，一種身體技能展現的「遊戲」，而身體表現的「反映」則是對既定的技能基礎與當下情境所帶出的視域24，進行一種綜合藝術思維與直覺感知的內在運作，它蘊涵著另一不同層次的「遊戲」意義。身體表現的「反映」來自於較長時間的藝術思維與較短時間的直覺感知，這二者之間的關係是複雜緊密的，它們既非誰是主體，也非誰是客體，亦非人為主體，而「遊戲」為客體。若身體表現本身是一種「遊戲」，而存在於身體表現裡的「反映」是另一種自由度更廣的「遊戲」，那麼首先得要理解「遊戲」的一些論點，在此先看看伽達默爾的幾點看法：

> 第一，遊戲活動的主體性：遊戲活動的主體，並不是從事遊戲活動的人，而是遊戲活動本身。第二，遊戲是活動者的自我表現：即遊戲是活動者自身意願的表現。遊戲活動者經由玩味某種東西，或表現某種東西，而達成其特有的自我表現。第三、遊戲必須依賴於觀看者：遊戲本身是由遊戲者和觀看者所組成的整

---

24 視域，意指由主體自身的技能基礎、對技能實踐的觀點與思想及對當下情境所感知的部份，此三者綜合之後的所能引發主體的「反映」範圍與內涵。

體，必須由觀看者去感受。對於觀看者而言，遊戲是
在觀看者之中進行的。[25]

　　然而，不論是身體表現的「遊戲」或是身體表現中「反
映」的「遊戲」，前者可謂之「遊戲」活動自身，後者則是
遊戲活動者的自我表現，其中後者這種自由度較高的「遊戲」
現象，其實它涉及了三個部分：一是主體自身的技能基礎，
二是對技能實踐的觀點與思想，三則是對當下情境的感知，
此三種形塑了主體在身體表現裡中的「視域」，也因此才能
導致其「反映」。由於本章探討身體表現中的「反映」，然
而經過上述初步討論，可以將身體表現本身理解為一種「遊
戲」現象，身體表現中的「反映」亦是一種「遊戲」現象，
那麼本章對於伽達默爾的「遊戲」論述及其相關之「視域融
合」的論述就有極大的興趣，同時亦可由伽達默爾的理論裡
推衍出在身體表現中許許多多難以言述的、隱晦的部分，這
亦符合本章的主題方向。關於伽達默爾的「遊戲」觀點，他
將遊戲看作是如下的一種概念，在此分為三個部分來說明：

　　　　遊戲是一種往返重複的身體表現，沒有一個使它中止
　　　　的目的，而只是在不斷的重複中更新自身。這種往返
　　　　身體表現本身是最重要的。遊戲具有一種相對於遊戲
　　　　者之意識的優先性。遊戲表現了一種秩序，它的一個
　　　　一般特徵是：一切遊戲活動都是一種被遊戲過程。他
　　　　舉了貓現線球的遊戲以為說明：玩耍的貓選擇了一團
　　　　線球來現，這線球因而參加遊戲。球類遊戲的永存性

　　就是依據於球的自由周身滾動，球彷彿由自身做出了
　　令人驚異的事情。由此可見，遊戲的魅力，正在於遊
　　戲超越了遊戲者而成為主宰。[26]
　　伽達默爾雲：遊戲是“一種被動式而含有主動性的意
　　義”。[27]往返重覆身體表現對於遊戲的本質規定來說
　　是如此明顯和根本，以致誰或什麼東西進行這種身體
　　表現倒是無緊要的。[28]

　　身體表現確實是一種不斷往返重覆的活動，每一次的往
返重覆都在既定的規則裡運行著，卻也存在著差異性於每一
次往返與重覆之中。實踐者的「反映」基礎在於那些存在於
「遊戲」之中的規律性、規範性與結構性，它建構出了時間
的長度與空間的範圍；另外實踐者的「反映」關鍵在於每一
次往返與重覆之中的「差異性」。另一問題在於究竟是遊戲
主宰了遊戲者或是遊戲者主宰了遊戲？這個問題筆者認為是
互為主體性的現象，而非任何一方主宰了另一方，用另一種
方式來說：「遊戲」的主體存在於遊戲與遊戲者之間的互動
關係之中，它是動態存在的狀態，也就是不斷發生變化的一
種存在，「遊戲」的主體是遊存於之間的。

　　遊戲的存在方式就是自我表現，而自我表現是自然的
　　普遍的存在狀態。遊戲又是一種主動性和被動性相兼

26 高寧，〈論伽達默爾對“遊戲”概念的重構〉，《沈陽工程學院學報》，
　　2.2（2006.04）：142-144。
27 伽達默爾（H. Gadamer）著，《真理與方法》（洪漢鼎譯）（北京：商
　　務印書館，2007），146。
28 伽達默爾（H. Gadamer）著，《真理與方法》（洪漢鼎譯）（北京：商
　　務印書館，2007），146。

的過程。在遊戲中，遊戲的存在遠遠超過它本身的意義。遊戲是由遊戲者和觀賞者所組成的整體。球員和觀眾具有一個共同的要求：玩出意義來，即以遊戲的意義內容去意指遊戲存在。[29]

伽達默爾說：只是為觀賞者──而不是為遊戲者，只是在觀賞中──而不是在遊戲中，遊戲才起遊戲的作用。[30]

　　遊戲存在的方式就是自我表現，那麼自我表現是否已然存在著身體表現者的那種來自於藝術思維與直覺感知的「反映」，我想這個答案是肯定的。正如上述筆者所言：「遊戲」的主體是遊存於遊戲與遊戲者之間的互動關係裡！因此，「遊戲」本身既有主動性亦含被動性的成分。進一步推衍之，身體表現者的「反映」亦可區分為主動性反映與被動性反映二者，前者大多來自於實踐者的藝術思維所致，後者大多來自於直覺感知後的直接反應。當然這還可以區分各種不同層次的關係，諸如「時間性的層次、空間性的層次、他者存在的層次」，此形成了「反映性對話」的三層結構。

遊戲主體是遊戲本身。通常的理解，遊戲的主體是從事遊戲活動的人即遊戲者，但伽達默爾的看法是，遊戲的真正主體不是遊戲者，而遊戲本身，遊戲只有擺脫了自己的目的的意識和緊張情緒才能真正說在遊

---

29 高寧，〈論伽達默爾對“遊戲”概念的重構〉，《瀋陽工程學院學報》，2.2（2006.04）：142-144。

30 伽達默爾（H. Gadamer）著，《真理與方法》（洪漢鼎譯）（北京：商務印書館，2007），155。

戲。遊戲之所以吸引和束縛遊戲者，按照伽達默爾的分析，正在於遊戲使遊戲者在遊戲過程中得到自我表現或自我表演。[31]

伽達默爾雲：遊戲的秩序結構好像讓遊戲者專注於自身，並使他擺脫那種造成此在真正緊張感的主動者的使命。[32]

遊戲本身對於遊戲者來說其實就是一種風險。我們只能與嚴肅的可能性進行遊戲。我們享受一種作出決定的自由，而這種自由同時又是要擔風險的，而且又是不可收回地被限制的。[33]伽達默爾說：每一種遊戲都給從事遊戲的人提出一項任務。遊戲的人好像只有通過把自己行為的目的轉化到單純的遊戲任務中去，才使自己進入表現自身的自由之中。伽達默爾說：遊戲的存在方式就是自我表現。而自我表現乃是自然的普遍的存在狀態。[34]

身體表現者對於實踐情境不斷地進行著「反映」，這是一種自我表現的「遊戲」，它是遊戲活動者的自我表現，其自由度較高。在這類的「反映」裡如前述中所提及的，它涉及了三個部分：一是主體自身的技能基礎，二是對技能實踐

31 高　寧，〈論伽達默爾對 "遊戲" 概念的重構〉，《沈陽工程學院學報》，2.2（2006.04）：142-144。
32 伽達默爾（H. Gadamer）著，《真理與方法》（洪漢鼎譯）（北京：商務印書館，2007），148。
33 伽達默爾（H. Gadamer）著，《真理與方法》（洪漢鼎譯）（北京：商務印書館，2007），150。
34 伽達默爾（H. Gadamer）著，《真理與方法》（洪漢鼎譯）（北京：商務印書館，2007），152。

的觀點與思想，三則是對當下情境的感知。此三種形塑了主體在身體表現裡中的「視域」，或說這三種的交織作用進而產生了一種獨特的「視域」！當然，這一「視域」與身體表現中的「反映」有著緊密複雜的關聯，「視域」與「反映」的交織結構，大體上可以由幾個部分的切入探討之，首先是主體自身的「視域」與實踐中情境的實際狀況存在著一種來自於「差異」的「張力」，也就是說，經由主體的「視域」所理解或感知的部分是與實際狀況有著差異的現象存在，但由於此差異造成了一種「張力」，此「張力」必然地影響著身體技能實踐者的「反映」；其次，身體表現中的「反映」是否意謂著真正的「理解」，或是存在著許多不同層面上的「誤解」；第三個部分要加以分析探究的是，身體表現中的「反映」與身體表現文化或身體文化之「創造」的關係為何？身體表現文化或身體文化的發展是否與身體表現中的「反映」存在著關聯？伽達默爾在談及文化創造時曾有如下的論述：

> 視域融合與文化創造：當讀者帶著自己的歷史「視域」去理解某種歷史作品時，兩種不同的歷史「視域」必然會產生一種「張力」（tension）。讀者必須擺脫由作品自身歷史存在所產生的「成見」，但又不能以自己的「成見」任意曲解其理解的對象。只有在解釋者的「成見」和被解釋者的「內容」融合在一起，並產生出意義時，才會出現真正的「理解」。這種過程，Gadamer 稱之為「視域融合」（fusion of horizons）。惟有在人以不同態度對傳統進行「過濾」後，才有可能創造出新的文化產物，這就是歷史真正的價值所

在。[35]

　　身體技能實踐中有許多令人驚嘆的技能表現，這是身體表現世界相當有價值且值得讚賞的一種藝術性技能，這通常出現在大眾預設觀點中認為極困難的情境中，例如在崑曲表演中極為優美的唱功之下，身體控制度極高的緩慢姿態，呈現出一種難度極高的身體表現。這些帶有藝術性的身體技能表現是令人激賞的，這來自於身體技能實踐者在實踐過程中相當獨特的、依情境而變的一種「反映」，「反映」為一種對表現情境進行「判斷[36]」而後「實踐」的過程。它來自於個人獨特的知識、經驗與特殊情境的一種內在的對話，身體表現者依表現情境的變化狀態進行技術上的修正、改變，以因應變化的情境進而執行出良好的技能表現，這稱之為「反映性對話」，它具備二種特性：藝術性與直覺性。在身體技能的實踐過程中，其藝術性意指：在知識與經驗下對情境中諸多特點的選擇與判斷；直覺性則來自於身體機能的直接反射。關於身體技能表現的「反映」常來自於身體本能的生理基礎與技術的精熟度，這種獨特的實踐知識，它包含二個主要的部分，一種是能夠以規範性、程式性的方式來進行表述或教導的部分；另一種則與之相反，是較為複雜的、多變的、難以系統化、規範化的部分。這二個部分是交互影響的情形，而藝術性與直覺性是這二部分交互作用下的結果，它體現在身體表現的過程當中。

---

35 高達美的詮釋學。http://www.nhu.edu.tw/~sts/class/class_03_3.htm。
36 判斷為身體表現中「反映」的重要過程，其意謂著包含理性思維與感性思維的綜合。

第二章　藝術性和直覺性

　　身體技能實踐的場域裡，無不以身體作為實踐的主體，也就是以身體技能為主的一種表現，不論是球類運動、水上運動、技擊運動或是舞蹈、崑曲中的身體呈現，都具備一定範圍的身體技能規範，在此基本性的規範動作裡，呈現出一種動作的規律性。因此，身體技能實踐亦可稱之為身體技能實踐，實踐者在實踐的場域中，因實踐項目的不同而有著極大的差異性存在，有些是以主體自身的表現為主，例如舞蹈、武術、崑曲表演1等；有些則存在於主體與另一主體之間的彼此競賽中來實踐其身體技能，例如籃球、羽球、桌球、網球項目等；有些項目雖是處於競賽狀態裡，但由於競賽的屬性使其仍然是以自身的技能表現為主，例如游泳、高爾夫等。

　　運動技能實踐中有許多令人驚嘆的技能表現，這是運動世界相當有價值且值得讚賞的一種藝術性技能，這通常出現在大眾預設觀點中認為極困難的情境中，如網球競賽高難度的穿越球、高爾夫幾乎不可能進洞的短切進洞球、籃球剩下零點幾秒時出手的三分得分球、棒球競賽最後半局最後一人，二好三壞後擊出的逆轉勝安打等等。這些帶有藝術性的

1　本研究所提及的崑曲表演藝術，僅以其身體表現的部分為探究範圍，由於崑曲表演講究唱、唸、作、打，本文探究其身體技能僅以作與打為主。

運動技能表現是令人激賞的，這來自於運動技能實踐者在實踐過程中相當獨特的、依情境而變的一種「反映」（Reflective[2]），「反映」為一種對運動情境進行「判斷」而後「實踐」的過程。它來自於個人獨特的知識、經驗與特殊情境的一種內在的對話，身體技能實踐者依運動情境的變化狀態進行技術上的修正、改變，以因應變化的情境進而執行出良好的技能表現，這稱之為「反映性對話」，它具備二種特性：藝術性與直覺性。在運動技能的實踐過程中，其藝術性意指：在知識與經驗下對情境中諸多特點的選擇與判斷；直覺性則來自於身體機能的直接反射。關於運動技能表現的「反映」常來自於身體本能的生理基礎與技術的精熟度，這種獨特的實踐知識，它包含二個主要的部分，一種是能夠以規範性、程序性的方式來進行表述或教導的部分；另一種則與之相反，是較為複雜的、多變的、難以系統化、規範化的部分。這二個部分是交互影響的情形，而藝術性與直覺性是這二部分交互作用下的結果，它體現在身體技能實踐的過程當中。唯此藝術性與直覺性的「反映」有時是需要較長時間的沉澱，或是不斷進行重覆思維之後，獲得一個創造性的理解，才能表現出其藝術性與直覺性的「反映」，那麼有時在運動情境中是極需要快速的「反映」，其「反映」的時間是極短暫的，在類似的情境中又能如何進行其「反映」呢？依此觀點而推衍，是否依時間性的差異而展現出具有本質差異

---

2 Reflective：有反射的（throwing back light）、圖像（image）、如鏡的反映（as a mirror）；亦有著深思的（thoughtful）、熟慮的或沉默思維的（given to meditation）等意思。

性的「反映」？以上為本篇探討的重點，依此將分為四個部
分來探討：一是反映的「藝術性」與「直覺性」，二是「反
映性對話」的時間性，第三是「思之行」與「行之思」的差
異，最後則是「身體技能實踐中反映的破壞性分析」。

第一節　反映的「藝術性」與「直覺性」

一、隱含性的「反映」

在各種的運動技能實踐中，充滿著來自於身體機能的與
身體經驗的技能表現，而技能表現的實質內涵或具體的身體
經驗，卻難以訴諸文字、語言，在短短的運動時間內，有著
太複雜的內在感知，而且似乎也只能由當事人自身進行一種
內在的、隱含的「反映」，Donald A. Schön 提到：

> 當我們在日常生活中即時反應和直覺行動時，我們是
> 以一種獨特的方式展現自己是具有足夠知識的。通常
> 我們說不上來我們知道什麼，當我們嘗試去描述時，
> 卻發現自己困惑了，或產生的敘述顯然是不恰當的。
> 我們的認識通常是隱含的（tacit），其隱含於我們行
> 動的模式中，…我們的認識是在行動之中（Knowing is
> in our action）。[3]

---

3 Donald A. Schön 著，《反映的實踐者（The Reflective Practitioner）》（夏
　林清等譯）（台北：遠流出版，2004），56。

　　既然我們的認識是在行動之中，也意謂著我們的認識是在行動之中不斷地變化著，因此，行動的認識也因為不斷地變化而必須針對變化來進行「反映」，「我們的認識在行動之中」已然包含著「變化」與「反映」二層意義。這樣地認識包括了知識的修正、更新、置換等，這一切都是為了解決實際情境中的問題，而這在以技能表現為主的運動世界中是常見的現象，只不過以往我們並沒有賦予這樣的現象一種學術上的名詞定義，但是在運動世界中的實踐者都有著「對競賽情境變化進行反映」的如實體驗。不論是運動技能的實踐者，或是運動技能的教導者，我們的認識的確是在行動之中的。一個高爾夫選手必須依據實際的情境，包括球道、成績、當天身體狀況、天氣因素等考量，為了追求實際的好成績而依據這些情境因素不斷地修正、更新、置換技能表現的知識。假如面對由左向右吹的側逆風，可能得選擇稍微強勢的握桿來打出小左曲球或朝向球道稍微左側的方向來擊球，這樣的選擇來自於自身既定的知識與經驗對當時情境因素的判斷。當然，一個選擇性的判斷可能來自於更複雜的內在過程，如上述 Donald A. Schön 所言的「隱含的認識」。關於「隱含的認識」，Michael Polanyi 也提出：「人類的知識有兩類。通常被描述為知識的，即以書面文字、地圖和數學公式加以表述的，只是一種類型的知識。而未被表述的知識，如我們在做某事的行動中所擁有的知識，是另一種形式的知識」。[4]如

---

4 邁可・博藍尼（Michael Polanyi）著，《個人知識 —— 邁向後批判哲學（Personal Knowledge:Towards a Post-Critical Philosophy）》（許澤民譯）（台北：商周出版，2004）。

上述，第一類知識較能以規範性、系統性及程序性的架構來表述或教導，而第二類的知識有著內隱性、非系統性、非規範性的特點，因此也比較難以表達。事實上，運動技能表現的過程中，是這二種知識交互作用的現象支配著技能的實踐，在行動中的許多「反映」即來自於這二種知識混合後的提煉，因此「反映」有著隱含性的強烈特點，所以我們會稱某些「反映」是具有藝術性與直覺性的。一般來說，若以藝術性來描述或指稱其技能表現，通常意謂著某些程度的模糊性，我們不清楚他是如何進行其技能表現的。

「我們的認識在行動之中」包含著「變化」與「反映」二層意義，「變化」意指實踐情境中的多樣性、複雜性或非系統性的特點，「反映」則意指在個人知識體系下面對情境多樣性所做的「判斷 — 實踐」，這當然必須依照實際目標來做出「反映」。針對這一點 Donald A. Schön 認為如果科技理性的模式無法實踐情境多變的問題，那麼：

> 重新來尋求替代的、較符合實務上饒富藝術性及直覺性的實踐認識論，而這樣的藝術性和直覺性確實是有些實踐者，在不確定性、不穩定性、獨特性及價值衝突性的情境中所展現的。[5]

實務上饒富藝術性及直覺性的認識，因應著情境多變性的特點，能有效地處理情境中不被預期的狀況，進而逐步地完成或接近預期中的目標。技能實踐的一項主要意義在於以既有的知識背景，面對處理情境中各種複雜的、多變的因素，

---

5 Donald A. Schön 著，《反映的實踐者（The Reflective Practitioner）》（夏林清等譯）（台北：遠流出版，2004），56。

以完成或接近最先預設的目標。因此，在運動技能實踐過程中保持藝術性及直覺性的認識以做出有利於完成目標的「反映」，是優秀身體技能實踐者所具備的！然而究竟「反映」是直覺的、藝術的？或是思維的、意識的？要理解這個問題，筆者想借用現象學的部分論點來解析其內涵。

> 在知識論上，我們通常把直覺（Anschauung）語意識（Bewubtsein）看成兩種認知機能，直覺近於感性的，主要是接受外界的資料，一般的直覺都是感性的，即在感官方面作用的，故稱為感性直覺。而意識則是思想作用，它可以整理資料，以概念來概括資料。它有建構抽象概念的功能，也能作回憶、推理等作用。這兩種能力通常是分得很清楚的。只有睿智的直覺有作和兩者的意味，但這綜合，也不是只是把兩者搬在一起。這種直覺，並不吸收、接受外界的資料，而是創生、自生提供對象的內容；它也不以概念作抽象的思考，而是直接洞見事物的在其自己、物自生。在胡塞爾，便有把直覺與意識聯合起來的意味。它在《純粹學通論》中有「直覺意識」（anschauendes BewuBtsein）一複合概念，表示兩者的連合。甚至認為兩著的連合，可以直接接觸事物的本質（Wesen）。他說：本質可以直覺地被意識，也可以以某種方式被把握，而不必成為「關連的對象」（Gegenstandenworuber）。[6]在種說法，有表示意識有直覺的作用，也表示直覺有

---

6 吳汝鈞，《胡塞爾現象學解析》（台北：臺灣商務印書館，2001），151。

意識的作用的意味。這與後期為是學學者提導「意識現量」一概念很有近似的地方。就觀看（Sehen）一點，胡塞爾認為，不只有感官上的觀看，也有意識上的觀看。他說：不經媒介的觀看，不只有感性的、經驗的觀看、而且有作為原始被給予的意識的一般的觀看（Sehenuberhaupt），這是一切合乎理性的論斷的終極的合法根源。只是由於和就那程度的原初給與，這根源具有其合法性的功能。故有一種觀看，只是感性和經驗的性格，同時也是意識的，它具有終極的合法根源。這終極的合法根源（letzte Re-chtsquelle），顯然是直指通常的感性的觀看之外或之上的那種能洞見事物的本質的那種運作。這種觀看應是一種睿智性的觀看，是不受感性上的時間與空間所限制的。而這裡說的意識的「原初被給予」的性格所謂 originar gebend，應有睿智的直覺得那種原初的動感義，它是自動自發地作用的，而不是受其他因素所影響所推動的。這是絕對意識與直覺聯合起來而成的一種新的認識能力。

對於與意識連合起來的直覺，胡塞爾不用「直覺」字眼而用「知覺」（Wahrnehmung）字眼，因而有「知覺意識」（Wahrnehmendes BewuBtsein）的說法。知覺通常是經驗性格的，是通過感官對對象進行感性的認識的機能，並不能認識超越的東西。現在說它是超越的，同時也是內在的（immanente），這便表示這中知覺並不是認識感性對象的，而是認識具有超越性格

的東西，這應當是事物的本質（Wesen）。這種知覺，
顯然又是直覺與意識連合而成的機能，而這裡的意
識，應該不是經驗意識，而應是純粹意識，或絕對意
識。[7]

知覺與意識的統一，是在經驗的範域中進行呢，抑是
在超越的範域中進行呢？胡塞爾沒有說清楚。不過，就
上一段舉的白紙一例子來看，知覺與意識連合起來構
成一種體驗，而理解白紙的本質，這知覺與意識的統
一，似是在超越層面進行，因而是勝義諦義，具有現
象學的意味，而不是現象論的。[8]

二、「判斷 —— 實踐」

在身體技能實踐過程中，實踐者必須對突然而來的、不
預期的情境做出判斷（例如處理落入果嶺邊長草區的小白
球、處理對手突然的網前短球、判斷投手過高的失投球等），
並進行下一步的實踐，運動世界中這一情形可能是快速的幾
秒鐘，也可能是較長時間的幾分鐘或更長。在這一「判斷－
實踐」的程序，並無一固定的、標準化的準則，若說運動技
術有著一定的準則或原則需要遵守，那也只能表示是基礎性
的、部分的，而不是「判斷 —— 實踐」這個過程的全部。基
礎性的準則或原則是較容易以系統化、規範化的方式表述出
來或進行教導，但精熟技能表現中的藝術性與直覺性特點則

---

7 吳汝鈞，《胡塞爾現象學解析》（台北：臺灣商務印書館，2001），152-153。
8 吳汝鈞，《胡塞爾現象學解析》（台北：臺灣商務印書館，2001），153。

是較難以系統化方式來進行教導的。Donald A. Schön 認為：專業實踐者，「他表現出熟捻的技巧，卻無法說出其規則及程序。甚至，當他有意識的使用立基研究的理論及技能時，他還是依賴於那些隱含的認識、判斷能力和熟捻的表現」。[9] 在「判斷 ── 實踐」的過程中重要的關鍵在於對變化之後的情境有一種新的認識，這一新的認識來自於舊有經驗與思維對於新情境的新詮釋與新理解。運動競賽中是相當需要對新情境做出有利「實踐」的判斷，這一判斷是另一種新的詮釋與理解，這一種能力是優秀選手所具有的「反映」能力。依照 Donald A. Schön 的推論，這實踐認識具有三個層次：「衍生性的隱喻」、「新的假設」與「以行動塑造及探究情境」。

> 探究者面對他所發現的一些特殊現象時，仍憑藉著他所熟悉的資料庫中的若干成分，以此當作新現象的一個範本或是一種衍生性的隱喻。……再進一步，當探究者對於他所知覺的這些相似性進行反映時，他形成新的假設，但他透過實驗性的行動測試這些假設，這些行動產生了塑造情境的功能，也產生了探究情境的功能。[10]

「衍生性的隱喻」、「新的假設」與「以行動塑造及探究情境」的三個層次，它們是與情境中的「媒介」、對新情境詮釋的「語言」以及由舊經驗組織而成的「資料庫」相關

9　Donald A. Schön 著，《反映的實踐者（The Reflective Practitioner）》（夏林清等譯）（台北：遠流出版，2004），57。

10　Donald A. Schön 著，《反映的實踐者（The Reflective Practitioner）》（夏林清等譯）（台北：遠流出版，2004），240-241。

的，「媒介、語言和資料庫就影響力而言是分不開的。合在一起，它們構成了探究的『實料』，讓實踐者藉此行動、實驗和探索」。[11]因此可以得知，實踐者在面臨新情境中困難的挑戰時，必須在情境中找到一些「媒介」，同時對這些「媒介」做出另一種語言的「詮釋」，而這二種過程都受實踐者舊經驗的影響。身體技能實踐者在面臨新的情境所帶來的挑戰時，他由舊經驗的資料庫中搜尋較佳的解決方案，但以往成功實踐過的方式可能都無法為他帶來較好的詮釋與理解，此時他必須在他的行動中進行「反映」，在腦海虛擬的想像中把情境中所面臨的困難進行轉化，再提出好的策略與方法來實踐之。

　　一位美巡賽高爾夫職業選手，一個失擊，使他把球擊入果嶺後方的長條形沙坑中，沙坑與球洞的距離相當短，若以短切桿處理必定會使小白球上果嶺後離球洞相當遠，不利於下一桿推桿的處理。此時他思索著如何解決這一難題，他讓自己完全地浸入情境中，他發現了沙坑有一個特點，就是此沙坑與一般凹陷型沙坑不同，它的水平面幾乎與果嶺是相同的高度，他發現了一個有利的特點：把沙坑當成果嶺。那麼他就可以使用推桿來處理這個沙坑球，但此時他又發現了一個新的情境特點，此沙坑是長條形的，從小白球到球洞距離雖然很短，但以推桿來推這一球，球受沙的阻力影響，肯定無法有效地推動小白球滾出有效的距離。他發現了一個新的特點，提出一個新的假設，在腦海中進行實驗性行動來測試

11　Donald A. Schön 著，《反映的實踐者（The Reflective Practitioner）》（夏林清等譯）（台北：遠流出版，2004），242。

假設，結果是行不通的。此時，他保留了新的情境特點，因應推桿在沙坑所面臨的因難，他改變想法提出新的策略與方法，他想：有什麼方法可以保留「推」這個概念，又能創造出在沙坑中推桿所難以推出的「有效距離」？最後他拿了桿面角度稍大於推桿，但桿身長度又長於推桿的「3 號木桿」，他欲以 3 號木桿當作推桿進行一種創意實踐：「把沙坑當成果嶺」，他以身體動作配合腦海中的想像測試了幾次，發覺可行性很高，於是他採用了這個創意實踐的新認識，最後他成功地解救了這個困難的沙坑球，小白球在沙坑中被 3 號木桿推出了有效的距離。這是一種具備藝術性與直覺性的「行動反映」。在這個例子中，高爾夫選手對「沙坑」做了新的詮釋：「把沙坑當作果嶺」，因而使他聯想到「在果嶺上使用推桿」的概念，這是對新情境做了新語言的詮釋，進而使他理解了以「推」這個策略來解決問題，這使得他就此解決了一大半的難題。

第二節　「反映性對話」的時間性

一、反映的時間性問題

　　運動情境各式各樣，對於時間的要求也有所不同，針對上一部分所探討的高爾夫實例，或許有人會質問，高爾夫運動有著較長的思考時間，因此有利於實踐者對新的情境進行

「反映」，有利於做出具創意且有效的「反映」。若在需要快速反映的身體技能實踐中，例如網球、羽球、棒球、籃球、桌球等往往對於新情境帶來的困難，僅僅只幾秒中甚至不到一二秒的時間，在這麼短的時間內如何進行如上述的「反映性對話」呢？的確，在不同的運動項目之間，所具備的「反映性對話」也有所差異，Donald A. Schön 也提到：「因不同的專業領域或不同實務工作者，反映性對話的本質將有所差異」。[12]

　　因此，由此問題就衍生了另一個前提問題了，那就是這些身體技能實踐者的「反映性對話」，其是否能具備快速聯結「資料庫」（舊經驗與知識）的能力，或是所儲存的資料庫處理舊經驗資料的速度是否夠快的問題。對這個前提問題的解答，我們必須再往前推一點，又會有一個更根本的問題：這個處理舊經驗的資料庫的儲存位置？這個儲存置是在於以思考為主的「大腦」或是在於肌肉、神經系統。也就是這個儲存位置是否能夠提供實踐者面臨新情境時，具備快速支援以做出「反映性對話」的功能。其實這個答案對於精熟運動者而言，尤其是需要快速處理新情境的運動項目而言，是很容易理解的。對於這些精熟的運動者來說，長期訓練與競賽的經驗累積，有很大的程度都是積累在「動作」之中，也就是說，資料庫的儲存位置大部分是在肌肉、神經系統運動作下的「動作」。

　　一旦身體置入了該運動的情境中，資料庫或舊經驗系統

12　Donald A. Schön 著，《反映的實踐者（The Reflective Practitioner）》（夏林清等譯）（台北：遠流出版，2004），244。

就會開啓，保持高度的敏銳，以應付各種變化後的新情境。因此，除非我們認可了運動情境中，其資料庫的聯結與運動情境中所需要的速度是相等的，否則就必須否定在某些運動情境中，其「反映性對話」是不可能的，只有在特定的、有較長時間思索的運動項目中才可以成立的。運動情境中的快速實踐與看似需要較長時間的「反映性對話」，這二者之間看似矛盾，而矛盾產生的原因，可能起因於我們對「反映性對話」的刻板理解或甚至是一種偏差的誤解。一般我們的理解可能認為「反映性對話」由於是一種自我反省的「對話」，因此，得有一定的「時間」來進行這樣的「對話」。

在此我們應該從身體技能實踐的情境中來思考「反映性對話」的狀態，而不是由「反映性對話」的一般概念來看待身體技能實踐中是否可能進行這樣的「對話」。如此一來，以身體技能實踐為主體來探討「反映性對話」的狀態是如何，這樣的看法是可行的。身體技能實踐中快速的「反映性對話」來自於「動作」的直覺性反映，這種直覺性反映來自於二種因素的基礎：第一、基於長時間的身體訓練、技術訓練，第二，另外也基於在訓練之中有著較長時間的，且不斷進行的「反映性對話」。在這二種因素的作用之下，直覺性反映所需要的資料庫被儲存於「動作」之中，因此，它能應付極快速的運動技能實踐所需的「反映性對話」，而此種築基於「動作」的「反映性對話」是比較具有深度的「隱含性」（tacit）。在「專業的日常工作則依賴於隱含的行動中認識（Knowing-in-action）。每個勝任的實務工作者皆能確認出現

象……，但他卻不能賦予此現象全然精確或完整的描述」。[13]

二、思維性與非思維性的「反映」

一旦在運動技能實踐過程中，我們將精熟的細節傳入腦海中進行「反映性對話」時，可能會產生過多的訊息來擾亂其運動技能的實踐，例如「某個棒球投手聲稱從不在比賽中途思索他的投球方式」，[14]若在運動技能實踐的中途，突然腦海中跑進很多的訊息，這將使得技能實踐產生困難。這有如 Donald A. Schön 在一段話中提到的關於資深實踐者無法將真實的實踐過程教導給新手的情形：

> 由於這種對於媒介和語言的感覺如此重要，資深的實踐者便無法僅憑著描述自己的流程、規則、理論，就能將自己的實踐藝術傳授給新手。他也無法僅憑著描述甚或示範他的思維方式，就能讓新手以跟他同樣的方式思考。因為對於媒介、語言和資料庫的感覺不同，這位實務工作者的實踐藝術對別的實務工作者而言是隱晦的。[15]

運動技能實踐中的「反映性對話」是否真的如上述會阻礙了技能的實踐？要探討這個問題，必須先釐清二個更基本

13　Donald A. Schön 著，《反映的實踐者（The Reflective Practitioner）》（夏林清等譯）（台北：遠流出版，2004），56。

14　Donald A. Schön 著，《反映的實踐者（The Reflective Practitioner）》（夏林清等譯）（台北：遠流出版，2004），246。

15　Donald A. Schön 著，《反映的實踐者（The Reflective Practitioner）》（夏林清等譯）（台北：遠流出版，2004），242。

的問題：第一、如上述所言過多的訊息的確不能出現在技能實踐的過程中，但這是否也意謂著少量且適當的「反映性」訊息會有礙運動技能的實踐？第二、要有多少量的訊息產生，才能稱得上是運動技能實踐中的「反映性對話」？要對這二個問題進行詳細地解答是不易的。因為，運動技能實踐中的快速情境，就算發生了少量、適當且有效的「反映性對話」，那也是相當困難捕捉的，更何況要將之轉化為文字敘述，但筆者的信念傳達出「即使極快速的運動技能實踐中，仍有『反映性對話』產生的現象」，唯這似乎已陷入了「如人飲水，冷暖自知」的窘境了。雖然 Donald A. Schön 提出了看待「思與行」的迷思來破解這個窘境：

> 這些論點有些道理，卻是建立在看待思與行之關係的錯誤觀點上，它們在世俗的信念中熔合成團，變成了一種迷思，更增強了將實踐藝術神秘化的長久傾向。某些時候，停下來思考的確是危險的。……在快速進行的各個事件之間的間隔時段，便提供了進行反映的機會。[16]

不過 Donald A. Schön 在此提到的是「快速行動」與下一個「快速行動」之間的間隔時間，可以運動它來進行「反映性對話」，這時間與時間的間隔建構出一個「反映性對話」的空間，在此空間之中，運動技能實踐可以獲得較寬廣的、較深厚的「反映性對話」。但是運動情境中的問題可能要求更高，要求在每一個快速而來的情境中，如何進行「反映性對話」而快速地完成有效的技能實踐。Donald A. Schön 提到

---

16 Donald A. Schön 著，《反映的實踐者（The Reflective Practitioner）》（夏林清等譯）（台北：遠流出版，2004），247-248。

一個運動中的例子：「網球比賽的交手瞬間，網球高手學會留給自己片刻來決定下一個擊球。他的表現因這片刻的停頓而更好」。[17]這樣的「反映性對話」看來是相當具備藝術性與直覺性的，此快速的「反映性對話」的資料庫儲存所似乎可以驗證上述所提及的：儲存於「動作」之中。另外，這種快速的「反映性對話」對運動技能的實踐而言，應是最核心、最重要的部分，「事實上，實踐者如何學會創造行動中反映的機會，應該在我們理解實踐藝術的概念上佔據重要的地位」。[18]

　　由上述可知，第一、少量且適當的「反映性對話」訊息，並不會阻礙在極短時間中的運動技能實踐；第二、就算是極少量的訊息出現在快速實踐的運動情境中，它也是一種「反映性對話」。但前者由於有著較長時間的思考過程，對於運動技能的實踐可以在腦中不斷地重覆播放，以檢驗其待修正之處，因此可以稱之為「思維性的反映性對話」；而後者由於需要極快速的反映處理，無法對情境的變化有較長的思考時間，它的反映來自於身體運行的「動作」之中，所以可以稱之為「非思維性的反映性對話」。對於運動技能的良好實踐而言，這二種「反映性對話」都是重要的，只是使用的時空點有所不同。也因此，並不能斷定在極短暫時間內的運動情境中，是不能進行「反映性對話」的，只能說在快速的運動情境中進行的「反映性對話」是屬於「非思維性」的，但

---

17 Donald A. Schön 著，《反映的實踐者（The Reflective Practitioner）》（夏林清等譯）（台北：遠流出版，2004），248。

18 Donald A. Schön 著，《反映的實踐者（The Reflective Practitioner）》（夏林清等譯）（台北：遠流出版，2004），248。

需要特別說明的是，「非思維性」並不表示完全沒有思維的涉入，而是思維退居到較次之的地位。其實這還可能涉及一種介於二者之間的情況，這得視其運動情境的不同而定，即使同一運動項目中也有著不同的「反映性對話」情況。例如上述高爾夫運動例子，在揮桿前有著較長時間的「反映性對話」，但也可能在短短一二秒的揮桿過程中，發現某種情境的改變而極需快速的做出「反映」。因此，實際的情形是跨越或介於二種「反映性對話」之間，並交互使用的。

　　根據上述的探討，在運動技能實踐中，其「反映性對話」可以歸納出二種不同的意義，一是「思之行」，意指運用較長時間性來進行的「反映性對話」，例如在一次競賽與一次競賽之間的時段，實踐者有較長的時間來進行以「思」為主的「反映性對話」，進而推展出以「思」為主的後續行動，這樣的過程是以「思維」為主的行動，具有「嚴謹性」較高的特點；另一種則是「行之思」，意謂「反映性對話」是以身體技能實踐中的「動作」為主的，這樣的「反映性對話」可以應付急速的、短暫的運動時間，這種情況下的「反映性對話」無法產生過多的訊息，而且此訊息是來自於身體運行的「動作」，透過運動情境中某種個人選擇下獨特的「感知」來進行「反映性對話」，在這種意義下，「反映性對話」的思維性成分是較少的，其具有較高的「適切性」特點，此「適切性」是因應當時的運動情境而判定的。因此，由「反映性對話」的時間性來研判運動技能實踐的情境，可以推衍出二種不同意義的「反映性對話」，而對於身體技能實踐者而言，這二種「反映性對話」的進行都是重要且關鍵的。

第三章　藝術創作與身體技能實踐

　　藝術家為何要從事藝術創作或藝術表演呢？他們是如何從事藝術創作與表演的？托爾斯泰（Leo Tolstoy）認為：藝術家「在自己身上先引發出一種曾經感受到的經驗感覺，隨後再利用動感、線條、顏色、聲音，或由文字表現出造形，來將這種感覺傳遞給他人，使他們也能感受到相同的感覺－這便是一種藝術活動」。[1]昆曲藝術透過身體、語言來表現，舞蹈藝術更單純地只透過身體動作來表現，這些都是有意識地創構另一種符號來傳達某種意義，而這意義可能是一般言詞難以表述的，因此，相對於人們常用的語言符號，藝術所要傳達的意義，往往是默會的經驗。這些默會經驗是藝術創作或表演者經年累月所蘊涵的寶貴的精華，這些默會經驗也使得藝術家之所以為藝術家的理由，他們往往看到了一般看不到的、感受到一般人難以感受的部分，而這些部分大多難以言述，屬於默會部分。因此，透過非一般性的語言系統的藝術符號來傳達這默會經驗，是藝術創作與藝術表演者重要的基礎，它可以稱之為技能規範。

　　昆曲的傳統規範支撐著演員在舞臺上的演出，那什麼是

1　赫伯特・裡德（Herbert Read）著，《藝術的意義（The Meaning of Art）》（梁錦鋆譯）（臺北：遠流出版社，2006），311。

吸引觀眾焦點，引動觀眾情緒，感動觀眾心靈的關鍵？它存在於何處？是傳統技能規範的精熟？是演員誇張的表演？還是演員的真切情感？「昆曲是中國戲曲中最細緻、最文人化的一個劇種，它的美麗不只是在曲辭，也在戲本身，唱念作無一不工，每一句念白都有動作，可能是舞蹈，可能是手勢，或是一個脈脈眼風，每一個小細節都充滿了戲味」。[2]唱念作無一不工，代表著昆曲藝術重視技能規範的要求，每一個動作、眼神是否到位，均以技能規範來評判，但一個好的演出，就不僅是符合技能規範的要求就能達到的，例如對於文學作品的「至情」是否能透過演員精緻熟練的技能表現出來，這就成了能否成就一個好演出的關鍵了，對於各種技能規範都精熟的人而言，並不意味著就能成就或詮釋一個好的作品。寫意性的表現是核心，它必須透過昆曲藝術的規範來與演員自身的內在情感來進行，所以說「昆曲融合文學、音樂、舞蹈與戲劇，是一門將中國象徵寫意、抒情、詩化的美學傳統發揮到極致的精緻藝術」。[3]

　　任何精緻的藝術表現，若沒有好品味的觀眾，就難以衝擊出藝術的生命張力，因此個人知識中的自身經驗就顯得重要，觀眾是否能進入作品世界也取決於此。昆曲或舞蹈的虛擬性符號，象徵著某種意義的引出，觀眾由感官知覺的刺激中，自然而然地進入作品的世界，在虛擬的世界中感受著舞蹈中的情感。不論是昆曲的有聲或是舞蹈的無言，我們總能以自身經驗爲基礎，進入作品世界，體驗演員或舞者技能實

2　白先勇、楊佳嫻，《白先勇說昆曲》（臺北：聯經出版社，2004），227。
3　白先勇、王怡棻，《白先勇說昆曲》（臺北：聯經出版社，2004），236。

踐所蘊涵的意義，就如我於 2004 年在城市舞臺觀賞舞劇－
「香火」，一種基於臺灣本土化信仰精神的感動，在劇場中
我享受著如實的感動。

　　2004 年，臺北城市舞臺上演著一出以臺灣媽組信仰為
題材的舞劇 ── 「香火」，第一幕在舞臺上呈現時，
視景與音樂的良好結合，心靈立刻地被震攝住，無法
言之的感動溢滿了整個心靈範域，視覺專注于舞臺，
心靈卻已超越時空與媽祖的精神義涵、對臺灣的情
懷、對生活的種種情感都融合在一起了！舞臺上僅是
微微地晨光中出現媽祖進香的行列緩足前進，就如此
簡單，我心卻已感動不已！

　　舞劇的第一幕：晨光破曉，媽祖進香行列隱約地在微
弱的晨間光束中行進著，整個行列專注一意，簡單而
純樸地踏行在前進路上。轎，沉穩莊嚴；將；行沉蕭
穆；身，疲憊緩足；心，感動喜悅。不知未來「轎」
往何路行，不知「身」之極限何在，但知「心」是感
動的、感激的、喜悅的與媽祖同在；但知「轎」所行
之路必益世人，所行之路必定安全，即使是跨越濁水
溪，眾人不僅心無所懼，更是萬分感動地突破濁水溪
的障礙，白沙屯媽祖創造性地選擇了這樣的路，引領
著眾人信心十足地往前，這是多麼不可思議、難以言
喻的「意象」啊！當媽祖隊伍的領旗已走上過河的大
橋時，由四個人扛著的媽祖坐轎卻急行轉彎，跨越了
濁水溪，隨後的一行進香民眾也毫不猶豫的涉水隨
行。站在橋上的領旗與先行隊伍們，每個人都被這震

憾的畫面感動了。在這獨特的情境了蘊涵著多少的既
不可思議，亦難以言喻的「意象」！而此難以言喻的
「意象」，現在就在眼前，以舞蹈的形式，傳達著當
時震憾的感動。坐在觀眾席的我，如穿越時空般地回
到了現場，內心震憾不已。

　　昆曲或舞蹈作為一種藝術形態，表現宗教文化的內涵，
這是一種基於人性的自然需求而被創造出來的藝術文化，宗
教與藝術之間存在著某種程度的相同性，亦存在著相異性。
以宗教作為藝術創作的源頭，它離不開宗教神靈崇拜的內
容，而藝術所呈現的形式，也是最接近宗教活動的形式，它
們都具有難以言喻的特性。上述這種難以言喻的宗教意象，
透過藝術做出另一種難以言喻的舞蹈意象，本質上是後者對
前者的擴大，並對其隱晦的部分進行一種「補充性的詮釋」。
而這二者有一個共同點，即是這些隱晦的意象，並不能明確
地表達清楚，必須透過「心領神會」的過程來體會、認知、
理解。就如白沙屯媽祖進香跨越濁水溪這令人意外又感動的
情境，對於每個主體而言，都是心領神會的過程。它並沒有
一定的、明確的科學資料或證據可以研究這突如其來的現
象。而這樣強大的宗教精神能量卻成為了藝術創作的極佳題
材，因為二者在本質上都蘊涵著極大的「隱晦」意象，而此
意象中則包含著個人知識中的「默會經驗」。在個人知識體
系中，尤其是關於技能實踐的知識體系，有著大部份與深層
次的難以言傳的知識，它屬於個人性的內在深隱的知識，主
體自身感知能受其引導，因此，它屬於技能實踐相當重要的
地位。

第一節　身體的「漾態」

　　意識與肉體原本是一個整體的環節4問題,但人們總習慣性地將之分開來看、分開來談,心靈意識總需由肉體來顯現、出場,肉體上的總總感知、反應、動作亦總是向內回饋至心靈意識,二者是互爲作用的關係,這是「身體存在性」的二種轉化現象。本文在此議題上將透過對身體的一種重新認識的概念來看待並深入地探討其在宗教文化的影響下,軀體性態式與心靈性漾動的現象。

　　身體觀念 ── 身體的動源:漾

　　身體行為 ── 身體的實踐:態

　　身體體驗 ── 身體的回饋:漾

　　身體制度 ── 身體的社會化 ── 態(群化、人化)

　　身體動作是人類最自然的、最原初的身體表現,這一身體表現是身心不可分割的主體性,這一不可分割的主體性本文稱之爲「身體-漾·態」。「身體-漾·態」就是主體所展現的生命情境,不論是面對在場或不在場的事物,人們總是身心一起產生作用力而給出呈現的,「身體-漾·態」的呈現也就是主體性的呈現,身心是一個總合概念,而非二個先獨立存在再合而爲一的概念。

　　文化的發展並不是一種靜態的現象,而是變異性的現

---

4 環節,意指看似二個部分的區分,實爲不可分割的整體。是一個整體的二元化表現,導致容易被誤爲是二個部分而加以錯誤的區分之。

象，它依著各個不同的時代，依著人們的不同的需求而有所轉化。族群中的集體意識表現在當時所呈現的文化形態與精神意涵，而當文化形態與精神意涵有所變異轉化時，原本的集體意識逐漸地被人們遺落，被新的文化形態所取代。文化的發展並不是一種靜態的現象，而是變異性的現象，它依著各個不同的時代，依著人們的不同的需求而有所轉化。族群中的集體意識表現在當時所呈現的文化形態與精神意涵，而當文化形態與精神意涵有所變異轉化時，原本的集體意識逐漸地被人們遺落，被新的文化形態所取代。文化體系積澱著許許多多「看不見的現象」，它是一種看不見的書寫，留下看不見的印跡，但它卻著實地影響著人們的信仰或信念。文化的這一個「看不見的現象」的場域隱含著多元的面向，文化活動的每一個時機、每一個空間、每一個個體、每一個現象都是一種文本，而文本與文本之間又交互作用而另成一個文本，所以說它是一種「書寫」。文化透過人們的「身體」來書寫文化的現象與歷史，不論是口語的、文字的、肢體的都是一持續差異存在的「書寫」，這具有「雙重敘事」的特點。然而，此一文化書寫盡是透過「身體書寫」而成，這就必然涉及了身體表現中的技能實踐範疇。技能實踐在文化的傳承下有著必然的規律性與傳統性是必須遵循的，接下來就以技能實踐來做一初步探討。

技能的實踐必定在某些特定的規範下進行，這些規範形成技能實踐的「規律性」，這是技能實踐的基礎。以舞蹈為例，民族舞蹈、芭蕾舞、現代舞都有其基本的動作訓練，這些都是培養其舞蹈基本「規律性」的部分，另外身體柔軟度、

協調性、穩定性、肌力、肌耐力、速度等都是舞蹈基礎訓練的重點之一，它既是基礎性的，也是不可缺乏的，試想一個隻將「腿」抬至腰部的高度，這樣的柔軟度如何能「舞蹈」；又以昆曲表演藝術為例，傳統規範是十分嚴謹的，演員對於各種不以語言表示的身體技能必須要十分熟練，且遵循傳統規範，例如昆曲表演藝術中的「手法」就有著嚴謹的規範，如周秦在《蘇州昆曲》中提及：

> 手是形體語言最重要的傳達工具，在昆曲舞臺上，手的動作經誇張和美化而成為戲中腳色情感心態的外露形式。搖手，表示否定或拒絕；搓手，表示思索或焦慮；抖手，表示氣忿或害怕等等。不僅如此，手的姿勢還常常與人物的身份性格相關。同樣是搖手，淨腳可以岔開五指，表示粗獷豪爽，而生旦則必須將拇指收攏在掌心內，才顯得優雅含蓄。旦腳的手法可以統稱為「蘭花指」，但由於具體人物的年歲身份不同，「蘭花」的姿態也要求有所區別。[5]

　　昆曲表演藝術雖然十分注重身體技能規範，但這並不代表著演員在舞臺上演出是毫無自主空間的，雖有「四功五法的規範」，演員在舞臺上表演時，是一種「有規律的自由行動」。[6]這一「有規律的自由行動」就代表著演員個人知識的運作、個人技能的實踐，而這實踐當中又蘊藏著個人學習經驗、訓練經驗及演出經驗的積累。經驗的積累又包含著二個不同的層次，一是個人自覺意識下的經驗，二是個人不自覺

5　周秦，《蘇州昆曲》（臺北：國家出版社，2002），146。
6　周秦，《蘇州昆曲》（臺北：國家出版社，2002），145。

意識[7]下的經驗。例如白先勇先生的昆曲大作－青春版《牡丹亭》在台首演的第一幕，演員似乎顯得有些緊張而無法展現開來，而至今早已演出超過一百場次，這樣的緊張早已不復存在，取而代之的是更多「有規律的自由行動」，更多演員自主的詮釋，而身體技能規範則退入不自覺意識下的經驗。

　　對於昆曲的編創，有著更多的作品表現與現代的藝術觀點做了結合，而使得許多相同的劇情有著不同以往的呈現方式，例如白先勇先生的《青春版牡丹亭》中的〈驚夢〉一折，施淑青談到：

> 傳統的「驚夢」入夢一折，一帶而過極為含蓄，點到為止便雙雙躲到山石後去。此次演出，他們為杜、柳夢中情排了很多前所未見的身段，這個令台下觀眾怦然心動的情愛場面，主要是以水袖的相搭廝磨，配合舞蹈走步來表現：先是以揚袖、翻袖來展現兩人乍見的驚喜，接著以穿袖、搭袖來傳達兩情相悅，愈來愈近的感情，直至「我和你把領扣松，衣頻寬」，則是相依相偎的勾袖繞袖。水袖是演員肢體的延伸，可強化人物內在的情感，揮飄起來，更具舞蹈美感，汪、張兩位老師借用勾來拌去，纏繞牽絆的水袖拉扯出一段連死亡都分隔不開的至情，令人叫絕。[8]

赫伯特‧裡德（Herbert Read）認為：「儘管一個遊戲中

---

7 不自覺意識，並不代表著完全的不自覺，意指在意識的選擇下成為較不被注意的部分。
8 石頭書屋 —— 昆曲論壇。
　http://www.rock-publishing.com.tw/kanqu/forum/seminar/default_041.asp。

的計分方法是固定的，我們仍然要靠個人本能直覺和感受力的運用，才能達到良好的效果」。9對於昆曲而言，傳統的規範來面臨審美意識的轉變時，亦不免有些變更，例如《青春版牡丹亭》的舞臺設計就不同於以往昆曲那種極簡的風格，舞臺上出現了方形的坑洞，象徵著園林中的水塘，雖然筆者認為這是舞臺創新設計的敗筆，但它仍代表著昆曲對當代舞臺設計的運用。相對于創新部分的運用，對於動作或技能規範（唱念做打）而言，昆曲藝術仍然保留著相當傳統的規範，在藝術創作的自由空間相當大的現代社會中，這樣的堅持反倒成為一種相當可貴的文化資產。在配合現代舞台設計、燈光設計的創新之下，這些傳統的技能規範也能給多現代人「傳統新知」的審美情趣。技能實踐的「規律性」在於傳統規範的嚴格遵守，技能實踐的「自由性」則在於現今表演藝術的創新手法，更重要的是在於演員自身默會經驗的指導，這才是演員散發魅力之所在。

　　舞蹈藝術的表現也得築基於舞者的基本能力，相異於昆曲藝術的「唱念作打」，舞蹈的表現是基於舞者的身體能力，包含著極佳柔軟度、肌力、肌耐力、心肺耐力、協調性等，更重要的是舞者能否以身體舞姿來表現意義，此甚為重要。因此，舞者對於作品意義的感受能力是相當重要的，這類似於對藝術之美的感受力。赫伯特・裡德（Herbert Read）認為：「人類具有一種不變的特性，能夠和藝術的形式相呼應，我們稱之為對美的感受力。這樣的感受力被人認為是固定的。

9　赫伯特・裡德（Herbert Read）著，《藝術的意義（The Meaning of Art）》（梁錦鋆譯）（臺北：遠流出版社，2006），41。

其中有所不同的在於個人對藝術造形的詮釋，只有當藝術造形與個人貼身的感受相吻合時，才能被稱為具有表現力」。10當一個舞蹈創作者構思了一套動作來表現某種意義時，對於這套動作的吸收、練習、熟練、精熟，是舞者的責任，而往往得進展到精熟的階段，舞者方能再度進入作品意義，在意義中舞蹈。這當然是不容易且極為困難的，但在作品表現力的要求下，必然得如此嚴格對待。然而，在這樣的過程中，不論是對動作的吸收、練習、熟練、精熟，或是最後進入作品意義之中，都蘊藏著大量的個人默會經驗，它的大量且豐富的內容，強化並提升舞者的表現能力，舞者具備了表現能力也就相對地提升了作品的表現力。但這一切都得回歸至最原初的起始點－技能規範，沒有這個基礎，後續的都只是空談，因為表演藝術都得依靠身體來進行。技能規範是表演藝術的根本「規律性」，是原初的起始點，有了根本的「規律性」，才會有更高層次的「自由性」！

第二節　「文化性」的自覺

　　文化符號透過身體來運行，所有的文化活動都有基本的規範動作，人們依循著這樣的規範會感受到自己對文化的一種尊重，同時內心會期待著透過這樣的尊重而獲得文化活動中的回饋，這種「身體感」是與一般情形下的「身體感」有

---

10 赫伯特・裡德（Herbert Read）著，《藝術的意義（The Meaning of Art）》（梁錦鋆譯）（臺北：遠流出版社，2006），37。

所不同，它蘊藏著更豐富的內隱性，它在特定的動作規範下，其「身體感」的「默會想像」會較深層且持久，並逐漸積澱出屬於個體獨特性的「默會經驗」，也就是「文化體驗」。然而，文化體驗卻與個體的表現意識緊密相關，也就是個體表現意識會十足影響其「文化體驗」。如學者廖炳惠指出：

> 非常明顯的，有一種身體 physical body，是物質性的，它跟肉體的這個身體是連在一起的；但是另外還有社會性的身體（social body），social body 通常與生活方式、意識形態、國家權力、文化差異密切相關，很多不同的社會，都會透過身體來達到認同的或者是界定的作用。你要界定一個人，或者他跟你的差別，身體是一個非常重要的媒介。……所以身體很多面向是跟文化、社會條件、與 social body 連在一起。[11]

在一個充滿文化活動的社會中，「身體感」的社會化、文化化的一種必然的現象。文化蘊涵著內在隱晦的內容與外在明顯的形式，文化有著看得見的部分，亦有著看不見的現象，這二者是成為文化的主體。

「文化體驗」的內在因素是看不見的現象，對主體而言，它是支持文化行為的根基，對集體大眾而言，它是文化組織與制度持續運行的能量。在「文化體驗」活動中，主體從客體接收到的形象訊息形成一種感知，由於主體意識的多樣性與豐富性變化，瞬間轉化為主體腦海中的虛幻意象，引動主體文化情感，形成主體獨特的「文化體驗」，並重新地依照主

---

11 廖炳惠著，楊儒賓、何乏筆主編，《身體與社會－身體、文化與認同》（臺北：唐山出版社，2004），93-94。

體的獨特性再一次地詮釋。這一切都在於主體意識的作用，這種作用是一種看不見的現象，主體意識作用包括了感知、意象、判斷、體驗、詮釋，文化現象在主體意識中的作用過程也包括這五種階段。「文化體驗」根源於人本質上的差異－意識，意識使得自然環境、社會環境及人所能感知的實在界中許許多多人們無法理解的事件轉化爲「虛擬的想像」。意識是看不見、摸不著的現象，但卻主導著人們日常生活的行爲舉止，生發著人們喜樂、行爲、恐懼、怨怒等情緒，主體意識的內涵包含了可感知的部分與不可感知的部分，另外主體意識也受族群中的集體意識與集體無意識的引動，不可感知的與集體無意識的部分都是看不見的現象，也是「文化體驗」生發作用能量的最大場域。這如 Jacques Derrida 的哲學研究「看不見的現象」，這看不見的現象是文化的作用力，文化的積澱，他所指出的：

> 書寫（法語爲"Ecriture"，英語爲"Writing"），這是他的解構理論的核心範疇。在 Jacques Derrida 那裡它有兩個含義：（1）指圖像文字，與口語相對；（2）指文化符號，與本體相對。[12]
>
> 在 Derrida 看來，世界不是自然而然形成的，而是人類文化活動的產品，自然性的口語和世界本體不是人爲性的圖像文字和文化符號的前提條件，相反人爲性的圖像文字和文化符號卻是自然性的口語和世界本

---

[12] 蕭錦龍，《德里達的解構理論思想性質論》（北京：中國社會科學出版，2004），45。

體的前提條件，書寫才是人類知識和世界的根基。[13]

「文化體驗」在表演藝術來說，取決於創作內容、創作意涵、創作形式、身體表現的技能實踐等等，諸多因素均會影響劇場表演藝術所引發的「文化體驗」的作用能量。對於崑曲或舞蹈表演者而言，相同的技能表現，在不同的表演者身上會有著不同的技能質感的表現。為何會這樣呢？因為對於相同的技能表現，不同的表演者有著不同的焦點意識，也就是說，他們在相同的事情上，看到不一樣的東西。因此，積累出的關於表演的默會經驗也就不會相同，就在於此，區分出了表演功力的高下，就如 Michael Polanyi 提到的：「一門本領的規則可以是有用的，但這些規則並不能決定一門本領的實踐。它們是準則，只有在與一門本領的實踐知識結合時，它們才能作為這門本領的指導」。[14]在以上述白先勇先生的《青春版牡丹亭》中的〈魂遊〉一折為例：「魂遊」一折，杜麗娘已因深情而逝，她以女鬼扮相出現在舞臺，表現一種淒絕美絕的身韻。為了達到此種淒美意境，水袖的設計較之一般的水袖長了幾尺。杜麗娘一身素白，長袖飄然，營造女魂飄逸之美，配合重心放在腳尖的魂子步，杜麗娘的幽魂，禦風飄搖，美得陰沉情深。此段對於水袖的技能掌握與魂子步的運用，因涉及了相當深濃的情感色彩，所以在不同的演員身上會產生不同的焦點意識，而焦點意識的不同就會

---

13 蕭錦龍，《德里達的解構理論思想性質論》（北京：中國社會科學出版，2004），45。

14 邁可・博藍尼（Michael Polanyi）著，《個人知識 ── 邁向後批判哲學（Personal Knowledge:Towards a Post-Critical Philosophy）》（許澤民譯）（臺北：商周出版，2004），65。

有著不同質感的表現。不論昆曲多麼注重動作規範，個人知識中的焦點意識的影響才是關鍵之所在，然而，演員自身並不會清楚地感知自身焦點意識的運作情形，因為演員自身在演出的當下，早已完全沉浸於焦點意識的運作之中。

　　上述提及昆曲表演藝術的「有規律的自由行動」，昆曲這些唱作念打的規範，就如同是一些準則，而它必須與表演的實踐知識相結合，因此，這些規範才能流傳下來，成為這一門本領的指導。但這些準則或這一門本領的指導，最後都將隨著技能的精熟，而逐漸由焦點意識隱入支援意識，此時將不再專注於技能的種種規範，這些技能規範都成為一個統合的整體，成為技能的主要部分。而此部分是以支援意識來運作的，或說此部分主要由感覺來運作，技能本身不會成為主要的焦點。「感覺本身不是被看著的；我們看著別的東西，而對感覺保持著高度的意識」，[15]技能實踐中，焦點意識與支持意識若交換的話，「失誤」往往容易發生。例如「怯場」的現象。許多技能實踐的細節，必須同時來領悟。割裂開來看，將造成動作的笨拙。

　　如 Michael Polanyi 提到的：「由於個人致知的每一個行動，都評賞著某些細節的連貫性，所以這也就暗示著對某些連貫性標準的服從。做出最佳表現的運動員或舞蹈家是他們自己表演的批評家。一切個人致知行動都以自定的標準來鑒

---

15 邁可‧博藍尼（Michael Polanyi）著，《個人知識 —— 邁向後批判哲學（Personal Knowledge:Towards a Post-Critical Philosophy）》（許澤民譯）（臺北：商周出版，2004），71。

定它所致知的東西」。[16]「心靈的努力具有啓發性的效果：它爲了自己的目的而傾向於把當時情景中的任何可得到的、能夠有所說明的元素組合起來」。[17]不論是昆曲表演家或舞蹈編創家，在這些表演藝術的專業領域裡頭，有著相當深、相當厚的不可言傳的知識，它的的確確是屬於個人獨有的知識。雖說不可言傳，但也不代表著全部都難以言述，筆者認爲還是能有部分的個人默會知識可以被詮釋、被呈顯。重點在於可能必須花費較長的時間進行訪談、觀察、分析。由於此部分較難呈顯，所以也隱喻著此部分的價值性可能是較豐富的，值得探索。

　　上述言及的「自覺意識經驗」與「不自覺意識經驗」有如 Michael Polanyi 在《個人知識》中提及的「焦點意識（focal awareness）」與「支援意識（subsidiary awareness）」。[18]Michael Polanyi 舉了一個例子來說明這二種意識：

> 支持意識和焦點意識是互相排斥的。如果一位元鋼琴家在彈奏音樂時，把自己的注意力從他正在彈奏的音樂上，轉移到觀察他正用手指彈奏的琴鍵上，他就會感到困擾，並可能得要停止演奏。如果我們把焦點注

---

16 邁可·博藍尼（Michael Polanyi）著，《個人知識 —— 邁向後批判哲學（Personal Knowledge:Towards a Post-Critical Philosophy）》（許澤民譯）（臺北：商周出版，2004），81。

17 邁可·博藍尼（Michael Polanyi）著，《個人知識 —— 邁向後批判哲學（Personal Knowledge:Towards a Post-Critical Philosophy）》（許澤民譯）（臺北：商周出版，2004），79。

18 邁可·博藍尼（Michael Polanyi）著，《個人知識 —— 邁向後批判哲學（Personal Knowledge:Towards a Post-Critical Philosophy）》（許澤民譯）（臺北：商周出版，2004），71。

意力轉移到原先只在支援地位中被意識的細節上，這種情況往往就會發生。[19]

在昆曲或舞蹈的表演上，演員的焦點意識的錯置，亦會造成演員的怯場、緊張或失誤的情況，若演員無法集中專注力在所扮演角色的情感時，可能支持意識成為了焦點意識，不是身體技能的不精熟導致，就是太過緊張而失焦。當身體技能不夠精熟時，演員必須隨時注意自己的身體動作、姿勢是否符合規範，或是隨時注意接下來的舞臺路線、臺詞、動作、道具等等。如此一來，最重要的角色情感就退居於不自覺意識（支持意識），而一些基本技能反倒成為了自覺意識（焦點意識），這些都和上述鋼琴師的例子一樣。另外，上述的「四功五法」的技能規範，在一個初階的演員身上，這些規範往往是自覺意識（焦點意識）下的經驗；相反的，在一個高階的、充滿著演出經驗的演員身上，這些規範反倒是成為不自覺意識（支持意識）的經驗。後者就如 Michael Polanyi 所說的：「實施技能的目的是透過遵循一套規則達到的，但實施技能的人卻不知道自己是這樣做的」。也就是高階的演員于演出的當下，對於身體技能的基本實踐規則已經精熟到了某種「忘」的層次，而透過這些似乎「忘」了的身體基本技能，生動地、恰到好處地表現出角色情感與劇情情節，這也是「有規律的自由行動」的真切體現。

昆曲藝人的所謂基本功，除了唱念功夫之外，主要就

---

19 邁可・博藍尼（Michael Polanyi）著，《個人知識 —— 邁向後批判哲學（Personal Knowledge:Towards a Post-Critical Philosophy）》（許澤民譯）（臺北：商周出版，2004），71。

是表演程式，從站法、手勢、膀位、腰功，到臺步、圓場、起霸、趟馬、把子、檔子等等，這是一個艱苦而漫長的演練過程，而這個過程的最高境界則是返樸歸真，貼近生活。昆曲表演藝術之難就在於既要掌握並遵從程式規範，又要「類乎自然」，不拘泥於程式規範以免被它所束縛。[20]

這種「類乎自然」而不被身體動作、姿勢所束綁，亦是民族舞蹈表演藝術的要求原則。這裡所提及的民族舞蹈表演藝術，意指在當代的表演藝術環境中，以傳統民族舞蹈為題材進行的新創作作品，是為「藝術性」高於「節慶性」的表演方式。由於高藝術性的訴求，民族舞蹈表演藝術對於舞者的身體動作技能的要求是嚴格的。在一個作品中，創作者可能設計了二至三個不同的「氛圍」，這些「氛圍」必須透過舞者以身體的動作、節奏、韻律、姿勢等來傳達，而沒有任何的語言表達。因此，對於舞者內心情感與意識的要求就顯得相當重要，舞者不僅僅是做做動作、擺擺姿勢的表演方式，所有的一舉一動都被要求由自我內心已感動的那種情意出發，若是爭寵鬥豔，就必須有妒忌與驚豔的情意，若是沉壓的宿命，就必須有沉重、掙脫的情意！

第三節　身體技能實踐的不可言傳性

摩斯‧康寧漢（Merce Cunningham）說：「每個藝術家

---

20 周秦，《蘇州昆曲》（臺北：國家出版社，2002），156。

都應該自問，他為什麼要創作他已經知道的東西？這可能正是他不斷突破創新的最佳註腳」。[21]對於我自身已經理解的，或他人也可以知道的一般性的東西、概念、意象，為何藝術家還要對它進行創作，他們的心中是否有著些許別人無法感受的部分，也是語言文字難以言述的部分，他們想要在創作中表達出來，想要以藝術的「獨特言語」來表現。藝術家對於他已經知道的東西的整體性，是語言文字難以言傳的，所能言傳的往往僅是極微小的一部分，這也是藝術家往往能看得到一般人看不到的事物，例如梵穀的名畫作《農鞋》，他所畫的是生活中的細微觀察－農婦的農鞋，但是梵穀的油畫作品並不等同于實際的農鞋，前者是「現實物品」，後者是「藝術作品」，後者充滿著太多梵穀對這一充滿皺折、破洞、老舊農鞋的情感因素。Heidegger 對這一作品的詮釋：

> 從鞋的具磨損的內部那黑洞洞的敞開口中，凝聚著勞動步履的艱辛。這硬梆梆、沉甸甸的破舊農鞋裡，聚積著那寒風陡峭中邁動在一望無際的永遠單調的田壟上的步履的堅韌和滯緩。鞋皮上沾著濕潤而肥沃的泥土。暮色降臨，這雙鞋底在田野小徑上踽踽而行。在這鞋具裡，迴響著大地無聲的召喚，顯示著大地對成熟穀物的寧靜饋贈，表徵著大地在冬閒的荒蕪田野裡朦朧的冬眠。這器具浸透著對麵包的穩靠性無怨無艾的焦慮，以及那戰勝了貧困的無言的喜悅，隱含著分娩陣痛時的哆嗦，死亡逼近時的戰慄。這器具歸屬

---

21 李立亨，《Dance —— 我的看舞隨身書》（臺北：天下遠見出版，2000），76。

> 於大地（Erde），它在農婦的世界（Welt）裡得到保
> 存。正是由於這種保存的歸屬關係，器具本身才得以
> 出現而得以自持。[22]

現實物品或現實情景似乎客觀地存在那裡，似乎理性地被人們所感知與判斷，然而，事實並非如此，這些現實物品或現實情景在人們的感知中早已成為一種藝術，是看得到的真實與看不到的真實交互相映的現象：

> 人們看到的永遠是真實的，但永遠都不是真實的全部。

因此，人們總是藉由極大部分的默會經驗來補足這大部分看不到的真實。這就對現實物品或情景進行了默會想像，它就如梵谷對一農婦的農鞋有著深沉的感受力一樣。想像的永遠大於被說出的，默會經驗永遠大於能表述的經驗，因此，生活中到處充滿著「藝術想像經驗」。

藝術創作者觀察生活中的點點滴滴，以生活為創作舞臺，生活自身即是一種創作的泉源，生活自身也就到處充滿著表演的題材。人的生活中無不充滿著「表演」，舞者的表現是表演，昆曲演員的演出是表演，教師的教學也是表演，人際互動也是表演，生活本身就是一連串的表演，而在這些多元化的表演之中，默會經驗充滿其中。也就是說，個人知識主導其表演的形式與內容。既然生活即是表演，那又有何區別呢？區別在於「表演舞臺」的不同，昆曲與舞蹈的表演主要是在「劇場舞臺」，生活則在於生活中的多元舞臺。生活中的個人知識是經年累月積聚而來的，其中當然隱含著眾

---

22 馬丁・海德格爾（Martin, Heidegger.）著，《林中路（Holzwege）》（孫周興譯）（上海：上海譯文出版社，2004），18-19。

多的默會經驗；相對的，一個崑曲演員、舞蹈表演者無不受
長期的訓練，也是經年累月的肢體訓練及表演經驗累積成的
個人知識，這當中同樣地也蘊藏著豐富的默會經驗，「我們
真正想從一件藝術作品中接收的，是一些屬於個人的特質」。
[23]一個好的演員或舞者能脫穎而出，也就在於這與眾不同的
默會經驗！在藝術表演中個人特質的默會能引領觀賞者的注
意力，被表演者帶進另一個時空，觀賞者在這一時空中有著
自身的默會感知，而表演者的默會與觀賞者的默會是不同
的，但又彼此緊密相聯的。這就如我們現在觀賞梵穀的油畫
《農鞋》一樣，我們以自在的心情進入作品，對作品進行一
連串的默會感知，我們對作品並不進行所謂專業化的分析，
因為「分析」將使焦點意識放錯位置，那只會使我們的心靈
受到更緊的約束。就如馬蒂斯（Matisse）所言：「我們不必
要求觀賞者進行分析，這只會鎖緊他的注意力，使他無法放
鬆，同時過度的分析反而有轉移變質的危險。最理想的做法，
是能使觀賞者在不知不覺中，受到繪畫機制的帶動」。[24]表
演藝術之所以值得玩味，就在於：「我們用個人的默會感知
來欣賞並體驗表演者的默會經驗」。

　　默會經驗大部分處於人們支持意識之中，它難以成為焦
點而被注意到，當一個舞者在舞臺上狂舞時（例如雲門的《狂
草》其中的一段，舞者以太極導引的身體動作，象徵書法般

23　赫伯特・裡德（Herbert Read）著，《藝術的意義（The Meaning of Art）》
　　（梁錦鋆譯）（臺北：遠流出版社，2006），46。
24　赫伯特・裡德（Herbert Read）著，《藝術的意義（The Meaning of Art）》
　　（梁錦鋆譯）（臺北：遠流出版社，2006），314-315。

地狂草），他（她）難以注意到自己是如何狂奔跳躍的，「當我們把注意力聚集在這些支持意識的細節上，我們的行為就會崩潰。我們可以把這樣的行為描述成邏輯上不可言傳的」。[25]「一組落入支持意識中的細節，如果全然從意識中消失，最後完全地忘記，無法回憶。從這個意義而言，它們就是不可言傳的。重要的技術過程的技能與行家絕技的各種未被意識到的致知規則，這些規則幾乎是無法完全被言傳的」。[26]

筆者的創作來自於：傳統與當代思維的矛盾下，某種想要開創自我路線的動機。然而，在這樣的動機下，有著許許多多受當代美學思維與傳統美學理論交互影響的默會經驗的影響：

> 2003 年 SARS 風暴侵襲臺灣，每個人載著口罩，害怕與人接觸、談話，失去了原本生活的節奏性，每個人內心都祈禱著這場瘟疫能儘早結束。一位編舞家有感而發地編創一支民族舞蹈 —— 《香贊》，以敦煌舞姿表達出當時臺灣面臨對於祈求上蒼護佑的心靈情感。對於創作的內容，以敦煌舞蹈動作為元素，來進行創作，要求舞者以當時 SARS 風暴侵襲的臺灣社會為立足點，以這樣的情感來切入。

這是編舞家立足於當時社會現象的某種衝擊，而以傳統

---

25 邁可・博藍尼（Michael Polanyi）著，《個人知識－邁向後批判哲學（Personal Knowledge:Towards a Post-Critical Philosophy）》（許澤民譯）（臺北：商周出版，2004），72。

26 邁可・博藍尼（Michael Polanyi）著，《個人知識－邁向後批判哲學（Personal Knowledge:Towards a Post-Critical Philosophy）》（許澤民譯）（臺北：商周出版，2004），79-80。

的敦煌舞姿進行的創作。這當然與傳統敦煌舞的意涵有所不同，是傳統舞蹈與當時社會情境的一種融合的創作。對於此，筆者認為這是民族舞蹈創作的一種方式，也是對傳統舞蹈的延續與再詮釋。在這個作品中，顯然地隱含著許許多多創作者個人的默會知識，這部分來自於長年累月對敦煌舞蹈的學習、表演、教學、精熟技能的生命經驗，也來自於創作者對於當時社會情境的關懷與感知。

　　在對社會情境的關懷與自身舞蹈經驗的條件下，進行著自由想像的象徵，舞蹈姿勢與動作對著社會環境進行聯結，這一聯結是超乎于現實世界的理性結構，以一種異想世界的時空來進行創作的自由想像。在此異想世界的一切都屬於感覺的領域，在似乎能夠輕易言述出來的表像下，隱匿著更大部分的難以言述的內容。這些默會經驗在創作者或舞者身上都不斷地產生並又隱匿進入不明的意識之中。舞蹈藝術創作者總以不規則的符號與所指意義間的聯結為自由想像的樂趣，在舞蹈藝術中幾乎沒有不可能被呈現的符號與所指意義，這樣的聯結有著太深太厚的默會經驗在裡頭，它難以被一般觀點或客觀思維所認識。例如：白先勇先生的昆曲大作《青春版牡丹亭》：

> 　　《牡丹亭》的主題在於一個「情」字，白先勇先生強調「情至」、「情真」、「情深」的理念來發展：由「夢中情」轉折為「人鬼情」再歸結到「人間情」。其中杜麗娘因夢生情、因深情而逝，此一情節的舞臺呈現：舞臺正後方出現了一個深邃的時空走道，杜麗娘身披紅色大披肩，長長地拖著披肩往此走道深情慢

　　步，最後回眸一撇。由此象徵著杜麗娘已因深情而轉
　　化為「陰間魂」，同時聯結至「人鬼情」的情節。
　　在創作者的自由想像下，對於死亡的符號處理有著特殊
的創意與美感，因此欣賞者對於這樣的創意亦有著不同於以
往的感受性。「其實昆曲是最能表現中國傳統美學抒情、寫
意、象徵、詩化的一種藝術，能夠把歌、舞、詩、戲揉合成
那樣精緻優美的一種表演形式，昆曲能以最簡單樸素的舞
臺，表現出最繁複的情感意象來」。[27]昆曲一些簡單的肢體
動作，象徵著某種意境的想像，演員首先要進入想像的情感
世界，例如在簡單佈置的舞臺情境中，表現出曲折小徑的園
林景物與心境，進一步散發出令觀眾也能如實感知的表演能
量，使觀眾能被演員帶入虛擬的情境中，與演員的情感融合
一體，而又能有著與表演者不同的默會感知。就如馬蒂斯
（Matisse）所言：「重要的是要能掌握觀賞者的注意力，使
他能專注於繪畫，但心中所想的卻與我們想要表達的某個特
殊物體完全無關」。[28]由此可知，昆曲或舞蹈在舞臺上的種
種佈置，只為表達一種藝術的整體感，重點在於傳達人性中
的「美感」、「至情」、「意境」的感受性，而此感受性在
創作者、表演者與觀賞者都有著個人的默會感知，這些都來
自於同一個藝術作品，而其內容可能有著極大的差異。

27　白先勇、王怡棻，《白先勇說昆曲》（臺北：聯經出版社，2004），62。
28　赫伯特‧裡德（Herbert Read）著，《藝術的意義（The Meaning of Art）》
　　（梁錦鋆譯）（臺北：遠流出版社，2006），314。

第三篇　身體技能實踐的轉化

　　身體技能實踐的轉化可說是一種藝術化的自我詮釋，一種藝術之思，它源自於自身對各種反映的道說。「藝術之思──道說」意指著直觀的詮釋，不著經驗色彩的、無蔽的詮釋，它與藝術之思相鄰相近，它並不單指語言的或文字的詮釋，指涉的是所有承載訊息的符號，諸如語言、文字及言語、身體、表情、被使用的器具等。當我們受到一個藝術作品的憾動時，其心靈狀態透過語言、言語、文字、身體、表情及種種符號直接地呈現出來，這就是一種藝術感動的道說，直觀詮釋性的道說。因此，藝術之思的場域是極度寬闊的，它蘊涵著創作者、欣賞者、承載者（舞者）不同的直觀詮釋性道說。也正因如此，藝術之思才具備了強韌的生命力，而它的源頭來自於「情」，道說使得「情」得以出場。

　　藝術之思亦可說是藝術之情，有「情」才使得世間事物的存在得以顯現，並有其意義。傳統文化藝術總為情感而存在，它透過傳統文化動作來「道說」，曖昧性地道說著民族文化的情感。情感是傳統文化重要的審美觀，正如湯顯祖提出的「世總為情」：

　　　　湯顯祖旗幟鮮明地提出「世總為情」的觀點，認為人
　　　　世間總的來說就是個「情」字，無情就無社會、無人

生、無技藝，無情則聲音笑貌、大小生死無從以出。
而情之動，亦可動有情者，亦可動無情者；可動於情
之同者，亦可動於情之異者及情之反者；既可蕩人心
意，亦可動搖草木、哀感鬼神。審美藝術之所以有其
巨大作用，根本原因就在於這個情，而藝術品次的高
低也同樣在於這個情的表現如何。[1]

藝術家對存在的領會，就在於這個「情」的作用，「情」
使得藝術作品有所規律、有所呈現、亦有所隱藏，這在於這
藝術作品的道說。道說的是作品的藝術之思，「情」就若隱
若顯的存在於此藝術之思中，以藝術形式來表現。傳統文化
就是以傳統文化的形式來加以表現，這一表現即是道說，道
說著審美意象中的「情」，而每一次的道說都存在著差異，
每一次被道說的「情」也存在著差異，唯有審美意象中仍存
在著「情」這一事是不變的。

Heidegger 認為，「對存在的領會本身就是此在的存在的
規定」，[2]「我們是通過讓語言的道說向我們道說而聽從語言，
以便能夠隨著道說而說」，[3]「此在現象學的 Logos 具有闡釋
的性質。通過闡釋，存在的本真意義與此在本已存在的基本
結構就自居於此在本身的存在之理解宣告出來。此在的現象
學就是釋義學」。[4]此釋義學意義的現象學是透過詮釋來還原

---

1 于民、孫通海，《中國古典美學舉要》（安徽：安徽教育出版社，2002），
　688。
2 馬丁・海德格（Martin, Heidegger.）著，《存在與時間（Being and Time）》
　（陳嘉映譯）（北京：三聯書店，1999），14。
3 孫周興，《海德格爾選集》（上海：上海三聯書店，1996），1135。
4 馬丁・海德格（Martin, Heidegger.）著，《存在與時間（Being and Time）》
　（陳嘉映譯）（北京：三聯書店，1999），47。

或解除遮蔽的現象，在審美意義上正是體現著此釋義學意義
的，Heidegger 以梵穀的油畫作品農鞋為例：

> 從鞋的具磨損的內部那黑洞洞的敞開口中，凝聚著勞
> 動步履的艱辛。這硬梆梆、沉甸甸的破舊農鞋裏，聚
> 積著那寒風陡峭中邁動在一望無際的永遠單調的田
> 壟上的步履的堅韌和滯緩。鞋皮上沾著濕潤而肥沃的
> 泥土。暮色降臨，這雙鞋底在田野小徑上踽踽而行。
> 在這鞋具裏，迴響著大地無聲的召喚，顯示著大地對
> 成熟穀物的寧靜饋贈，表徵著大地在冬閒的荒蕪田野
> 裏朦朧的冬眠。這器具浸透著對麵包的穩靠性無怨無
> 艾的焦慮，以及那戰勝了貧困的無言的喜悅，隱含著
> 分娩陣痛時的哆嗦，死亡逼近時的戰慄。這器具歸屬
> 於大地（Erde），它在農婦的世界（Welt）裏得到保
> 存。正是由於這種保存的歸屬關係，器具本身才得以
> 出現而得以自持。[5]

　　一雙新的農鞋或作為事實生活中的農鞋與梵穀油畫中的
農鞋的存在是不同的，後者消除了農鞋一般概念中的遮蔽，
它減弱了農鞋實用性概念的遮蔽。它敞開了存在者（農鞋）
存在的本真性（生存境況）。僅僅是油畫的一雙鞋，卻蘊藏
著無限暇想的複雜情感，這是事實生活中的器具與藝術作品
之間的差異，也就是存在者的存在是不同的。「田間的農婦
在穿的行為中才使農鞋存在，農婦在勞動時對農鞋想得越
少，看得越少，對它們的意識越模糊，它們的存在也就越真

5　馬丁・海德格爾（Martin, Heidegger.）著，《林中路（Holzwege）》（孫
　周興譯）（上海：上海譯文出版社，2004），18-19。

實」，[6]也就是說，「農鞋作為進入作品中的器具，其存在本
性得關切，得以顯現，並由此敞開了一個世界」。[7]傳統文化
的表現，其舞者對作品中的動作、姿勢、路線的關注力必須
由初期的高強度減弱至越小越好，在真正表現過程中，其所
創作的動作、姿勢、路線等，都必須深化至舞者的身體、動
作、意識的融合體中。舞者表現時，對於動作的意識狀態是
隱晦含混的。舞者對於一個創作作品的詮釋，是由初期的理
性高於感性的摸索狀態，進入至後期感性為主，理性為輔的
表現狀態，此時是創作者藝術之思、舞者藝術之思與作品之
意涵融合為一體的狀態。如果此時舞者的表現是理性主導的
狀態，那就較容易成為一種遮蔽，反而言之，舞臺上的表現
是感性內化的狀態，舞者極度專注於此感性內化的狀態，不
假思索地運作身體舞動。使身體舞姿或作品所蘊涵的虛擬世
界得以被顯現，就如梵穀的《農鞋》一般，體現出大地的物
性。例如蔡麗華的作品《香火》舞劇，第一幕在舞臺上呈現
時，晨光破曉，媽祖進香行列隱約地在微弱的晨間光束中行
進著，整個行列專注一意，簡單而純樸地踏行在前進路上。
轎，沉穩莊嚴；將；行沉肅穆；身，疲憊緩足；心，感動喜
悅。視景、燈光與音樂的良好結合，心靈立刻地被震攝住，
無法言之的感動溢滿了整個心靈範域，視覺專注於舞臺，心
靈卻已超越時空與媽祖的精神義涵、對台灣的情懷、對生活

---

6 劉月新，〈在物中尋求求詩意的棲居 —— 比較莊子的物化與海德格爾的物
 性〉，《國外文學》，1（2005）：10-20。
7 張賢根，〈真理的顯現與藝術的不解之謎〉，《中北大學學報》，21.01
 （2005）：7-13。

的種種情感都融合在一起了！舞臺上僅是微微地晨光中出現媽祖進香的行列緩足前進，就如此簡單，心卻已感動不已！這是藝術形式簡單的呈現，藝術之思卻泉湧不已，這是無蔽的在場，無蔽地顯現了這個民族的存在意涵。

　　審美意義的存在是在不斷地釋義詮釋中生成的，對於此在的不同存在也有著差異的意涵。Heidegger 認爲：梵穀這一油畫《農鞋》顯示了本性，「器具的器具性才第一次真正露出了真相」，[8]「梵穀的繪畫揭示了器具，一雙農鞋真正是什麼，這一存在者從它無蔽的存在中凸現出來」。[9]「海氏畢生對邏輯持一種反對態度，強調把語言、思從語法和邏輯理性中解放出來，從而恢復邏各斯的原初意義」。[10]傳統文化的審美亦不可受邏輯理性的拘禁，從中解放出來才能體驗傳統文化的藝術本性，這是一個解蔽以顯現本性的過程。「可以說人類歷史中的一切科學、藝術、技術、生產等實踐活動都是人參與解蔽的過程，是人不斷參與遮蔽與無蔽之間的轉換過程」。[11]藝術是真理的表現，但藝術絕不是對現實生活的模倣或反映，「長期以來，與存在者的符合一致被當作真理的本質。但我們是否認爲梵穀的畫描繪了一隻現有的農鞋，

8　Heidegger Martun. Holzwege[M]. Frankfurt: Klosterm ann Verlag, 1997. p19.（引自張賢根，〈海德格爾美學思想論綱〉，《武漢大學學報》，54.04（2001.07）：413-418。）

9　Heidegger Martun. Holzwege[M]. Frankfurt: Klosterm ann Verlag, 1997. p21.（引自張賢根，〈海德格爾美學思想論綱〉，《武漢大學學報》，54.04（2001.07）：413-418。）

10　李革新，〈在遮蔽與無蔽之間 —— 海德格爾現象學的一種理解〉，《復旦學報》，2：22-28。

11　李革新，〈在遮蔽與無蔽之間 —— 海德格爾現象學的一種理解〉，《復旦學報》，2：22-28。

而且是因為把它描繪得惟妙惟肖，才使其成為藝術品的呢？我們是否認為這幅畫把現實之物描摹下來，把現實事物轉置到藝術家生產的一個產品中去呢？絕對不是」。[12]理性主義的審美觀造成了藝術作品與審美主體、感性與理性思維的二元對立，同時一再強調審美主體的差異性經驗，這些都導致對藝術本性的遮蔽。尤其審美主體的差異性經驗造成一般對於傳統文化的審美判斷的謬誤，往往形成一些以西方現代或後現代舞蹈文化的經驗來判斷傳統文化的創作，同時作出一些不考慮其文化根基的評斷。Heidegger 言：

> 美學把藝術作品當作一個對象，並且是 asthesis 的對象，即廣義的感性把握的對象。今天我們稱這種把握為體驗。人們體驗藝術的方式應當啟示藝術的本質。體驗不僅對藝術享受，而且對藝術創造都是標準的來源。一切皆體驗。然而體驗或許就是藝術在其中終結的那個因素。[13]

這段話表明了 Heidegger 對傳統美學二元對立的反對，這是對藝術本性的遮蔽，使得一些關於美學的論述是在遮蔽的情形下進行一連串的再遮蔽。傳統文化創作的審美正面臨著如此的窘境，傳統文化審美作為一種存在，它總是以自身存在的方式來詮釋自身，其藝術本性也就存在於它自身的存在之中。Heidegger 言：

> 此在是一種存在者，……此在在它的存在中總以某種方

---

12 孫周興，《海德格爾選集》（上海三聯書店，1996 年），256。
13 馬丁・海德格爾（Martin, Heidegger.）著，《林中路（Holzwege）》（孫周興譯）（臺北：時報文化，1996），365。

式、某種明確性領會著自身。這個存在者的情況是：它的存在是隨著它的存在並通過它的存在而對它本身開展出來的。對存在的領悟本身就是此在的存在規定。此在作為存在者的與眾不同之處在於：它存在論地存在。[14]

我們不應把所有舞蹈文化作品集合起來，研究它的共性是什麼，而以此種共性來作為任何一種舞蹈文化作品的藝術本性。不論是感性的經驗方法或是抽象的理性方法都不能正確地切入藝術作品之所以為藝術的本性，我們應以作品本身來推斷此作品的審美存在，進而得知其藝術本性。藝術本性並不外在於藝術創作者與藝術作品二者，相反地，它是根基於這二者而形成一種三角關係的循環詮釋。傳統文化的藝術本性根基於創作者、作品二者，而藝術本性的詮釋則在於創作者、作品與藝術這三者的循環詮釋。Heidegger 指出，「藝術作品和藝術家的本源是藝術」。[15]對於創作者和作品而言，什麼是真理？藝術就是真理，藝術作為創作者和作品的真理，它是自行置入作品的。Heidegger 指出，「藝術作品以自己的方式開啟存在者之存在。在作品中發生著這樣一種開啟，也即解蔽（Entbergen），也就是存在者之真理。在藝術作品中，存在者之的真理自行設置入作品中了。藝術就是真理自行設置入作品中」。[16]同樣地，傳統文化的藝術創作是

---

14 馬丁・海德格（Martin, Heidegger.）著，《存在與時間（ Being and Time）》（陳嘉映譯）（北京：三聯書店，1999），17。
15 馬丁・海德格爾（Martin, Heidegger.）著，《林中路（Holzwege）》（孫周興譯）（上海：上海譯文出版社，2004），44。
16 馬丁・海德格爾（Martin, Heidegger.）著，《林中路（Holzwege）》（孫周興譯）（上海：上海譯文出版社，2004），25。

作品自身敞開自身的存在，也就是敞開了自身所蘊涵的藝術本性，此藝術本性是創作者與作品的本源，另一個視角而言，藝術本性是根基於創作者與作品的。所以，這三者形成了一種循環詮釋的現象。

　　藝術作品當然是一種對象，但是它不同於人們日常生活中的種種對象的物化概念，它既有物的特性，同時更大程度地表現出超越了物化概念與物化特性的虛幻層面，因此，藝術作品作為一種對象，並不同於傳統美學概念中的物化或客觀的對象。傳統美學僅關注於存在者，而忽略了存在者的存在。例如上述梵穀的油畫《農鞋》，若僅關注於存在者，那這一油畫僅僅是農鞋的仿製，而沒有另一超越物化概念的虛幻層面，也就是沒有存在者的存在。沒有了存在者的存在，那藝術本性也就不存在了，其作品所衍生的精神意涵也消失了。Heidegger 指出，「置入作品也意味著把作品存在帶入運動和發生。而這是作為收藏發生的，這樣，藝術就是作品中真理的創造性收藏。藝術就是真理的形成和發生」。[17] Heidegger 一直強調的「真理」並不是宗教意味的真理或傳統哲學論述的真理，它指涉的是存在者的存在的自身顯現。傳統文化的審美不應從存在者的角度去把握，而應從存在者的存在自身去把握，例如筆者所創作的《香讚》是以敦煌舞蹈文化的基本動作元素作為表現性動作，但其作品所蘊涵的存在是展現居住在台灣的人們面臨種種生存威脅時，對宗教的一種信仰與祈求的情懷。若僅以存在者的視角把握，那它僅

17　馬丁・海德格爾（Martin, Heidegger.）著，《詩歌・語言・思想（）》（譯）（北京：商務出版社，1996），71。

僅是一種傳統的敦煌舞蹈文化,若從存在者的存在來把握,則能把握住藝術本性置入作品的顯現。存在者的存在或許可解釋為一種隱喻,對於藝術作品而言,它的隱喻內涵就是存在者的存在,梵穀的油畫《農鞋》所隱喻的農婦的生存情感即是。

Heidegger 言:「每當一個斷言表明,總有一些先前的想法;但大多數的時候,它是隱含不彰的,因為語言早就把認識方式的發展隱藏在其自身之中」。[18]舞蹈文化創作的藝術之思是使作品成為藝術作品的關鍵,而這些藝術之思除了創作者的詮釋及舞者的身體詮釋之外,重要的是觀賞者的詮釋,尤其是不同文化層次、不同種族之間的詮釋。台灣著名舞蹈文化家林麗珍的經典之作《花神祭》,不僅受到台灣人民的喜愛,更受到國際間一些著名藝術家的推崇,《花神祭》的藝術之思在廣闊的時空中被感受、被感動、進而彼詮釋,例如:

> 林麗珍《花神祭》舞作中的一舉一動,把我的呼吸都帶走了;林麗珍的舞蹈文化風格極其特殊,和其他所有的舞蹈文化都不一樣。—— 法國里昂國際雙年舞蹈文化節藝術總監基達梅;林麗珍訴諸的不是理性,而是更深入觀眾的生命歷程、靈魂與感官。—— 法國進步報;《花神祭》沈靜之美,是會鑽進人的內心。來自東方亞洲的台灣,有著如此淵遠流長而深奧動人的文化,讓我們甚至無法用雙手的鼓掌來表達一切。——

---

18 德穆・莫倫（Dermot, Moran）著,《現象學導論（Introduction to Phenomenology）》（蔡錚雲譯）（臺北:桂冠圖書,2005）,305。

德國沃夫堡國際藝術節藝術總監伯恩・卡夫曼」。[19]

　　由此可見，《花神祭》在心靈層次上創作者的藝術之思與觀眾的詮釋達到一種共鳴現象，創作者、觀眾的心靈在作品呈現時相互交流，藝術之思因此被詮釋了。「所有我們的經驗都是詮釋性的，面對業已被我們與他人所詮釋的。這個解釋不見得一定要用口語的方式來表達，而是用我們與事物相連的方式表現出來」。[20]Heidegger 的語言詮釋意義，對後現代美學思想而言，奠定了超越的理解意義，「海氏認爲此在之所以是超越性的存在者，是因爲此在能理解，它不僅能理解他者，還能理解自身，並進一步理解存在之意義」，[21]詮釋是爲理解而服務的，任何美學意義上的觀點都是詮釋性的理解，所以 Heidegger 言：「理解是此在存在的基本樣式」。[22]伽達默爾認爲，「理解和文本的理解，不僅僅是科學關注的現象，而且它顯然地組成了人類的整個世界經驗」。[23]因此，傳統文化創作的審美存在是歷史存在與此在的理解相互交織的「視界」，在這「視界」中，藝術本性如實地在場顯現。

　　許許多多的評論引導著傳統文化的創作者的創作，甚致

---

19 2003 藝術講座宅急便（2005，12 月 29 日）：相關節目推薦欣賞 ──《花神祭》。資料引自 http://www.ntch.edu.tw/lecture92/program_18.htm

20 德穆・莫倫（Dermot, Moran）著，《現象學導論（Introduction to Phenomenology）》（蔡錚雲譯）（臺北：桂冠圖書，2005），298。

21 張公善，〈海德格爾對當代美學本體的啓示〉，《北京航空航太大學學報》，17.02（2004.06）：1-5。

22 馬丁・海德格（Martin, Heidegger.）著，《存在與時間（ Being and Time）》（陳嘉映譯）（北京：三聯書店，1999），175。

23 伽達默爾（Gadamer, Hans-Grorg）著，《真理與方法（ Wahrheit and methode）》（洪漢鼎譯）（上海：上海譯文出版社，2002），49。

陷入了一種左右為難的苦境，現象學透過懸置式的詮釋，務使回到事物本身，讓事物自身顯現自身。任何藝術創作，即使是帶有濃厚傳統根基的傳統文化的創作，對於這些創作的解釋，首先應懸置自我主觀的強烈預設，那就是懸置了遮蔽之迷霧。儘可能地以作品自身詮釋作品，也就是懸置自我意識而進入創作者的藝術之思，進入作品的生命視域，由作品內在出發來解釋作品。「解釋的重要前提是，我們必須自覺地脫離自己的意識而進入作者的意識」，[24]這樣的詮釋性道說才能真切地契入創作者的藝術之思，這仍然是保留著詮釋者本身的思想，不同的是詮釋者的思想是由何處生發的，這會著實地影響著作品的被詮釋。這也就是「視界融合」之涵義，它意指事實對象的視界與詮釋者的視界相互融合之意。當然「視界融合」亦可能出現極端現象，關鍵在於是否從事情本身出發。「解釋理解到它的首要的、經常的和最終的任務始終是不讓向來就有的先有、先見、和先把握偶發奇想和流俗之見的方式出現」，[25]這意謂著人們總是習慣性地以生活經驗中累積而來的先有、先見或先把握來理解或詮釋事物，對於藝術作品更是如此，對於傳統文化創作更是如此！例如許多人認為傳統文化就是要呈現快樂的舞蹈文化情感；又有些人認為傳統文化應突破，運用現代舞的方法進行改造，這二者都是先見作用的結果。詮釋的理解務使回到事物自身，「它的任務始終是從事情本身出發（Asu den sachen selbst her）來整理先有、先見和先把握，從而確保課題的科

---

24 洪漢鼎，《理解與解釋》（北京：東方出版社，2001），23。
25 洪漢鼎，《理解與解釋》（北京：東方出版社，2001），12。

學性」。[26]伽達默爾認爲：「前見其實並不意味著一種錯誤的判斷。它的概念包含它可以具有肯定的和否定的價值」，[27]前見的否定價值在於我們不自覺地被過往經驗完全引導來作出理解與詮釋，相反地，前見的肯定價值則在於我們能自覺地發現前見，進一步大程度地懸置前見的作用，道說詮釋事物的真實本性－無蔽。對於傳統文化的創新作品，我們應懸置自我的理性判斷，進行純粹地藝術作品與自我理解的「視界融合」，不論它是保留較多的傳統元素或是進行大幅度的創新，懸置自我讓自我較無設限地進入作品本身，進入創作者的藝術之思，如此方能自由自在的進行道說，而此作品的真實本性，就在我們進入作品本身後的一連串道說之中。

　　「我們人就在道說之中」，[28]藝術之思就在道說之中，傳統文化的審美存在也在道說之中，我們不是看到了才說出的，實際上我們是看到我們所道說的，因此傳統文化的藝術之思是道說呈現的，因爲道說而使其顯現或在場，因爲道說，我們對傳統文化的審美存在之思才會顯現，它是一種傾聽之思，「思首先是一種傾聽，是一種自行道說，而不是追問」。[29]「後期，海氏開始使用兩個非形而上學的詞語－大道與道說替代存在與語言。這種變化非常顯明地體現在他的語言之思和藝術之思」。[30]重要的是，我們必須讓傳統文化自行道

26 洪漢鼎，《理解與解釋》（北京：東方出版社，2001），12。
27 伽達默爾（Gadamer, Hans-Grorg）著，《真理與方法（Wahrheit and methode）》（洪漢鼎譯）（上海：上海譯文出版社，2002），347。
28 孫周興，《海德格爾選集》（上海三聯書店，1996 年），1136。
29 孫周興，《海德格爾選集》（上海三聯書店，1996 年），1083。
30 李海峰，〈道說與家園－海德格爾哲學解讀之三〉，《聊城大學學報》，1（2004）：92-96。

說，也就是一種藝術之思的自行湧現，不摻雜各種邏輯判斷的色彩，是其自身顯現自身。傳統文化是一種藝術，它並不是一種純然地複製品，也不是一種製造，它是創作者的一種存在，是傳統文化立於當代的一種被創造的存在。Heidegger認為，「所謂存在就是一個生成、發展、變化的過程，就是Ereignis。Ereignis 表達的是這樣的思想：任何一個事物 —— 自己本身 —— 不是現成性、實體性的存在，而是建構性與生成性的存在」，[31]對於 Ereignis 的涵義，Heidegger 言：「Ereignis與希臘的 Logos（邏各斯）和中國的 Tao（道）一樣神秘，它們的豐富意蘊簡直不可譯、不可說」。[32]

Heidegger 認為，「詩與思分別具有去蔽（Aletheia）和聚集（Logos）之特性，詩與思是近鄰，因為二者是存在的道說，必相鄰近」，[33]Heidegger 言：「思與詩的對話旨在喚醒語言的本性，使要死者態重新學會居住在語言中」，[34]「詩與思是生成意義上的兩種方式，比較而言，思的道說更隱蔽，更具持守性和保護性，而詩之道說則更為顯然，更具開創端性和創造性」。[35]傳統文化作為一種藝術作品而呈現，其本身就必須回歸於詩意而使藝術之思出場，例如對於漢唐時期

---

31 李海峰，〈道說與家園 —— 海德格爾哲學解讀之三〉，《聊城大學學報》，1（2004）：92-96。

32 馬丁・海德格（Martin, Heidegger.）著，《在通向語言的途中（Unterwegs zur sprache）》（孫周興譯）（北京：商務印書館，1997），237。

33 張賢根，〈海德格爾美學思想論綱〉，《武漢大學學報》，54.04：413-418。

34 Heidegger Martun. Unterwegs Zur Sprache[M]. Auflage: Günther Neske Verlag, 1993. p38.（引自張賢根，〈海德格爾美學思想論綱〉，《武漢大學學報》，54.04：413-418。）

35 張賢根，〈海德格爾美學思想論綱〉，《武漢大學學報》，54.04：413-418。

舞蹈文化的重新創作，旨在於詩意地表現創作者對於漢唐時期的藝術之思，這一種「思」是自由的、多義性、模糊性和超越物性的，同時它又具有視域性，也就是立足於當代的藝術之思，聚焦於過往歷史的藝術之思，是二種藝術之思的「視域融合」。Heidegger 認為，「如果全部藝術在本質上是詩意的，那麼，建築、繪畫、雕刻和音樂藝術，必須回歸於這種詩意」，[36]傳統文化立基於民族的歷史情感的積澱，在創作時更應回歸於這種詩意，我們應該「以一種泰然任之（Gelassenheit）的態度去傾聽（H ren）語言的道說」。[37]

---

36 Heidegger Martun. Holzwege[M]. Frankfurt: Klosterm ann Verlag, 1997. p60.（引自張賢根，〈海德格爾美學思想論綱〉，《武漢大學學報》，54.04（2001.07）：413-418。）

37 Heidegger Martun. Unterwegs Zur Sprache[M]. Auflage: Günther Neske Verlag, 1993. p261.（引自張賢根，〈海德格爾美學思想論綱〉，《武漢大學學報》，54.04（2001.07）：413-418。）

第一章 想像域與身體感

　　不論是身體、他人或符號,其在運動場域中發生時,也是社會化的一種身體表現,在社會化的運動場域(field)中平常訓練所累積的身體技能與表現,有如傅科(Faucault,1926-1984)的柔順身體(docile body)和布爾迪厄(Pierre Bourdieu,1930-2002)的身體習性(body habitus)的論點中,闡述並分析人們的身體如何被規範化、紀律化、制約化和被馴化之過程。布爾迪厄則認為「身體不但不是知識的障礙,而是知識的工具;身體不是學習的終點,而是學習的起點;身體不僅不被世界排除在外,而是身體在世」。[1]身體在世,即是身體在現場,是實踐現場的主角,別無他者。唯身體這一現場的主角難不免得受他人、符號的影響,而改變自身的技能反映與知識轉化的過程,也就是說,身體的在世或身體在現場,存在著一個固定化的特性,即是社會性。在世,是社會性的在世,現場,是社會性的現場。因此,我們仍得積極地考慮社會性中的他人與符號的議題。社會學家布萊恩・特納(Bryan S. Turner)指出:「人類有一個顯見和突出的

---

1 吳秀瑾,〈身體在世:傅科和布爾迪厄身體觀和施為者之對比〉,《台灣社會研究季刊》,68(2007.12):89。

現象：他們有身體並且他們是身體」。[2]

　　「身體觀源自於西方，是當代法國哲學重要的議題之一，但『身體』這個面向一直受到壓抑和排斥，哲學家們總是傾向於從精神和理性秩序出發來規定、限制身體。幸而近年來有重新回歸身體、思索身體自身，以及直接『經驗』、『表現』身體等的呼聲，讓身體這個議題再度受到重視」。[3]身體技能實踐必定是透過身體來運作，然而其專業技能的「知識轉化」則以身體為主並與他人、符號產生複雜緊密的聯結，其「想像域」和「身體感」也是以身體為主來發生作用的。因此，身體是「支撐我們一切思想活動的母胎，是所有感知活動的輻射源，是作為『此世存有』的人與世界的輻輳地，是縮結了形體之上（形而上）與之下（形而下）的所以人文活動的體現者」。[4]身體技能實踐不僅僅是身體以規範性動作覆的展現而已，運動技能的實踐乃蘊涵著在極度熟練的前提下一種多元的直覺性與藝術性的技能展現，當然這亦是身體、他人、符號相互互動之下的產物，此有如尼采（Nietzsche，1844-1900）從「身體的角度重新審視衡量一切，將歷史、藝術、和理性等都視為是身體的產物，世界即是身體的透視性解釋，也是身體和權力意志的產物」。[5]將歷史、藝術、和理

2 布萊恩・特納（Bryan S. Turner）著，《身體與社會》（馬海良、趙國新譯）（春風文藝出版社，2000），54。
3 王玉婷，〈就神話思維論《山海經・海外經》的身體觀〉，《國立中興大學中國文學系第八屆碩士在職專班研究生論文發表會》，（1998）：1。
4 楊儒賓、何乏筆主編，〈序言：從身體體現社會〉《身體與社會》（台北：唐山出版社，2004年），1。
5 汪民安主編，《身體的文化政治》（開封：和南大學出版，2004），7。

性等都視爲是身體的產物，筆者認爲，這就與社會化的符號以及社會中存在的他人，有著緊密的互動關係，這亦是「身體和權力」的另一層面的議題，身體技能實踐中，有許許多多社會化的符號主導著實踐者的身體運行，諸如世界排名、運動類別、級別、球衣號碼、國家代表等等。奧尼爾認爲：身體是「世界的身體」，他指出，「人們通常是以自己身體來構想宇宙以及以宇宙來反觀其身體，一切科學之基礎即是世界身體，人類是通過其身體來構想自然和社會的」。[6]尼采不斷重申身體的重要性，從《權力意志 —— 重估一切價值的嘗試》1885 至 1887 年的遺稿中，身體彷彿成爲核心的思維。書中說：

> 要以肉體爲出發點，並且以肉體爲線索。肉體是更爲豐富的現象，肉體可以仔細觀察。肯定對肉體的信仰，勝於肯定精神的信仰。[7]肉體的健康乃是靈魂健康的先決條件。[8]

身體就是生命的整體，對於尼采而言，「是抽去了靈魂和意識而成爲活生生的感官身體，是身體的力量和意志創造了我們的生活，生活即是我們身體的產物」。[9]布萊恩‧特納認爲：「身體從理念上被認爲是一個象徵系統。身體是一個

---

6 奧尼爾著，《身體形態 —— 現代社會的五種身體》（張旭春譯）（春風文藝出版社，1999.06），123。

7 F.Nietzsche 著，《權力意志 —— 重估一切價值的嘗試》（張念多、凌素心譯）（北京：商務印書館，1993），178。

8 F.Nietzsche 著，《權力意志 —— 重估一切價值的嘗試》（張念多、凌素心譯）（北京：商務印書館，1993），248。

9 汪民安主編，〈尼采與身體〉《身體的文化政治》（開封：和南大學出版，2004），124-125。

交流系統」。[10]這樣的概念並不全然否定意識的作用，而是將意識也看作是「身體」，從身體技能實踐來看，技能動作是身體的，對實踐過程中的種種反映亦是身體的，內隱與外顯知識亦是身體的，意識也是身體的。因此，對於引發想像域與身體感的身體、他人、符號也都是身體的，都是身體的一種表現，一種運動技能實踐中的表現。雖然如此，我們仍得積極地了解這其間的複雜現象，以抽離出其知識轉化的關鍵因素。身體是由身體自身的反映，以及來自於他人、符號的反映，所綜合起來的一種自我。英國社會學家吉登斯指出：「自我，當然是由其肉體體現的。對身體的輪廓和特性覺知，是對世界的創造性探索的真正起源」，[11]所以，「身體不僅僅是我們擁有的物理實體，它也是一個行動系統，一種實踐模式，並且在日常生活的互動中，身體的實際嵌入，是維持連貫的自我認同感的基本途徑」。[12]這種自我認同感來自於「身體自身的反映」，來自於身體對於社會中的「他人、符號」的反映，這一自我認同感是身體既直接又綜合的反映。

　　約翰・歐尼爾（John O'Neill，1933-）在《五種身體》一書中指出：「我們所擁有並加以思考的交往性身體，是我們世界、歷史、文化和政治經濟等的一般性（普遍）媒介」。[13]

---

10 布萊恩・特納（Bryan S. Turner）著，《身體問題：社會理論的新近發展》（汪民安譯）《後身體、文化、權力和生命政治學（汪民安、陳永國主編）》（吉林出版社，2003.12），22。

11 吉登斯著，《現代性與自我認同：現代晚期的自我與社會》（趙旭東、方文譯）（北京：三聯書店，1998.05），61-62頁。

12 吉登斯著，《現代性與自我認同：現代晚期的自我與社會》（趙旭東、方文譯）（北京：三聯書店，1998.05），111頁。

13 約翰・歐尼爾（John O'Neill）著，《五種身體》（Five bodies : the human shape of modern society）（張旭春譯）（台北：弘智文化出版，2001），4。

身體的存在受社會化的影響而發展，身體技能實踐也是在運動文化的發展脈絡下運行的；或可說其身體技能實踐中的身體，是一種運動文化的身體，是一種運動社會化的身體，它與運動規則、運動技術、運動競賽、運動科學、運動歷史、運動文化等知識體系相互交織而存在著，這樣的身體受著社會、文化、制度、權力等結構與非結構的影響而部分被制約著。「身體一方面是人類主體的生理 —— 物質向度，另一方面也是社會文化的建構，充滿了意義與權力的銘刻」。[14]然而，另一部分則呈現著主體的自由意志，對於社會、文化、制度、權力充滿著判逆的思想與作為，它將與社會、文化、制度、權力形成對立性的衝突，進而改變其社會、文化、制度、權力的結構，進行一種創造性的改變！或可說它是一種自由的身體意志、一種自由的身體書寫或身體寫作，它將主導著身體文化的發展與身體技能實踐知識的轉化。

　　葉舒憲在《神話意象》中談到〈身體的神話與神話的身體〉時，提到「當今流行的『身體寫作』可以看成古老的身體神話在現代復活，神話想像一開始就離不開身體想像」，[15]龔卓軍提到關於身體經驗所引起的感覺：

> 就身體經驗所引生的種種感覺（sensation）和感受（affection）而言，如果不限制在一般心理學的理論思維中，而強調感覺本身作為事件與不透明狀態來

---

14 許義雄等著，〈台灣百年身體運動文化之建構〉，《運動文化與運動教育 —— 許義雄教授退休紀念論文集》（台北：師大書苑，2003），2。
15 葉舒憲，《神話意象》（北京：北京大學出版社，2007），第四章〈身體的神話與神話的身體〉，67。

看，身體經驗常具有不受拘束、無法綜合、流動不居
的特質。[16]

身體技能實踐中其身體經驗是相當重要的研究範疇，所
謂身體技能實踐的身體經驗，常常是一種難以言述、無法明
確表達其過程的經驗狀態。一個身體技能實踐者想要將技能
表現的身體經驗概念化，想要探討身體技能實踐中的身體問
題，就必須讓身體回到眾多實踐經驗並存的時空，在這種「時
空性」裡，有很多身體技能實踐經驗並不是在已有語言道說
或所謂的外顯知識的結構下被指稱，它像是一種隱晦的影
子、神奇的、鬼幻般的瞬間存在。這些隱晦的影子、神奇的、
鬼幻般的瞬間存在，在東方思想中常見將其各類差異歸為其一
的看法，也就是較無明確劃分的區別觀，錢穆（1895-1990）說：

在西方係靈肉對立，因此又有感官經驗與理想思辨之
對立，因此而有一個對立的世界觀。在東方人則心身
不對立，理性思辨與感官經驗亦不分疆對立。孔子之
所謂人，便已兼包理性與情感，經驗與思辨，而不能
嚴格劃分。因此東方人對世界亦無本體界與現象界，
或精神界與物質界之分。即現象中見本體，即物質上
寓精神。因此，東方思想裡亦不能有西方哲學上之二
元論。[17]

身體技能實踐的身體經驗難以概念化或外顯化，或許可
以由東方思想裡的「現象中見本體」及「物質上寓精神」獲

---

16 龔卓軍，《身體部署 —— 梅洛龐蒂與現象學之後》（台北：心靈工坊文
化，2006），7。
17 錢穆，《靈魂與心》（台北：聯經出版公司，1976），13。

得良好的詮釋，或許也可爲難以探究的實踐中的知識轉化現象，覓得一良好的出口。黃俊傑於《中國思想史中「身體觀」研究的新視野》一文中提到三種身體觀：[18]

> 踐形觀：孟子是典型的代表人物。孟子強調形 ── 氣
> ── 心的結構，主張生命與 道德的合一，人身乃精神
> 化的身體。

> 自然氣化觀：這種身體觀強調自然與人身同是氣化之
> 產物，因此，自然與人在內在的本質上互相感應。

> 禮儀觀：這是一種社會化的身體，強調人之本質、身
> 體與社會的建構密不可分，荀子是代表人物。

儒家理想的身體觀應該具備：「意識的身體、形軀的身體、自然氣化的身體與社會的身體四義。這四體實際上當然是不可劃分開的，而是同一機體的不同指謂」。[19]故綜合三種身體觀，並與本文提到的「身體、他人、符號」來作一比對，或可將「身體」的存在特性更明確的表述。踐形觀即是將身體的形，所具涵的氣以及發揮作用的意識（心）統合在一起；自然氣化觀則涉及了身體與符號的關係，身體所處之情境、環境中的種種變化多端且多義的符號系統；禮儀觀則強調了社會化的制度，涉及了身體與他人的互動結構與關係。我們亦可由莊子的論點中理解另一種身體的觀點。

> 道家的身體，是可以經由實踐性地體認，來探求宇宙
> 真理的。而道家形而上的道，也顯然是奠基在形而下

---

18 黃俊傑，〈中國思想史中「身體觀」研究的新視野〉，《中國文史哲研究集刊》，20（2002.03），551。
19 楊儒賓，《儒家身體觀》（台北：中國文哲研究所籌備處，1999.11），9。

的「身」之轉換上的。進一步說，在莊子的觀念中，
「人」是可透過身體的「經驗——工夫」之實踐、修
行，而達到體驗自然、體驗宇宙、更達到體「道」的
境界。也因此，莊子的身體觀往往帶有濃厚的宇宙性
與超越性。[20]

　　莊子思維中的身體，「是可以透過工夫與 宇宙作一個
實存相會的，身體是融通於宇宙之中，存在於宇宙，可以與
宇宙作一個相互照見的。此照見是人與天地溝通的契機，亦
是相互感通的起始點」。[21]

　　身體、他人、符號所結構出的「想像域」及所引發的「身
體感」，亦蘊藏深沉的超越性，並具有混沌的隱晦性，亦是
身體技能實踐中其藝術性的身體表現的源由之一，也因此而
更加難以理解其過程中的現象，這亦是知識轉化過程難以探
究的原因之一。在身體技能實踐場域裡，藝術性的身體表現
呈現其運動技能的驚嘆號，令人讚嘆的高難度技能表現，這
當中隱藏著極為豐碩的內隱知識，其內隱知識統合著外顯知
識，產生內外的衝擊性，也因此而碰撞出藝術性的技能表現，
在身體所敞開的身體技能實踐場域當中，藝術性的技能表現
被賦予了最為崇高的意義，「藝術是生命的最高使命和生命
真實的形而上的活動」。[22]藝術性的身體技能表現源於個體

---

20 周翊雯，〈郭象注莊中身體思維探究 —— 由適性逍遙，論其身體的對象
　　化〉，《鵝湖月刊》，31 卷 5 期（2005.11）：47。
21 周翊雯，〈郭象注莊中身體思維探究 —— 由適性逍遙，論其身體的對象
　　化〉，《鵝湖月刊》，31 卷 5 期（2005.11）：49。
22 Nietzche, The birth of Tragedy. Basic Writings of Nietzsche. Trans. by
　　Walter Kaufman, New York: Random House, 1968, P34.

特殊性的身體感，此身體感就是來自於內隱知識與外顯知識的目互衝擊而成，因為「身體感既不等於純粹內在的情緒感受，也不等同於外在物理或社會文化脈絡運作的客觀身體，而是介於兩者之間的身體自體感受，伴隨著第一人稱身體運作的經驗而發生」。[23]

　　身體、他人、符號都和身體技能實踐中的反映及知識轉化有密切的關係，此三者似乎也成為一種三角結構，然而，此結構卻非完整的、堅固的、不變的結構，反倒是非完整的、扭曲的、善變的結構，此結構中則隱藏者關於身體技能實踐的想像域與身體感，也就是說，其想像域與身體感均為互動性的結構關係，在身體、他人、符號之間相互衝擊、相互作用著。由於此三角結構的非完整性、扭曲性、善變性，導致我們對於身體技能實踐中的知識轉化難以用科學量化的方式來窺得全貌，似乎我們也難以找到一個良好的方式來探究它。雖然如此，對於身體技能實踐的知識轉化的內涵與特點，仍應努力透過各種方法來加以探究之。身體技能實踐的知識轉化在每一個體都存在著極為不同且差異化的特徵，但仍不可避免地是，知識轉化的運作，似乎都難以脫離身體、他人、符號之間的互動關係的結構裡。身體代表著運動技能的承載，他人代表著自我以外的主體（例如對手、教練、觀眾等），符號代表著對意識產生作用的符號訊息。在身體技能實踐中，身體運作著技能，以及受到實踐場域中的他人及符號的影響，產生微妙的變化，這微妙的變化來自於此三角關係中

---

23 龔卓軍，《身體部署——梅洛龐蒂與現象學之後》（台北：心靈工坊文化，2006），70。

的想像與感知。然而，此三角結構卻也不是一種純然的三角
關係，這或可說是以一種「圓」的形態而存在的三角關係（如
下圖），或是變形的三角結構。

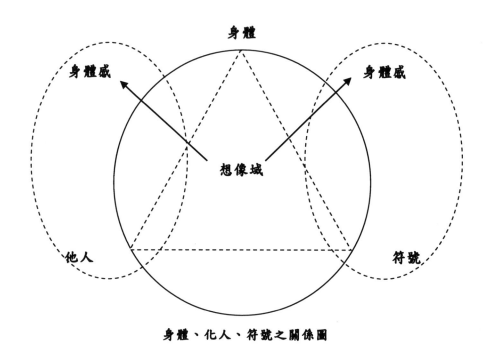

身體、化人、符號之關係圖

「想像域」，意指由隱喻性符號、言語所引發的想像
內涵、想像符號並聯結至運動技術的運作。這種在想
像空間中的場域，即本文所稱之「想像域」。身體技
能實踐的知識轉化主要就在此「想像域」中完成聯
結、啟發、更正，最終提昇技術表現。

「身體感」，乃是對於與運動技術實踐相關的外顯知

識、內隱知識、生活經驗、第三符號[24]、想像域的一種統合的身體感知。「身體感」是身體技能實踐的「知識轉化」後的重要結果,也可以說是身體技能實踐中的重要感知。

身體技能實踐的知識轉化主要就在「想像域」中完成聯結、啓發、更正、提昇、改變等,然這一過程顯然是複雜而非簡單的現象,「想像域」帶著明確的技能轉化的知識,也隱藏著難以表述的技能轉化的知識,前者乃爲「外顯知識」,後者則爲「內隱知識」。雖然在此進行「外顯知識」與「內隱知識」的劃分,但這二者之間的聯結亦不是簡單的現象,其中或可再分爲二個層次,其一爲「生活經驗」,另一爲「第三符號」,這構成一種統合的「身體感」,它對於知識轉化起著極重要的作用。這之間的關係可由下圖來表示。

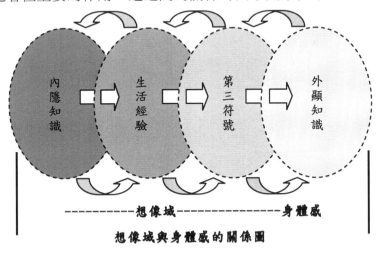

想像域與身體感的關係圖

---

24 第三符號,意指不與運動技術直接相關的符號、言語、象徵的隱喻,是爲第三符號。

　　良好的身體技能實踐的「知識轉化」來自於第三符號的轉譯，也就是必須透過良好的隱喻，而此隱喻又不同於該運動技術本身的專有名詞或專門使用之語言、符號等。例如「抽鞭子」難以和桌球技術，「打水漂」難以高爾夫揮桿技術劃上等號一樣，「抽鞭子」、「打水漂」都是一種「知識轉化」的隱喻性用語，它能引發與運動技術聯結的「想像域」，身體技能實踐的知識轉化主要就在此「想像域」中完成聯結、啟發、更正，最終提昇技術表現。「想像域」發生「知識轉化」的重要且關鍵的場域，透過第三符號的隱喻說明，人們的思想會加入新的元素、新的體會、新的嘗試，以更能提昇並突破舊技術的瓶頸。「知識轉化」之所以能夠轉化，就在於加入了似乎能夠「類比」[25]但又不同形式、不同技術、不同概念的第三符號，而此第三符號即能創造出「想像域」，使得「知識轉化」能有足夠的空間來進行。在此當然可以理解出，由第三符號的隱喻所創造出的「想像域」亦存在著優劣的程度之分。優質的「想像域」能夠提昇「知識轉化」的效率、效益，也就是「知識轉化」的速度是快速的，「知識轉化」的品質是高度的；相反則否。因此，由隱喻而來的「想像域」取決於第三符號的使用情況。然而，第三符號的使用情況仍得視其身體技能實踐當下的情境，包括時間軸線與空間場域的問題，當然身體技能實踐主體更是一種關鍵的因素。由此可知，「想像域」的確可以成為身體技能實踐的「知識轉化」的研究議題之一，其中更有許多深邃的、不明的、

---

25 將類似的經驗與新知的事物相比，從其相同或相似之處中，求得了解的推論方法。

值得解析的特性。

　　「想像域」的實質內涵並非有如車站轉車那樣的單純，實際上蘊涵著更複雜且難以解析或條理化分析的內涵，但可以確定的是，「想像域」可以歸結為「知識轉化」最重要的場域，至於其中的特點，將於本章進行分析。下列幾個列子可以看出許多可以創造「想像域」的隱喻，例如粗黑的隱喻語，許多並不能創造「想像域」的說明，亦有一些會阻礙「想像域」的發生。

> 你這樣不對！上桿時左手要伸直；肩腰要轉動而不是左右橫移！放鬆！下桿時你太早用力了，所以你下桿的垂直速度會大於水平速度，這樣打不好的！注意！下桿時右手使勁的方式，像是在玩「丟水漂」的感覺，使勁方向會貼進水面。不行！不行！你的位移太慢了，你要以羽球場中心點為主，要記擊球後回到中心點！往上！投籃時要注意拋物線，你投的球太水平了，進籃的入射角度變小了！錯了！錯了！這個弓步沖拳的動作，拳要再提高一點，速度要掌握好，力量要夠！你的力量毫無勁力可言，出拳時力量要有「穿透感」，力量的目標點在目標之後！對了！是妳在「舞動著音樂」，而不是隨著音樂而舞蹈，那才能舞出藝術生命力！很好！妳們舞蹈的身體必須一直保持著張力，不能鬆垮掉，就如妳們的身體像在「波動的水中舞蹈」，每個動作都因水的阻力而保持著張力！

　　上述的例子，何者比較具有引發「想像域」的能量？由上述的例子不難比較出，那些較具「想像域」能量的第三符

號，都具有良好的轉化機能，雖是差異性頗大，卻也存在著極高的類比性，因此能夠得到較高的能量來引發「想像域」，此類的第三符號亦有著一個重要的特點，即是它與「生活經驗」較接近，諸如「丟水漂」、「穿透感」、「舞動著音樂」等。另一種則是距離「生活經驗」較遠，例如水平速度、垂直速度、入射角度之類的第三符號，這難以創造出優質的「想像域」，同時更可能因此而阻礙了「想像域」的發生。

　　不論是離「生活經驗」較近的或較遠的第三符號，這些都是身體技能表現時可以被使用的「外顯知識」，其語詞清楚明確，結構分明，它可能本來就是外顯的，但是也可能是由「內隱知識」轉化而來的。上述的例子中，有許多第三符號本身即是外顯的符號，例如水平速度、垂直速度、入射角度等，但有些第三符號則是來自於經驗、來自於「內隱知識」的轉化。當然，可以看出來自於「內隱知識」轉化的第三符號，較具有「生活經驗」的特質，亦較能引發「想像域」的能量。換一種方式的詮釋，當第三符號做為「知識轉化」的中介點，其特質與「內隱知識」、「生活經驗」較接近者，能夠透過「想像域」引發與運動技術高度類比的「身體感」，此時「身體感」已不全然與第三符號出現之前的「身體感」相同，進而是產生了較新意涵的「身體感」，透過此「身體感」來提昇技術表現或突破瓶頸。關於「身體感」，本文將於後續章節中單獨來探討，以了解其「身體感」中的特性：身體、他人、符號。

　　「身體感」的內涵主導了「想像域」的形成，至於「身體感」是如何使知識轉化？「想像域」中的內涵是單一的或

是多重的「身體感」所形成？想要解析這些複雜的「知識轉化」的中介現象，首先得由人類最本能的特點來思考，諸如人們各種感官知覺統合作用下，對於一個呈現在感官知覺之前的事件或現象，人們是如何進行對事件或現象的理解？其實這似乎不難理解，通常人們欲解析一個事件或現象，首先會針對其引起最大注意的部分，也就是整個事件或現象當中，最令其關注的部分。若以身體技能實踐而言，最令其關注的部分可能是姿勢的問題，亦可能是體能的問題，例如旅美職棒投手王建民在 2009 年初的前三場比賽，投球表現不佳，就令球團花費了許多的精神來找出答案，然而，各式各樣的猜測答案多樣且不同。這就是人們欲解析一個事件或現象時，所會採取的方式，先找出一個關注的部分，再由此擴散或深入地探究其可能性。那麼，次一層次的問題在於，人們是如何取決或選擇所欲關注的部分？這得考慮到當時所使用的符號，也就是表述的符號，因為表述能使人們明確地感知其所關注的部分。值得注意的一種情況是：「表述的」與「感知的」此二者之間的交互關係，通常人們可能對於所「感知的」是一種模糊、隱晦的狀態，然而，藉由「表述的」符號使其明確化、清晰化。模糊、隱晦的感知狀態有如「內隱知識」一般，但是人們習慣於將「內隱知識」儘可能地表述出來，成為一種可以運用於實踐當中的「外顯知識」。不同的主體，對同一事件或現象所關注的部分不同，這即是來自於模糊、隱晦的感知狀態與其所使用的表述符號的差異所致。每一個主體的內隱知識與表述符號的不同，亦做為一種對外的呈現，呈現給所面對的事件或現象，亦呈現給其他不

同的主體的內隱知識及對應他所使用的表述符號。因此「身體感」與其多重「身體感」所形成的「想像域」即是一種同時向內或對外呈現的狀態,「知識轉化」也是在此雙重對應下的「想像域」中進行著。這情況有如梅洛‧龐蒂所提及的「主體間性」,梅洛‧龐蒂在《知覺現象學》中提到:

> 絕對的流動在它自己的注視下顯現為「一種意識」或人,或具體化的主體,因為它是一個呈現場 —— 向自我、向他人和向世界的呈現,因為這種呈現把主體置於主體得以被理解的自然和文化世界。我是我看到的一切,我是一個主體間的「場」,但並非不考慮我的身體和我的歷史處境,我才是這個身體和這個處境,以及其他一切。[26]

> 身體不能與自然物體作比較,但能與藝術作品作比較,[27] 我們的身體是活生生的意義的紐結。[28]

　　身體、處境和其他一切,統合起來才是當下的「我」!這看來似乎很複雜難理解,此「我」包含了意識的狀態及肉體的狀態,以及與當下情境的呼應等。其實這其中仍有所謂的關鍵部份,在意識狀態或肉體狀態下,仍存在著突顯的部分,此可以 Michael Polanyi 的焦點意識及支援意識來切入。以身體技能實踐的例子而言,焦點意識即意識專注的部分,

---

26 梅洛‧龐帝（Merleau-Ponty）,《知覺現象學（Phenomenology of Perception）》（姜志輝譯）,（北京:商務印書館,2005）,565。
27 梅洛‧龐帝（Merleau-Ponty）,《知覺現象學（Phenomenology of Perception）》（姜志輝譯）,（北京:商務印書館,2005）,199。
28 梅洛‧龐帝（Merleau-Ponty）,《知覺現象學（Phenomenology of Perception）》（姜志輝譯）,（北京:商務印書館,2005）,200。

其餘爲支援著焦點部分的意識，例如棒球選手揮棒打擊時，其焦點意識在於判斷投手投過來之球的路線，而打擊姿勢或握棒姿勢及其他相關的部分都成爲支援意識來支援焦點意識的運作。「身體自己的結構導致了它的自我遮蔽，也就是說，當進行身體活動時，如非刻意，我們會有一種感覺不到自己的身體的“缺場”和“隱退”的體驗，即身體在當時不知道身體自身的存在」。[29]例如身體技能實踐中，其焦點意識並不在於身體技能的運作，而是在於實踐中的情境（例如球的位置、移動；對手的狀態、環境的情況等）。

　　焦點意識當然受其「內隱知識」與「外顯知識」的影響，問題是，怎樣的表述（外顯知識），就會形成怎樣的「焦點意識[30]」，那將引導出不同的技能表現結果。例如一個高爾夫的選手在比賽時，其揮桿當下（指起桿至下桿擊球至收桿的當下），是否會將焦點一直擺放在握桿姿勢上？當一個自由式的游泳選手在競賽中進行衝刺時，他專注的焦點意識是否在於呼吸換氣的技巧或其他技能部位的實施？事實上，這些情形可能會發生在技能不成熟者身上，對專業選手而言，在長期的嚴苛訓練中早已將技能實施這樣的重要實踐規範，進一步地轉化進入非焦點意識（Michael Polanyi 稱爲支援意識）[31]，而在進行激烈的競賽時，其焦點意識可能會集中在能提昇自我整體競爭力的某種「信念」上，而這信念的內涵

---

29 可曉鋒，《從身體話語到身體寫作》（西南師範大學碩士論文），13。
30 焦點意識，意指在特定時空中，感官知覺可明確感知並能具體言述者。
31 非焦點意識，又稱支援意識，意指在特定時空中，感官知覺可感知但並不明確且模糊者。

可能帶有「隱喻」的意味。也就是說，對於技能實踐的基本
規則（如上述的握桿或游泳的換氣技巧）在實際競賽中很難
成為選手專注的焦點，根據 Michael Polanyi 的觀點：「實施
技能的目的是透過遵循一套規則達到的，但實施技能的人卻
不知道自己是這樣做的」。[32]一個良好的身體技能表現，是
在技能實踐原則的基礎上有著整合性的發揮，所以，在運動
技能的實踐中除了科學知識外，還有很多因素要考慮。透過
科學的分析或許有助於選手在某一部分改善技能實踐的原
則，提昇其技能水準，例如透過運動力學分析可以得知一個
羽球選手的扣殺球為何沒有威力，其原因可以由擊球瞬間其
羽球拍面的角度、水平與垂直速度、角速度等來加以探尋，
也可能因其中的某一因素獲得改進而提昇羽球扣殺球的威
力。但除了這樣的科學角度來分析之外，還有更多的層面應
該加以關注，諸如腦海中某種隱喻性的「意象」。

　　因為科學分析必竟是屬於一種「外顯知識」，而此科學
分析的「外顯知識」能否轉而經過選手深思熟慮，再與動作
技術的實踐做出緊密的聯結而成為選手自身的「內隱知識」，
這是值得保持疑慮的！這就如我們透過力學分析，然後告訴
一名內家形意拳與一名長拳的選手：「弓步正拳攻擊經過力
學測力板分析，其垂直反作用力、水平反作用力與矢狀反作
用力的數據」。這二名選手在得知自我弓步正拳攻擊的力學
數據後，是否能依此數據來改善自身的武術技能的？這值得

---

32 邁可・博藍尼（Michael Polanyi）著，《個人知識 —— 邁向後批判哲學
（Personal Knowledge:Towards a Post-Critical Philosophy）》（許澤民譯）
（台北：商周出版，2004），64。

深思！而這樣的現象其實是發生在各種運動領域的科學分析中。為何大部分科學研究的成果對選手或教練而言總是感到距離遙遠，甚至於沒有十足的體驗感與信任感，其最大的原因在於沒有把握到確實的「知識轉化」，而「知識轉化」的關鍵在於「內隱知識」的運用！例如，有至少有二種情形可以有效地提昇一個武術選手的技能，一是可能經由一場與高手的競賽之後而獲得相當可貴的技能經驗；二是經由高深經驗的武術教練或選手的親自示範與指點。以上這二種例子的經驗對於武術技能的提昇，可以較正面的認定是確實有效的，因為他已身在實踐場域中，其「知識轉化」是比較直接有效的，原因就在於選手自身正充分地運用自我的「內隱知識」以進行「知識轉化」。所以，許多「外顯知識」，例如科學研究的數據，或哲學意涵的詮釋，對於運動技能的提昇而言，關鍵就在於能否觸發其「內隱知識」的作用！

第二章　身體技能實踐的存在性

第一節　想像域的「存在性」

　　胡塞爾說的現象，並不是指一般的物理現象，而是特別指純粹意識現象。所謂純粹意識現象，並不指涉其意識現象所代表的東西在客觀實在的世界中有否相應的存在，而只是把意識現象當作意識現象來處理和考察。胡塞爾認為，在純粹的意識現象中有本質存在，我們亦可以通過直覺把握和認識本質。他並認為，通過現象學還原，我們可以直達純粹意識的範域。很自然地，現象學還原的方法可以使我們滲透到本質的世界[1]。從現象學本質直觀的方法，我們將恩格斯定義中的「外部力量」、「幻想」、「反映」視為一種經驗判斷下的現象，外部力量與幻想的現象是真實存在否？我們將之「懸置」不論，因此，穿透種種經驗意識的現象，直觀人們對於客觀世界的種種「直覺」感知。這樣的「直覺」體現著根源性與原初性，它是依於做為主體的「人」而存在，因此，「外部力量」、「幻想」與「反映」都根源於人們的「直覺」

1　吳汝鈞（2003）：胡塞爾現象學解析。台北：臺灣商務印書館。第36頁。

感知。這是現象學針對客體對象的本質直觀的還原。而「直覺」感知是屬於主體自身的某種本能,對於主體的種種經驗意識甚至本能發生的現象,應採取現象學先驗主觀的懸置還原。對於主體的「直覺」感知進行「懸置」,進而逼顯出隱藏於主體「直覺」感知背後的核心本質。人們的「直覺」發生是有其根源的,所謂外部力量的形成也是根源於這種人性的基石,隱藏於「直覺」背後的根源直接地指揮著人們的「直覺」感知,缺乏了它,人們也就不需要、也不會產生「直覺」了,更不會有所謂外部力量在頭腦中幻想的存在。這個隱藏於「直覺」背後的核心本質就是「存在性」,它體現於主體的各種「滿足」的現象,例如視覺感官由各種視覺對象給予「滿足」,各種生理感官皆如是,它屬於「存在性」的生理範域;而人們更大的創造性「滿足」則在於「存在性」的心靈範域,它與生理範域緊密地聯結,心靈範域是較核心、較根源的,身體就是在此心靈範域被創造的。此「存在性」是主體先驗意識作用於種種外界事物的表現。對於主體的「存在性」我們無法再將之「懸置」還原,因為若再將之「懸置」,則會落入否定主體一切的境地,既然主體一切被否定了,也就無所謂客體對象的存在了。客體世界是如實地存在於主體的先驗意識或純粹意識之中的,也就是存在於「存在性」的範域。

　　人本能的、本性的需要「滿足」。因需要「滿足」而產生了直覺、幻想、想像等諸多現象,人們為了「滿足」則有各種可能性的現象產生,客觀世界實在地因為主體的需要「滿足」而被合理地存在於主體的意識之中,「滿足」是人性所

有欲求、直覺、判斷、行為等經驗性格的最根源性的本質，這種本質就是「存在性」。身體的種種現象亦離不開這一人性最根源的基石——「存在性」，人們在面對各種所謂外部力量時，由此「存在性」產生了心靈層面需要安定的「滿足」需求，於是乎，此外部力量在人們的頭腦中產生了幻想，並與客體世界的種種進行複雜的聯係，也就是「反映」。這樣的「滿足」需求從人們客觀現實的力量無法完成，因此，採取了一種虛幻存在的形式，以彌補無法以客觀現實力量完成的「滿足」，這就是所謂經驗意識定義的超人間形式。但實質上它卻是客觀現實的存在，只是此存在的形式與特徵是虛幻性的。說它是客觀現實的，是因為此種身體虛幻的意識想像，是真實地存在於現實世界的主體，並實在地影響著主體的種種心靈與意識表現；就如藝術作品一般地客觀存在，而其內容卻是人們頭腦中的一種幻想，通過藝術作品而彌補了客觀現實力量無法完成的「滿足」。「滿足」是人性本質作用於事物的一種「存在性」，身體則是一種依存於此「存在性」的一種作用現象、一種根源於純粹意識範域的現象，它是看不見的現象。

　　因此，身體具備了純粹意識的無限範域，它能與客觀世界的種種客體聯係，產生種種非純粹意識的經驗意識。身體觀念、體驗、行為、制度皆由此非純粹意識的經驗意識所發展，身體也就因此漸漸超離了根源本質而不斷異化成各種現象，也產生了依於各種不同身體現象而立的身體本質或定義了。對於身體本質的探究不應脫離這一人性基石的範疇，而僅從後續引發的種種現象來加以定義與解釋。身體作為相應

於主體的客體，是基於「存在性」的範域，為人性本質服務的，是主體純粹意識作用並賦予客體存在意義的，也是客體適應於主體之「存在性」的範域而存在的。任何身體本質定義的內涵也都應依於此「存在性」的範域。現今各種定義的不同與爭議，則在於主體的非根源的、非本質的、非純粹意識或經驗判斷所造成的。基於上述，本文另外作一詮釋：

> 身體本質是，客觀世界純粹必然的被作用於主體「存在性」的範域，形成某種經驗性格的意識想像存在，此虛幻的意識想像轉化成某種實在的形式，真實地使主體於客觀世界的種種矛盾獲得「滿足」。

它們都是主體「存在性」作用於客觀世界時的諸多現象之一二；同時，也解決了幻象反映外部力量的內外矛盾與虛實矛盾。它是基於人們、身體、科學等都無法超離的「存在性」，它純粹地、必然地、直覺地作用於客體對象，並逐漸產生經驗性格的意識想像，這樣的意識想像在任何領域的範疇中皆如實地存在，尤其身體領域更加突顯，如實地影響著人們為求「滿足」而適應於客觀世界種種規律或矛盾。

第二節　存在性的視域與轉化

胡塞爾認為，客觀主義的偏執使人們遺忘了對整個人生意義的探問。通過現象學的操作，人與世界的最原初關聯展現出來，從而使對人生本真意義的理解成為可能。胡塞爾認為，問題就不是世界是否存在，而是世界如何對意識而存在。

換言之，現象學所要尋求的不是對世界實存的證明，而是對一切有關實存斷言和實有意義之產生的根源進行「意義澄清」，「意義始終是胡塞爾關注的重心」2。先驗的還原法主要對象是做為經驗主體，而非外在之客體對象。也就是說，用「懸置」方法超越主體之經驗意識、心理情感、理智思維、邏輯分析、思維判斷等，將自我視為同外在世界一樣的客體，只剩下一個無法再還原的「純粹意識」或「純粹心靈」。胡塞爾說，我並不否認或懷疑這個世界，⋯⋯但要用不加判斷的辦法對它不作任何存在於時間與空間中的斷定，從而使從屬於自然界的所有命題都失去作用3。

　　人們為了獲取對身體作出一種完整定義的「滿足」，而在主體經驗意識的判斷下進行主觀的、客觀的、科學的、哲學的分析與解釋。對於主體的認識本身是被時間、空間與因果關係的經驗與概念所限鑄，是屬於經驗的主體，不具有超越時間和空間的性質。在這樣的前提下，所作出的定義就易落入經驗判斷的偏差，就如人們永遠無法確知當下的判斷是否符合於未來的發生。主體的經驗意識易使客體對象的本質附會非根源性的本質判斷，因此，我們必須將之剝離，使主體性獲得一種超越的、先驗的還原。學者指出，現象學還原或懸置最後歸於絕對意識的呈顯，最後必逼出存有論義的超越主體性，或更恰當地說，活動義的超越主體性。使人提升

2　尚黨衛、陳林（2002）：胡塞爾現象學的人學意蘊。江蘇大學學報，4.4，5。

3　夏基松，《現代西方哲學教程》（上海：上海人民出版社，1985），314。

至這種超越主體性的層面，正是胡塞爾現象學的目標[4]。身體本質的定義或解釋是由作為主體的經驗意識的分析判斷而成，它僅能是身體的目前現象的解釋，而不應是身體恆常本質的定義，身體現象為身體本質所引發的種種多元的現象，每一種現象具有獨特性或個別性，是變動不定的性質，這是由客體與主體的經驗性格所形成的；身體本質應從主客體的經驗性格領域中引退或將之剝離，由超越的主體之自由性格、絕對性格而非經驗性格的先驗主觀意識面對身體，由其本源性之超越的主體性中體現出身體的真實本質。學者指出，現象學還原的結果，是從自然的、經驗的範域不斷引退，從沒有明證性的領域引退到具有明證性的領域，最後退無可退，終於逼顯出這超越主體性。它代表那直接經驗的絕對自動的領域。這直接經驗，是拋離一切二元對立性的一種現前的、直下呈顯的活動[5]。

　　近代哲學常被視為是一種探究「意識」的哲學，主要探討主體自身內部的種種關係，思索著主體內在的種種聯系，這主要有三方面的特點：「身體因其外在或從屬地位在意識哲學中無立足之地；語言因其純粹表象功能而與意識分析合而為一；他人因與我們無別而為普遍意識所消融」。[6]由這三方面的特點，我們可以清楚地了解到若不專題性的思考「身體、他人、語言」諸問題，則在哲學分析上容易存在著許多

4 吳汝鈞，《胡塞爾現象學解析》（台北：臺灣商務印書館，2001），52。
5 吳汝鈞，《胡塞爾現象學解析》（台北：臺灣商務印書館，2001），52-53。
6 楊大春，〈意識哲學解體的身體間性之維 —— 梅洛‧龐蒂對胡塞爾他人意識問題的創造性讀解與展開〉，《哲學研究》，11（2003）：69-75。

的不解之地。若我們將此問題引入以「身體」為主的場域中，包括運動場域、以身體為主的藝術場域（舞蹈、戲曲）、身體文化活動（民俗體育、民間文化活動），那這些問題會有怎樣的變化？這值得深入地探究。胡塞爾（Edmund Husserl）晚年提出「主體性即主體間性」的命題，而梅洛‧龐蒂（Merleau, Ponty）

> 創造性地把主體間性解讀為身體間性，純粹意識於是被排出現象視域。[7]

主體與對象之間存在著某種見證他人存在的「身體感」，「身體感」並非純粹生理性，亦非純粹心理性，而是介於這二者之間的一種變動性的第三存在。梅洛‧龐蒂（Merleau, Ponty）指出：「從客觀世界退出並在純粹主體和客體之間形成了某種第三類型的存在」。[8]

「身體感」經常不自覺地"意向"著一些從未發生過的事或從未真正被理解清楚的事物，意向著未來，意向著科學無法實證的隱匿現象，意向著自我心靈的種種幻象。意向總是混合著許多的顯現與不顯現，因為顯現與不顯現的交互作用，同一性才得以被主體所意向、掌握。意向可能來自於現實環境中所直接感知的「外顯知識」與「內隱知識」的混合，加上儲存於記憶中「知識」的再活化，「知覺把事物呈現給我們，而被呈現的事物總是由顯現與不顯現混合的方式給

7　楊大春，〈意識哲學解體的身體間性之維 ── 梅洛‧龐蒂對胡塞爾他人意識問題的創造性讀解與展開〉，《哲學研究》，11（2003）：69-75。
8　楊大春，〈意識哲學解體的身體間性之維 ── 梅洛‧龐蒂對胡塞爾他人意識問題的創造性讀解與展開〉，《哲學研究》，11（2003）：69-75。

出」。⁹在運動場域中，這些知識不斷地在場域上發生著，未擊球前意向著球的路線與落點、未投球時意向著空心球入籃的畫面，這些意向都主導著身體的運作。而這些知識意向都與身體有著密切的關聯，如梅洛・龐蒂（Merleau, Ponty）所言：

> 知覺著的心靈是一個肉身化的心靈。知覺者不是一個純粹思考者而是一個身體 —— 主體。¹⁰

> 身體既是顯現的主體，又是被顯現的對象，身體 —— 主體既是主動的，又是被動的；既是能動的，又是受動的。可逆性還表明，人們對事物知覺是從自己的角度進行的，人們所感知的是世界的不同視角和方面。在梅洛・龐蒂看來，自我與他人之間的可逆性就意味著一種主體間性，這種可逆性使我們之間廣泛的社會交往和對話成為可能。¹¹

梅洛・龐蒂（Merleau, Ponty）對於胡塞爾（Edmund Husserl）的「意識意向性」做了一種創造型的論述，以一種「活的姿態」成就「身體意向性」的論述。這與一般運動科學研究中關於「身體」的概念，在意涵上有著本質的不同。「身體 —— 主體」成了主要角色，「意識不再直接"在場"，它退隱後台，必須與身體密切結合才有"出場"機會」。¹²尤

9　羅伯・索科羅斯基（Robert Sokolowski）著，《現象學十四講（Introduction to Phenomenology）》（李維倫譯）（台北：心靈工坊，2005），104。
10　楊大春，〈意識哲學解體的身體間性之維 —— 梅洛・龐蒂對胡塞爾他人意識問題的創造性讀解與展開〉，《哲學研究》，11（2003）：69-75。
11　王曉東，〈梅洛－龐蒂主體間性理論的雙重視域〉，《江蘇行政學院學報》，2（2004）：17-23。
12　楊大春，〈意識哲學解體的身體間性之維－梅洛・龐蒂對胡塞爾他人意識問題的創造性讀解與展開〉，《哲學研究》，11（2003）：69-75。

其在運動場域中，「身體姿態」往往在場呈顯，並與意識意向的變化有著密切的聯結關係。

因此，關於「身體」的理論與研究，除了運動科學研究外，文史哲的詮釋敍述亦顯得重要。運動場域的田野實證研究的重要，與真實的身體經驗的描述、敍述、詮釋是困難的，「他者」總是無法完全地「再現」的，因此多元意涵的研究文本是需要以一種更開闊的心胸來接受的，在運動競賽場域中，選手需要的是「生活語言符號」，而不是「科學語言符號」，但教練又不能不具備科學知識的基礎。因此，筆者認為：在學術研究場域中，「科學語言符號」是在場顯現的，是具體明確的存在，而在運動競賽場域中，「科學語言符號」必須隱匿起來，成為一種不在場顯現之物，成為一種內在隱藏的存在，取而代之的是「生活語言符號」的在場顯現。「科學語言符號」與「生活語言符號」二者同等重要，並無孰重孰輕的問題，問題在於：在場顯現的，是不在場顯現的「補充」。Derrida 指出「如果在場自身是另一個在場的替代性的象徵，那麼除了這種替代運動和這種自我的象徵性經驗外，它根本不可能企望到在場"本身"。事物自身無法在象徵系統外顯現 —— 這種象徵系統本身又無法在自我的認同中存身（Derrida, of grammatology, p. 154）」。[13]

我們把「身體」的問題推向哲學舞台的前方，「他人意識不可能成為我的意向性的直接對象，應該存在著某種"意

---

13 蕭錦龍，《德里達的解構理論思想性質論》（北京：中國社會科學出版社，2004），157。

向性的間接性"，也就出現了"共現"的情形」，[14]胡塞爾
（Edmund Husserl）指出：「如果他人的本己本質性的東西
是以直接的方式可通達的話，那麼，它只能是我的本己本質的
一個要素，而且他本身和我自己最終將會是同一個東西」。[15]

梅洛‧龐蒂（Merleau, Ponty）認為：

> 相對於我的身體而言的事物，乃是「唯我論」的事物，
> 這還不是事物本身。它在我的身體的語境中被把握，
> 我的本己身體只是在其邊緣或其周圍才屬於事物的
> 秩序。世界還沒有對身體關閉。只有當我懂得：這些
> 事物也為其他人看到，它們被推定對於所有的目擊者
> 都是可見的，我的身體所知覺到的事物才是真正的存
> 在。自在因此只是按在他人的建構才顯露出來。[16]

梅洛‧龐蒂在《知覺現象學》中提到：

> 絕對的流動在它自己的注視下顯現為「一種意識」或
> 人，或具體化的主體，因為它是一個呈現場 —— 向自
> 我、向他人和向世界的呈現，因為這種呈現把主體置
> 於主體得以被理解的自然和文化世界。我是我看到的
> 一切，我是一個主體間的場，但並非不考慮我的身體
> 和我的歷史處境，我才是這個身體和這個處境，以及

---

14 楊大春，〈意識哲學解體的身體間性之維 —— 梅洛‧龐蒂對胡塞爾他人
　意識問題的創造性讀解與展開〉，《哲學研究》，11（2003）：69-75。
15 胡塞爾（Edmund Husserl）著，《笛卡爾式的深思》（中國城市出版社，
　2002），149。
16 梅洛‧龐蒂（Merleau, Ponty），《哲學贊詞》（北京：商務印書館，2000），
　153。

其他一切。[17]

「普遍意識沒有爲他者、他人和他性留下任何空間。就近代哲學的總體而言，他人的存在從理論上說是沒有任何價值的，因此沒有必要對它做出任何斷言」。[18]對於胡塞爾（Edmund Husserl）來說，意識活動中的對象，其顯現是多價的，對象在意識中的呈顯是多樣性、差異性的，在意識與對象之互動關係中所呈顯的世界，「我的原真世界就成了"關於"某個確定的"客觀"世界，即對每個人（也包括我自己）來說的同一世界的顯現」。[19]

直觀地面對"在場顯現"的事物，這就是現象學的"直觀"，「直觀就是面對著一個"在場顯現"的事物，而不是意向著一個不顯現的事物。在與"空虛意向"與不在場顯現狀態的對照下，直觀可以更清楚地被瞭解到其"在場顯現"的意涵」。[20]Derrida說：「與現象讓我們相信的相反，事物本身總是自我逃避的。與胡塞爾向我們確認的相反，目光是不能夠持續的」。[21]「補充性就是分延（延異），就是同時使在場分裂、延遲，同時使之置於分裂和原初期限之下移異

---

17 梅洛・龐帝（Merleau - Ponty），《知覺現象學（Phenomenology of Perception）》（姜志輝譯），（北京：商務印書館，2005），565。
18 楊大春，〈意識哲學解體的身體間性之維 —— 梅洛・龐蒂對胡塞爾他人意識問題的創造性讀解與展開〉，《哲學研究》，11（2003）：69-75。
19 胡塞爾（Edmund Husserl）著，《笛卡爾式的深思》（中國城市出版社，2002），146。
20 羅伯・索科羅斯基（Robert Sokolowski）著，《現象學十四講（Introduction to Phenomenology）》（李維倫譯）（台北：心靈工坊，2005），61。
21 J. Derrida, trans. By 13. Johnson. Speech and Phenomera. Northuestern University Press. 1973. P104.（引自周榮勝，〈德里達的印跡論〉，《南京師大學報》，4（1999.07）：95-100。）

過程」。[22]「他者」一直以來總是「多元差異的」舞蹈著、書寫著,「他者」的書寫不斷生發著、刻劃著痕跡(trace),一道道的痕跡大多由自身以外的「他者」進行補充與消抹,痕跡標示著差異與延遲運動的現象,標示著許多事物的核心不在自身之內、不在所謂中心的中心,而在自身以外,在一種多元差異的「互動關係」之中,在自身與眾多的他者之間,在彼此互為增補的關係之中。

　　事物真正的核心或許在於自我與「他者」之間,而此「他者」大部分的情況是屬於不在場的顯現,因為完全的「他者」並無法真實地呈顯出來,「他者」僅能呈顯出一部分,而大部分則必須由與之相對的主體或「他者」以外的「他者」來進行補充,因此,多元化差異的補充總是「進行著」,事件是無法完全再現的,也就是蘊涵著意義的「不可重覆性」。「意義所指不是源自事物本身的屬性而是源自一種事物與其他事物間的差異關係,能指符號也不由概念所指決定的,而是源自一種符號與另一種符號的差異關係」。[23]許許多多的詮釋在滿實意向發生後進行著、播撒著,各種不同的審美詮釋,豐富著「不在場顯現」之虛空,這代表著虛空是活躍的,多元與變異不斷在虛空中生成、刻劃、消抹、衝撞。因「空無」,「補充」才能不斷生發,現象不斷變異,當科學的、理性的、直觀的滿實意向之後,「空虛意向」在舞動著,仍

---

22 德里達(Derrida)著,《聲音與現象》(杜小真譯)(北京:商務印書館,2001),111。

23 蕭錦龍,《德里達的解構理論思想性質論》(北京:中國社會科學出版社,2004),77。

然持續地、轉化的不斷舞動著。「補充在完全的不在場和完全的在場之間居有一種第三者的位置。而且，這個第三者是居先的，它先於在場與不在場的區分，更準確地說，補充產生著它們，我們應該從補充結構出發來把握在場與不在場，而不是相反」。[24]在運動場域中，主體覺察著他者的身體符號，運用所覺察的符號來補充主體的知覺與想像，就在這樣的互動關係中，他者的身體由在場顯現，轉化式的進入主體的意識中，成為不在場顯現的一部分，主體的感知與想像建構了整個完整的認知與判斷。

　　身體經驗是難以量化為數據的，這一完整現象無論透過何種方法都無法突破方法自身的侷限性，但是否因為如此，我們就不運用科學方法來進行研究。我想不是的，或許我們應抱持著一種更開放的心態來運動這些科研成果。在文史哲的研究範疇中，身體經驗的敘述與詮釋是相當困難的，因為這些文本敘述不具有科學量化的客觀數據，因此難以有所代表性；同時，對於身體經驗的全貌，語言文字等符號又有所侷限性，當我們對某一身體經驗有所敘述詮釋時，當下，它已部分呈顯出來，同時亦有部分被文字語言所遮蔽了。從另一個視角而言，身體經驗的敘述與詮釋是否受制於詮釋者的立場與背景，故一個敘述詮釋者，首先應透過現象學方法將自我經驗或自然態度中的觀點「懸置」（suspend），將自我置入現象學態度中的「中立化」，使來自於經驗中的預設立場的作用「存而不論」（epoche），以免自我經驗色彩過度

24 周榮勝，〈何謂“補充”？── 德里達的解構邏輯初探〉，《首都師範大學學報》，4（2003）：62-67。

染色了詮釋對象的身體經驗，對於關鍵性的根源有所忽略，這是現象學的一種「超越的態度」。如「我們知道是由顯現與不顯現的混合之中，一個物體的同一性被認取出來，但我們還是對何謂顯現、何謂不顯現的重要性模模糊糊」。[25]描述事件發生的過程並不能真實呈顯出事件的意涵，得穿透過事件表象，其身體經驗的意涵可能並不在於事件本身，更可能在於與這事件看似並無很大關係的「他者（人、物、時、空）」，因此，「現象學不能只是去描述，……現象學是尋求意義，而它可能被表象的實體模式遮蓋住，這麼一來，尋求意義的恰當模式便是文本的詮釋」。[26]

　　例如一個簡單的羽球發高遠球的動作教學，每個教師因其身體經驗的不同，而導致教學上的差異，這樣的差異並不意謂著不好或任何負面的意義。相反的，教師若能適度地由自身的身體經驗來闡述說明動作技術的要領，在部分結合標準化的教學程序，或可達到更佳的效果。每一個主體的身體經驗的發生都是真切的作用現象，如何運用語言文字來詮釋、敘述是一個體育教師重要的能力。若是一切按照標準化程序，那麼有一天我們會被立體的數位影像技術所取代。科技發展的能力，對於主體身體經驗的詮釋仍有著極大的距離。許許多多的學科教學已逐漸被數位遠距教學所取代，教室中只需有數位設備，不需有老師的在場。這樣的情境很難

---

25 羅伯・索科羅斯基（Robert Sokolowski）著，《現象學十四講（Introduction to Phenomenology）》（李維倫譯）（台北：心靈工坊，2005），92。
26 德穆・莫倫（Dermot, Moran）著，《現象學導論（Introduction to Phenomenology）》（蔡錚雲譯）（台北：桂冠圖書，2005），298。

在體育教學中實踐，因爲「身體經驗」必須現身說法，必須在場地詮釋、敘述，而每一場的體育教學，透過自身感動的身體經驗的詮釋與敘述，它都是一個新的文本書寫。技術在其中，身體經驗在其中，身體感動更在其中。這是生活世界的具體實踐，一個體育教師對於日復一日的教學，能否抱持著感動的態度來運行，是極爲重要的。若一個體育教師只重視動作技術，而完全將身體經驗或身體感動棄之不顧，那如何以感動的身體來感動學生的身體，引發自主的、樂趣化的、探索的學習態度與行爲。讓我們一場接著一場地帶著身體的感動去創造另一個新的身體感動、新的身體文本。

Heidegger 來說，「現象學要彰顯事物，一如其彰顯自己那般」，[27]他認爲，「現象學用爲進入具體人生活現象、事實生活的恰當模式」。[28]現象學的「懸置」是一位從事「身體哲學」的研究者首應具備的能力，面對每一場新的身體經驗，是否能先將自我固執的「預設立場」懸置起來，以一個較大可能的透明程度來吸收新的身體經驗。面對一個新的文章、撰寫一個新的報告或論文、聽著一場新的專題演講、面對一場不斷重覆的新的教學，我期許自己能較大程度的懸置預設立場，持一個透明開放的視角，廣度地且深度地吸收、理解、解析、詮釋、敘述，因此，每天都有新奇的文本發生著，身體亦常在新的文本中感動著。

---

27 德穆・莫倫（Dermot, Moran）著，《現象學導論（Introduction to Phenomenology）》（蔡錚雲譯）（台北：桂冠圖書，2005），295。

28 德穆・莫倫（Dermot, Moran）著，《現象學導論（Introduction to Phenomenology）》（蔡錚雲譯）（台北：桂冠圖書，2005），296。

　　身體技能實踐場域中到處存在著他者的身體表現，就觀眾而言，運動選手、教練、啦啦隊員、其他觀眾的身體表現都是屬於他者；就教練而言，選手與競賽對手都是他者的身體表現。他者的身體表現總是散播著許許多多的意涵，如氣勢、成就、喜悅、抗奮、堅持、生氣、嘆息、消沉等隱藏在身體表現之內或隨身體表現而外顯的意涵。從教練指導選手的視角而言，教練面對選手這一他者的身體表現，不僅要覺察隨著身體表現而外顯的象徵意涵，更重要的是要覺察隱藏性的象徵意涵。在教學場域中亦為如此，教師應仔細覺察學生的運動身體表現，覺察其象徵意涵，以作為提昇教學成效的訊息。

　　在運動學習場域中充滿著一大堆的符號與意義，而符號與意義的聯結在教師與學習者的概念中又不完全等同，因此就會產生許許多多教學與動作技能學習上的落差。例如筆者在教授太極拳二十四式時，在練習基本步法時親自示範並透過語言等二種符號交互使用傳達太極拳步法的位移技巧，在最初狀態的學習下，大部分學習者並無法掌握住要領，僅少部分能做到約 70%的要領掌握。這表徵著學習者所專注的符號焦點是不同的，即使教師一再強調著「注意看身體中心點的位移」，符號的所指意義在主體之間存在著差異性，能指與所指的聯結在實際場域中並不是如科學研究一般的明確聯結。在運動學習場域中，符號的能指與所指的聯結，在不同的專注焦點下，有著極大的差異性存在。索緒爾（Saussure）

提出，「所指和能指的聯繫是任意」。[29]所指意義因符號而被呈顯出來，在符號帶領著意義呈顯之前是模糊不清的。如 Derrida 認為，「思想離不開語言，所指離不開能指。觀念離開了詞的表達，只是一團沒有定型的、模糊不清的渾然之物，預先確定的觀念是沒有的。在語言出現之前，一切都是模糊不清的」。[30]

　　但在運動場域中透過語言符號或影像回饋等符號來表達動作技能學習的意義時，符號也容易被另一個符號所取代之，例如高爾夫球示範教學揮桿擊球時，學習者總是很容易被教師所擊出之球（符號）所吸引，而取代了應專注在教師旋轉身體的示範（符號）。所以，教師在示範前得透過語言符號一再強調，使學習者專注在身體旋轉的動作示範。動作技能學習不論透過何種符號來傳達所指意義，其在不同的個體之間總是差異性的存在，這一差異性包括著共時性的空間差異與歷時性的時間差異。這象徵著主客體之間或不同個體之間，對於相同符號聯想的差異性，Saussure 提出：「語言符號所包含的兩項要素都是心理的，而且由聯想的紐帶聯接在我們的腦子裡」。[31]因此，關於動作技能學習的實驗性研究成果，能否實際運用於真實場域中，我想是有一段落差的。這就涉及了科學語言符號如何轉換為生活語言符號的問題

---

29 索緒爾（Saussure）著，《普通語言學教程（Course in General Linguistics）》（高名凱譯）（北京：商務印書館，2001），102。

30 劉鑫，〈文字與語言 —— 論德里達對索緒爾的解構〉，《清華大學學報》，9.4（1994）：64-71。

31 劉豔茹，〈語言的結構之思 —— 索緒爾哲學語言觀述評〉，《北方論叢》，2 期（2005）：52-55。

了。所以，哲學的敘述言說就顯得重要了，因為生活世界並不是由一系列的科學語言符號所運行的，更大的層面是在於生活語言符號的使用。在運動場域中的動作技能學習，應多使用說故事式的敘述言說，以使學習者能在一定程度上掌握符號的所指意義。

　　意義因符號而呈顯，但意義也因符號而遮蔽，符號所代表的總是意義的部分，而非意義的整體。這在符號表達者的立場上是如此的，而在符號接收者的立場上，意義因符號的傳達而被接收者所轉變，這是必然的現象。因此，意義是無法完整呈顯的，符號所代表的總是象徵著意義的「在場與不在場」二個層面。例如，在舞蹈藝術作品創作的過程中，創作者得透過身體動作符號與語言符號表達創作理念與意圖，表達其藝術構思與舞蹈形態，而舞者們的接收情形都是不同的。這是因為創作者透過符號的表示，呈顯著許多在場的意義，更象徵著許多不在場的意義，而這些不在場意義就是要留給舞者們的想像來填補。由動作技能學習的視角而言，他者的身體並不與教學者的身體相同，意義的詮釋需由他者的身體情況來進行，例如對於太極拳要求的鬆弛之勁，每一個身體所詮釋進而表現出來的都不一樣，這就是許多不在場意義被他者的身體詮釋所增補的現象。動作技能學習的研究成果提供作為教學場域的運用，也提供了一個不錯的視角作為切入，但身為教師應更多元地理解「身體」是怎麼一回事？應是怎樣的一個概念？身體僅是生理學意義或解剖學意義的肉體？還是心理學意義的意識？我想我們應該以更多元的視角的看待「我的身體」及「他者的身體」。梅洛龐蒂（Merleau-

Ponty, Maurice）認為，「我不是在空間裡和時間裡，我不思考空間和時間；我屬於空間和時間，我的身體適合和包含時間和空間」。[32]如此看待他者的「身體存在」，則會有不同的概念指引著動作技能的教學，或許更能將動作技能的科研成果運用於實際場域中。

意義在生活世界中或運動教學場域中，是差異性的存在，是延緩性的存在，意義因符號的聲音形像或文字形象，或影像形像的表徵性，蘊涵著許多的不在場呈顯的部分，而這部分必然地由他者（學習者）的身體來進行增補或填補。真實的運動場域中的動作技能學習現象是多元複雜的，不可能由單一的科學研究成果所能涵蓋，在心理學是如此，生理學是如此，文史哲科學研究亦如此。面對這樣一種多變異性的運動學習場域，我們應跨領域的吸收各種不同的科學研究結果來應對它，偏執地只認定某種學科的權威性是值得深慮的。

運動文史哲的研究與運動科學的研究是相互「補充」的「他者」，在不同的場域中，這二者互為在場顯現與不在場顯現的關係，固著於本位立場的視野，並無法真正解決運動世界中的種種問題，「科學語言符號」與「生活語言符號」的相互增補才是重要的關鍵問題。運動民族誌（sport ethnography）的研究方法在一定程度上，呈顯出部分科學研究中「不在場的存在」；而科學研究的成果，也相同地呈顯出文史哲研究所難以覺察的「不在場的存在」，這二者正如是相互增補著「他者」，圓滿著「他者」。「科學語言符號」

---

32 梅洛龐蒂（Merleau-Ponty, Maurice）著，《知覺現象學（Phenomenology of Perception）》（姜志輝譯）（北京：商務印書館，2001），186。

與「生活語言符號」的存在現象是「互文性」的，對於一個運動場域中的實踐者而言，必須二者兼備，相互支援、授權、共享。例如筆者在教授簡易吐納法時，必須有生理學的基礎，告訴學習者橫隔膜的作用，又必須具有心理學自我意象的理論注入，引導學習者進入自我意象之中，同樣地，更需要文史哲的深思基礎，透過各種例證的使用，使學習者漸漸體驗忘卻身體存在的意境，如莊子的「坐忘」與「心齋」，老子的「道生一、一生二、二生三、三生萬物」的哲思。又例如：若要一個學習者想像整個身體只是一個「細胞的活化現象」，除了透過生理學的影像回饋之外，摒除一切理性的與科學的思維作用，讓身體自由自在的思考與運作是相當重要的。這就是透過「科學語言符號」與「生活語言符號」的相互書寫、相互增補的關係，引出一種無可言說的身體運動，而這些許許多多的不在場的存在，以一種互文關係而在場作用著。因此，科學研究與文史哲研究本質上就是「互文性」的存在。

第三章　轉化的螺旋性

　　Ikujiro Nonaka 和 Hirotaka Takeuchi 在認識論的構面上提出：「外顯知識與內隱知識的分野。認為知識創造之鑰在於內隱知識的運用與轉化」[1]，知識的創造對運動技能的提昇是重要的，其運動技能中的「內隱知識」類似於 Michael Polanyi 所提的「默會知識」，對運動技能而言，它是技能實踐的重要因素，但又難以明確言述或表述的部分。因為「技能無法按照其細節被充分解釋，這是事實」，[2]例如一個高爾夫選手以 1 號木桿開球的同時，他不可能在短短幾秒的揮桿過程中進行太多的專注焦點（如初始設定、上桿角度、頭部位移、手腕翻轉、重心右移、下桿角度、下桿速度、擊中甜蜜點、重心左移、腰部轉動、延遲抬頭、伸展性送桿、保持平衡等），即便他以 1 號木桿揮擊出滿意的 1 球之後，他也很難將為何擊出成功球路的技能因素一一解釋清楚，因為這大量分解後的單位技能，已連貫地、隱晦地存在於他自身的「內隱知識」之中。在此，值得我們關注的是對於運動技能

1　Ikujiro Nonaka & Hirotaka Takeuchi，《創新求勝（The Knowledge-Creating Company）》（楊子江、王美音譯）（台北：遠流出版，2006），73-74。
2　邁可・博藍尼（Michael Polanyi）著，《個人知識 — 邁向後批判哲學（Personal Knowledge:Towards a Post-Critical Philosophy）》（許澤民譯）（台北：商周出版，2004），65。

的提昇必須能不斷地「創造知識」，以高爾夫球為例，身為世界第一的 Tiger Woods 仍需為了更精準的技術而聘請教練指導，不斷地創造知識以提昇高爾夫技能。「創造知識」的關鍵就如 Nonaka 和 Takeuchi 所言：在於內隱知識的運用與轉化。因此本文將以 Nonaka 和 Takeuchi 所提出的四種轉化模式為基礎，進行關於運動知識中其「內隱知識」的探究。由於運動知識乃築基於身體技能的表現，因此，筆者認為運動知識的轉化是更為複雜的結構體，所以本文試圖在這四種模式的基礎上，探究運動知識的轉化複雜結構與現象。本文獻初探主要的幾個部分來進行：第一部分為前言，敘述運動知識轉化的困難與現況及研究動機；第二部分探討「知識轉化」中其螺旋性的結構，以及螺旋結構中的螺旋單位；第三部分探討「知識轉化」中解構式的「螺旋結構」，試圖說明運動知識轉化並不是穩定的「螺旋結構」，其本質是撕裂的解構，其曲線更不是純粹的點到點的聯結，以及因撕裂而產生的「滲透關係」；第四部分探討「螺旋結構」中的四種知識轉化的「實化」、「虛化」、「自化」與「他化」的作用性及其特點。

第一節　身體技能實踐之螺旋性的轉化

Ikujiro Nonaka 和 Hirotaka Takeuchi 認為：「知識轉化有四種模式：（一）由內隱轉換為內隱，稱之為共同化；（二）由內隱轉換為外顯，稱為外化；（三）由外顯轉換為外顯，

稱為結合；（四）由外顯轉換為內隱，稱為內化」，[3]這四種「知識轉化」的模式，提供了知識創造的概念，其理論推衍出一種「螺旋式的轉換」，「共同化、外化、結合、內化，這些模式並非各自獨立，反之，當加入第三個構面 —— 時間時，它們彼此之間的互動便會產生螺旋。創新就是由這些螺旋中產生出來的」，[4]Nonaka 和 Takeuchi 認為：「經由動員的內隱知識由四種知識轉化模式在組織內部加以擴大，成為較高本體論的層次。我們稱這個現象為知識螺旋」。[5]一種新知識的創造是在時間的軸線上進行四種模式的轉換而形成的，知識的創造即是一種螺旋現象（如圖 1）。

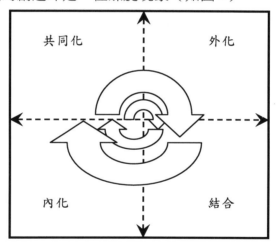

圖 1　知識創造的螺旋結構（本圖參考 Nonaka《創新求勝》第 93 頁）

3　Ikujiro Nonaka & Hirotaka Takeuchi，《創新求勝（The Knowledge-Creating Company）》（楊子江、王美音譯）（台北：遠流出版，2006），81。
4　Ikujiro Nonaka & Hirotaka Takeuchi，《創新求勝（The Knowledge-Creating Company）》（楊子江、王美音譯）（台北：遠流出版，2006），120-121。
5　Ikujiro Nonaka & Hirotaka Takeuchi，《創新求勝（The Knowledge-Creating Company）》（楊子江、王美音譯）（台北：遠流出版，2006），95。

　　筆者認同此觀點，因爲加入了時間因素而形成知識轉化的「螺旋結構」，而「螺旋結構」形成了「知識轉化」的空間。在此有二個層面應該加以思考，第一，這四種模式並非各自獨立，在「螺旋結構」中每一種模式轉換至另一種模式的過程是簡單的轉換，或是有著更複雜的過程？例如由「內隱轉換至內隱」的「共同化」模式，它一直是在自身內部進行著？亦或是某一程度與「外化」模式進行聯結後再轉回自身模式？若是如此，則與「內化」模式有所重疊；第二，若四種模式之間有可能重疊，那麼「外化」與「內化」或是與任一模式之間都有可能部分是同時發生的！若是如此，四種模式之間的關係可能是隨機跳躍的情形，如此的話，「知識轉化」的「螺旋結構」則可能是多樣化的，且其所創造的空間亦是多樣化的。

　　爲了更深入的解析，「知識轉化」的「螺旋結構」或許可以再解構成更細小的單位，再針對解構後的每一單位進行分析（如圖 2），一個簡單的螺旋單位中有可能存在著「撕裂」，而單位與單位之間的關係亦可能是撕裂的，以此螺旋單位來進行分析，了解其中更複雜的情形，諸如由「內隱知識」所產生的「意象」是如何與實在界中的「現象」進行聯結的？

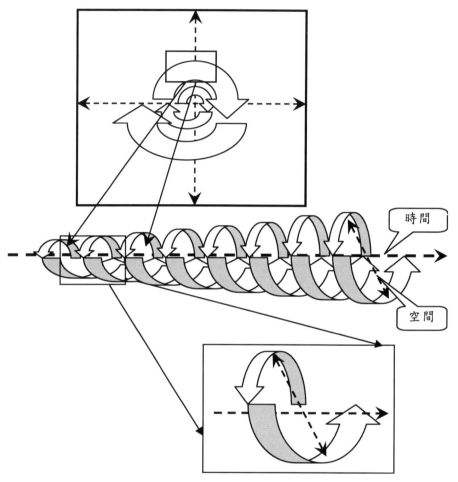

圖 2　知識轉化的「螺旋結構」及解構後的「螺旋單位」

　　若以圖 1 的呈現看來，由共同化模式轉變至外化模式，這一過程是「螺旋結構」中的一段曲線而已，這段曲線的實質內涵應是極為複雜的現象，試想我們在運動技能的教學實踐中，若要將本身的「內隱知識」提供給學習者以做為指引、

啓發時，影響我們當時思考的情境狀態、對象的條件與現況、自身當時的狀態及其他多樣性的狀態等，這些都是影響「內隱知識」轉化至「外顯知識」這一過程的因素！另外，我們要將「內隱知識」轉化至「外顯知識」的真正動機是什麼－包含可知的顯在動機與不可知的潛在動機？也是值得考慮進來的影響因素之一。因此，如圖1所示之「螺旋結構」的曲線內涵，不會只是單純地點到點、點到面、點到線的狀態，筆者認爲這之間可能存在著許多的「撕裂」，「撕裂」是依照上述種種影響因素而決定其發生的狀態，關於此點我們在下一節將會有詳細的討論。由於上述情形，任一種模式與模式之間的轉換，若將轉換的曲線置放於哲學的顯微鏡下經不斷地放大顯示其本質，我們很難斷定其狀態或結構爲何？但可以肯定的是這其中的複雜度必定超越我們的想像。本文既然提到了 Nonaka 和 Takeuchi 的「螺旋結構」，筆者在此大膽運用此「螺旋結構」的概念，以上述所提及的「螺旋單位」來詮釋「知識轉化」之模式與模式之間的曲線本質內涵，也就是「螺旋結構」中的「螺旋」，在此以圖展示四種模式之間轉換的「螺旋方式」（如圖3）。

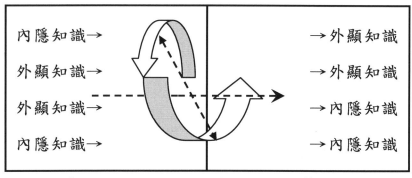

圖3 「知識轉化」—— 四種模式之間轉換的「螺旋方式」

第二節 身體技能實踐之螺旋結構的撕裂與滲透關係

運動科學的研究成果與選手技能提昇之間的關係是否可以此螺旋現象來解決目前的困境？既然「內隱知識」是關鍵，那麼選手、學生、舞者又如何能由種種暗示、隱喻來開創「內隱知識」？Nonaka 和 Takeuchi 提到：「獲得內隱知識的關鍵在於經驗。缺少某種形式的共同經驗，一個人將很難了解另外一個人的思考過程」，[6]此處所言之「某種形式的共同經驗」，表示共同的經驗已有著某種「外顯形式」來表達，我們才可能可以得知他人的「內隱知識」，就如 Nonaka 和 Takeuchi 在書中那個田中郁子與麵包大師傅的例子，田中郁

<hr />

6 Ikujiro Nonaka & Hirotaka Takeuchi，《創新求勝（The Knowledge-Creating Company）》（楊子江、王美音譯）（台北：遠流出版，2006），82。

子藉由觀察發現了「扭轉麵糰」的「內隱知識」。7由此看來，有二個部分可以區分出來，一是「內隱知識」與「經驗」關係密切，而「經驗」涉及到詮釋者與接收者各自的經驗，且必須有某種「外顯形式」彰顯出來；另一是「共同化」（由內隱到內隱）的過程並不是單純的直線過程，而至少應是一種曲線過程，而此曲線過程就涉及了與其他「知識轉化」模式的聯結。

針對「內隱知識」到「內隱知識」的轉換過程可能涉及到與另一模式的聯結後，再反回自身模式的情形，在此以筆者自身高爾夫的教學經驗為例來說明：一位高爾夫揮桿動作已相當穩定且無太大錯誤動作的學員而言，擊球方向穩定是其優勢，但擊球距離不遠是困擾他已久的問題！1 號木桿的開球平均距離大約在 200-210 碼，他想要提昇至少 30 碼的開球距離，以因應許多球場的遠距離障礙設計。以往他按照教科書的標準教材一直反省自身的揮桿動作，但是卻沒有明顯的進步！在幾次指導其揮桿動作之後，發現他的揮桿動作還算標準，上桿與下桿角度都不錯，問題在於揮桿速度的掌握，或說揮桿節奏的控制。在解釋了所發現的問題之後，他也頗為認同，我告訴他：上桿至頂點之後，下桿之初要以腰肩的轉動來帶動下桿，在下桿至腰部位置時，手臂與手腕才開始使勁。這樣才能將擊球力量盡量匯集在擊球瞬間，提昇揮擊的爆發力。他似懂非懂的練習了幾次，似乎有所領悟，但距離的提昇並不明顯。經過一二週大約六次的課程之後，距離

---

7 Ikujiro Nonaka & Hirotaka Takeuchi，《創新求勝（The Knowledge-Creating Company）》（楊子江、王美音譯）（台北：遠流出版，2006），83。

提昇了大約 10 碼。為了讓他內心有一種爆發力的感覺（意象）來引領揮桿動作，後來我採用了一種「隱喻」──（由內隱到外顯）。關於揮桿的爆發力，就像我們小時候常玩的一種遊戲－甩濕毛巾的比賽，看誰甩的濕毛巾最大聲。我們將一條長方形的毛巾沾濕了，並稍微地捲起毛巾，右手握著毛巾的一端，將濕毛巾的另一端往外甩去，在濕毛巾快要甩至尾端時，右手使勁將濕毛巾扯回，此時濕毛巾所沾的水份會被這一甩出去又扯回的相對力量甩出去，且濕毛巾會發出一個大聲響。我告訴他，這就類似揮桿時的爆發力，必須在最關鍵的時間點將力量釋放出去，就如甩出去的濕毛巾若太快或太慢扯回，就不會有上述的效果，另外在扯回的力量施展之前，都處於放鬆的情形。因此，你揮桿時的下桿都太早使勁，導致爆發的時間點過早，且力量分散在整個揮桿的過程，導致力量分散，擊球距離也就不可能太遠。這學員聽了之後，眼睛瞪得頗大，似乎有所感受與領悟－（由外顯至內隱）！試著以此「意象」來引導揮桿，幾次下來，擊球距離逐漸增加－（經驗共同化了），可以看出他內心有某種喜悅。最後，在大約三四次的課程之後，他的距離提昇了約 30-40 碼左右，開球平均距離約在 230-250 碼！

　　這是筆者自身使用「隱喻」的教學經驗，這似乎符合 Nonaka 和 Takeuchi「外化」、「內化」與「共同化」的「知識轉化」模式，「共同化是藉由分享經驗而達到創造內隱知識的過程；外化是將內隱知識明白表達為外顯觀念的過程；

內化是將外顯知識轉化為內隱知識的過程」。[8]這種透過「隱喻」的方式來創造學員內在的想像或意象，使其足以產生能量引導身體技能的表現，Nonaka 和 Takeuchi 認為：「隱喻藉由要求傾聽者將一物看成另外一物，以創造經驗的全新詮釋，並且創造了體驗真實的新方法。因此，暗喻是一種能夠調和歧異的一種溝通機能」，[9]例如上述濕毛巾與 1 號木桿的例子。在「知識轉化」的「螺旋結構」中，「隱喻」可能造成了某種「撕裂」，使得由「內隱知識」而來的某種「意象」有機會與某種實在界中的「現象」產生聯結。Nonaka 和 Takeuchi 也提到：創造性混沌可以產生一種中斷或瓦解（或稱為撕裂），它有利於創造新知，「暫時性的瓦解是一種習慣和舒適性的中斷。當我們面對這種瓦解時，我們有機會重新思考本身的思考和見解」。[10]上述例子是由「內隱」而「外顯」再創造另一種「內隱」的「知識轉化」過程，這樣的過程似乎是很複雜的，其中隱含著許多的變化，它來自於撕裂的發生。在運動技能的表現上，有時這種創造性混沌所造成的「撕裂」，不一定能增進或提昇運動技能，以高爾夫揮桿為例，當我們發現某個學習者的揮桿軌道有很大的偏差時，經過解說與調整其動作、姿勢等，可能立即發生的是一種慘不忍睹的結果－揮擊效果更差了。因為這種「撕裂」對學習

8　Ikujiro Nonaka & Hirotaka Takeuchi，《創新求勝（The Knowledge-Creating Company）》（楊子江、王美音譯）（台北：遠流出版，2006），82-91。

9　Ikujiro Nonaka & Hirotaka Takeuchi，《創新求勝（The Knowledge-Creating Company）》（楊子江、王美音譯）（台北：遠流出版，2006），87。

10　Ikujiro Nonaka & Hirotaka Takeuchi，《創新求勝（The Knowledge-Creating Company）》（楊子江、王美音譯）（台北：遠流出版，2006），105。

者而言，在技能轉換之初是一種「破壞」，破壞了他原本習慣的節奏、軌道、動作等。這樣的情形，似乎是以「外顯知識」破壞了他原有的「內隱知識」，值得關注的是，在破壞之後，是否能重建其「內隱知識」以改善其揮桿動作。由此可見，要創造一個共同化的內隱經驗，其過程中的變數是多樣性的，教師或教練在運動技能訓練或指導中，是否常止於像這樣的破壞性結果，而無法更進一步地形成「知識轉化」的「內隱知識」？這是值得我們深思的！這種現象也可能來自於面對不同的對象，採用了不適用的「外化」結果－（教學者自身的內隱知識採用了某一種外顯觀念來表達，但學習者對此外顯觀念無法適當地領悟），就如上述濕毛巾與揮桿勁力掌握的「隱喻」，也不是對所有學習 1 號木桿者都能產生有效的「知識轉化」。

　　筆者認為一個「外化」過程並不單純只是一種螺旋曲線經驗，由「內隱」到「外顯」至少都得經過一種「滲透關係」，這複雜緊密的「滲透關係」是藉由一種「撕裂的缺口」而進行的。也就是說，「知識轉化」的「螺旋結構」在不斷顯微的檢視下，是隱含著「撕裂」的，也因為這一「撕裂」的存在才能發生「滲透關係」。這一「滲透關係」是在模糊不清但可感知得到的「意象」（例如匯集所有勁力在桿頭擊中小白球的瞬間）與實在界中的「現象」（例如甩動濕毛巾，使其發出巨大聲響）之間，試圖尋找一種可行的聯結，而此聯結最後必須進行一種表述而成為外顯觀念（表述：可能使用語言、文字、圖片、影響或身體的任何動作）。這種在「撕裂」中尋求「意象」與「現象」之間的聯結，它似乎帶著某

些必然因素，因為在我們需要進行表述的情境中，總是會想
辦法來表達腦海中那個可感知又模糊不清的「意象」－（內
隱至外顯的外過程）（如圖4）。

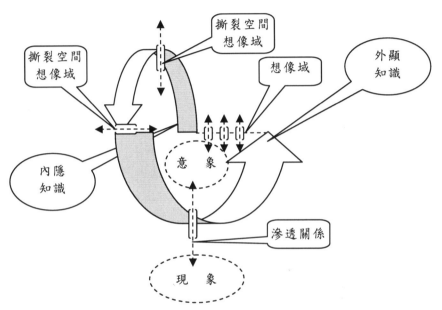

圖4　知識「外化」過程中的「撕裂」與「滲透關係」

　　如圖4所示，「內隱知識」的「外化」是一種曲線過程，
由內隱至外顯的曲線過程中可能存在著數個「撕裂」，圖示
僅是標示其可能性，無法確定在曲線過程中其「撕裂」存在
的位置。但這曲線過程中「撕裂」的發生是肯定的，它透過
「滲透關係」聯結了內在的「意象」與現實世界中的某種可
以進行表述之用的「現象」，因此，「外化」的過程可以完
成。圖4中所示最重要之處在於「固定撕裂」，由於「螺旋

結構」隨著時間軸不斷地上升、前進或改變，每一個「螺旋單位」起端與尾端都會在空間上形成一個「固定撕裂」的缺口，而此處可能有著相當多樣性的變化。在此有二種可能的區分：

第一，就四個「知識轉化」的模式而言，在此「固定撕裂」的缺口，就存在著至少四種「知識轉化」的方向。例如圖4曲線的尾端已是「內隱知識」外化的結果－「外顯知識」，而此「固定撕裂」的結構，可能使外化的結果在此轉回「內隱知識」；亦可能轉向「結合模式」而與其他的「外顯知識」結合，成為另一種新的創造，這樣的解釋也符合 Nonaka 和 Takeuch 的論點。「螺旋結構」亦可能在此產生方向性的改變，或是產生多樣的共時性[11]「螺旋結構」。

第二，如圖4所示，「內隱知識」經過外化轉變為「外顯知識」，此處的「外顯知識」的內涵並不全然等同於「內隱知識」！舉例而言，上述筆者使用濕毛巾來隱喻揮桿速度與節奏的例子，濕毛巾是筆者自身的「意象」運用實在界中的某種「現象」來表達「內隱知識」，但這濕毛巾並不是自身對於揮桿勁力的「意象」與「內隱知識」的全然代表，它只能是一種代表！也由於「固定撕裂」的結構，由「內隱知識」外化而來的結果，因空間與時間上的不同，必然在本質上發生一定程度的變異。換言之，有一件事是確定的，「內隱知識」中的「意象」可以有各式各樣的代表來成為其「外顯知識」，問題只在於我們自身的「選擇」是否能獲得效果，或獲得破壞性的反效果。

---

11 共時性，在此意指在同樣的時間軸中，處於不同空間位置的情形。

第三節 身體技能實踐之知識轉化的作用性

　　筆者認為，每一種「知識轉化」後的結果，都不全然是「螺旋結構」下的那一種結果的狀態。值得關注的是，一種「內隱知識」外化後的結果，可能存在的是多樣性的差異，我們無法將多樣性的差異一一地區別出來，但依據上述的推衍至少可以將一個「螺旋單位」的轉換狀態以「撕裂」的觀點對其「作用性」來做一基本的區分。這一區分包括「實化」、「虛化」、「自化」與「他化」四種作用性。也就是說，「知識轉化」的過程因「螺旋單位」的結構，已然發生著「變異」！外化模式中的轉換過程會產生「實化」、「虛化」、「自化」與「他化」的作用性。「實化」為「知識轉化」帶來正面的效果，反之「虛化」可能為「知識轉化」帶來較負面的效果。「實化」的「外顯知識」又可以形容成高度符合自身「內隱知識」的意涵又能貼近對象技能實踐的知識；而「虛化」的「外顯知識」則可以形容成符合自身「內隱知識」的意涵的程度較低又與對象技能實踐的知識保留著一定程度的距離。因為「外顯知識」的「實化」與「虛化」的關係，所以，還可以解構出另外二種作用性，一是「自化」，意指「外顯知識」高度符合自身「內隱知識」的意涵，但與對象技能實踐的知識距離較遠；二是「他化」，意指「外顯知識」能貼近對象技能實踐的知識，但符合自身「內隱知識」的意涵的程

度較低（如表 1 與圖 5 所示）。

表 1　知識轉化之外化模式的四種作用性與空間位置

類別	作用性／特點	空間位置
實化	符合自身內隱知識的意涵；貼近對象技能實踐的知識	D
	「知識轉化」過程的考慮：兼具自我與他人	
虛化	不符合自身內隱知識的意涵；不貼近對象技能實踐的知識	B
	「知識轉化」過程的考慮：屬於較隨興，不考慮角色問題	
自化	符合自身內隱知識的意涵；不貼近對象技能實踐的知識	C
	「知識轉化」過程的考慮：較以自身的內隱知識為主	
他化	不符合自身內隱知識的意涵；貼近對象技能實踐的知識	A
	「知識轉化」過程的考慮：較以他人的體驗為主	

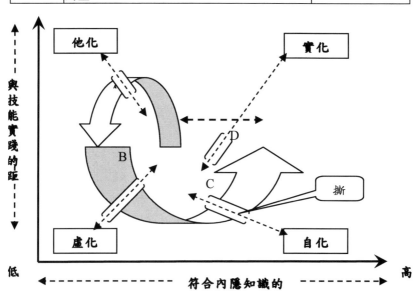

圖 5　「知識轉化」之外化模式的四種作用性與空間位置

第四章　撕裂空間與心靈書寫 ——
以民族舞蹈審美為例

　　舞蹈審美意像是一種「心靈的書寫」，而民族舞蹈的表現則是一種「身體的書寫」，是「心靈化身體的書寫」。書寫本身就是一種符號，一種文本，它的書寫留下了播撒性的蹤跡，如 Derrida 言：「文本之外無物（There is nothing outside of the text）；事物就是符號本身。呈示（manifestation）不是事物本質的展示，而是使事物變成一種符號。符號永遠是事物本身的補充。符號代表著"不在場"的"在場"」。1書寫本身已是一種延遲的符號，舞蹈身體的書寫是心靈意象延遲的符號，當舞蹈身體之動作姿勢的書寫在舞臺上發生時，發生的本身已是一種延遲的過程。當舞蹈符號被欣賞者接受時，又是另一種延遲的發生。所以，這種書寫的蹤跡的「擴散性」或「播撒性」的，舞蹈身體符號是「心靈意象」不在場的替代，是不在場的「在場」，對民族舞蹈而言，「不在場」之「虛」是審美意象衍生的時空，是創造性詮釋衍生的時空，是民族舞蹈之思蘊藏的時空，「一種舞蹈越是完美，

---

1 蕭錦龍，《德里達的解構理論思想性質論》（北京：中國社會科學出版社，2004），20。

我們能從中看到的這些現實物就越少，我們從一個完美的舞蹈中看到、聽到或感覺到的應該是一些虛的實體，是使舞蹈活躍起來的力」。[2]「"在場"本身就表明"不在"，一種本源性的缺乏，凡是"在場"的其實都是不在的替代品，"在場"的權威性因此被流放到不在的無限性的空間」。[3]舞蹈的身體符號被欣賞者多元化、差異化的詮釋著，這種播撒性的「心靈書寫」不斷地擴散著，這些都是不在場之「在」，此書寫的蹤跡一道道地劃上又被消抹了，舞蹈身體符號成了一種「不在場[4]」之「在[5]」的補充（Supplement）或增補。但是，「補充並不表明原有的空缺被"在場"填補上了，"在場"不過預示著"不在"的蹤跡而已。盡管不在永遠不是在場的事物，但是它正是在在場的事物中宣告自身的存在」。[6]

Derrida 指出「如果"在場"自身是另一個在場的替代性的象徵，那麼除了這種替代運動和這種自我的象徵性經驗外，它根本不可能企望到在場"本身"。事物自身無法在象徵系統外顯現 —— 這種象徵系統本身又無法在自我的認同中存身（Derrida, of grammatology, p. 154）」。[7]舞蹈意象這個不在場的書寫，它是一種對現實生活的增補，透過虛幻的、虛擬的情境來增補，就如文化是對大自然的增補一樣。舞蹈

---

2 蘇珊・朗格（Susanne. K. Langer）著，《藝術問題（Problems of art）》（滕守堯、朱疆源譯）（北京：中國社會科學出版社，1983），6。
3 陳曉明，〈論德里達的補充概念〉，《當代作家評論》，1（2005）：12-23。
4 「不在場」指涉內在心靈意象。
5 「在」指涉外在的舞蹈身體符號
6 陳曉明，〈論德里達的補充概念〉，《當代作家評論》，1（2005）：12-23。
7 蕭錦龍，《德里達的解構理論思想性質論》（北京：中國社會科學出版社，2004），157。

意象的增補是在與現實生活的差異中形成的，虛擬的意象與
現實生活是差異的，例如某些舞蹈動作以極緩慢的速度來進
行，改變了原有客觀的時間速度或改變了時間與動作的常態
關係，這創造了與日常生活中動作表現的差異性。此差異性
乃存在於與眾多「「他者」」之間的互動關係，而舞蹈意象
亦存在於與「「他者」」的差異關係中，在這些差異關係中，
主體與眾多的「他者」彼此互為補充，形成了外在的藝術畫
面與內在的意象。「除了補充、除了那只能在差異的的參照
物的鏈條中產生出來的各種替代的指示、除了"真實"的代替
品、除了只有當從蹤跡中從補充中得到意義時被增補等等
外，不存在任何東西（Derrida, of grammatology, p. 154）」。
8舞蹈意象的不斷補充，對應著民族舞蹈作品的「美的真理」，
舞蹈意象的補充是多元且差異化的，因而「美的真理」是無
法掌握或定位的，「這個所謂的真理充滿了了非確定性的斷
裂」。9舞蹈意象是非確定性的、斷裂的，這種不在場的書寫，
使得在場的舞蹈身體符號生發了符號的功能，傳達了部分創
作者的藝術之思。部分的傳達與播撒又引動了「他者」（欣
賞者、舞者）更廣闊的想像與詮釋，這一詮釋的自由度是廣
闊不受限制的。因此，對於藝術作品的詮釋不存在所謂誤解
的問題，任何的多元且差異的理解、詮釋都創作者藝術之思
的播撒，是創作者藝術之思在「時間延緩性」與「空間差異

---

8 蕭錦龍，《德里達的解構理論思想性質論》（北京：中國社會科學出版社，
　2004），157。
9 李建盛、劉洪新，〈德里達的解構哲學及其對藝術真理的理解〉，《湖南
　科技大學學報》，7.1（2004）：8-11。

性」中一種扭曲變形的蹤跡,或說創作者的藝術之思被多元地、延續地、差異地書寫著,一種符號創造著符號的過程,所以「理解和解釋就是從符號到符號的漂移」。[10]符號到符號的漂移象徵著「可確定性所指」的不可能性,象徵著一種表現的再現,一種創作的再創作,一種相似的相似,這都是因其補充的現象所形成的。藝術作品的真理只在符號至符號的漂移中,我們不可能確定藝術作品的真理何在,它始終延異地漂移著,它始終不斷地刻劃著一種「即顯即逝」的蹤跡。

　　舞蹈身體符號書寫出的不只是符號,也是一種「意象」,一種蹤跡。舞蹈身體符號的所指是含混不明確的,但它在指涉的過程中留下了蹤跡,一種擴散性的蹤跡。關於舞蹈身體符號的書寫,我們不能將之視為某種形而上的概念,它自身已是多元化、差異化的解構本質,若將之視為某種形而上學的概念,則將大大地侷限了舞蹈身體符號的所指意涵。如Derrida 指出,「符號是異質成分的統一體,因為所指(意義和事物)本身不是一個能指,一個印跡。無論如何它本質上不是由它與其可能的印跡關係構成的。所指的形式本質是在場」。[11]舞蹈身體表現的蹤跡,一次又一次地被後來呈現的蹤跡所消抹,新的蹤跡是築基在舊的蹤跡上進行刻劃的。更值得注意的是,它並不是單一與單一蹤跡的重疊,而是多元與差異的重疊,一個蹤跡是被多元的、差異的蹤跡所消抹覆

---

10 李建盛、劉洪新,〈德里達的解構哲學及其對藝術真理的理解〉,《湖南科技大學學報》,7.1(2004):8-11。

11 J. Derrida, trans, by spivak. of Grammatology. The Johns Hopkins University Press,1976. P.19.(引自周榮勝,〈德里達的印跡論〉,《南京師大學報》,4(1999.07):95-100。)

蓋。因此，舞臺上的身體符號與意象所刻劃的蹤跡是擴散性
地被消抹覆蓋，這是藝術作品的多元與差異化的詮釋現象，
「美」就在這一再被消抹的蹤跡中被感受、被呈顯出來。所
以，舞蹈審美意像是「心靈書寫」式地擴散性蹤跡，它以相
似的不同，持續地擴散開來，「心靈書寫」引動著身體而舞
蹈著，舞蹈身體符號亦引發了「心靈書寫」，「心靈書寫」
又引發了更多的「心靈書寫」，蹤跡誘導了多元與差異的蹤
跡來消抹自身，因此，在舞蹈審美意象中，此刻的「美」與
下一刻的「美」，相似而不同。「差異是印跡在系統中確定
了的凝固的關係，是印跡的被抹消，而印跡是潛在於系統中
的變動不居的差異作用，是要素與其他要素發生差異作用在
自己身上留下的蹤跡」。[12]

　　舞蹈意象的「心靈書寫」並不以另一個中心主義的東西
來替代另一個中心主義，這樣的「心靈書寫」是在與「他者」
的種種差異關係中互動而虛擬出來的舞蹈意象。心靈的書寫
使得舞蹈身體是一種心靈化的身體，身體與意識在民族舞蹈
中並不是二元對立的絕對關係，這二者也並不是以其中任何
一者為中心的，真正的中心是變異性的，存在於這二者持續
性的互動關係中。舞蹈意象在無邊際的時空中書寫著，引動
身體在有限的舞臺時空中書寫著，這樣的書寫是稍縱即逝、
即顯即隱的，Derrida 指出，「一切都是書寫/All is writing
（Derrida, of grammatology, p. 44）」。[13]舞蹈意象與舞蹈身

---

12 周榮勝，〈德里達的印跡論〉，《南京師大學報》，4（1999.07）：95-100。
13 蕭錦龍，《德里達的解構理論思想性質論》（北京：中國社會科學出版
　　社，2004），23。

體是非文字、非語音的表現，它是更原始、更自然的書寫現象，如 Derrida 指出，「原書寫（archiwriting）不僅以文字表現的，而且也以非文字表現的形式和內容在發揮作用（Derrida, of grammatology, p. 44）」。[14]「世界上除了書寫不曾有過任何東西，除了補充不曾有過任何東西（Derrida, of grammatology, p. 159）。在原書寫中，所有的事物都處在同一個平面上，那裡沒有本源，沒有中心，沒有等級關係，只有差異、延衍，只有平等的補充（supplement）關係」。[15]事物的呈示都是借助另外的「他者」而得以顯現，舞蹈身體動作、姿勢之所以美，之所以令人感到意境之內涵，它借助了舞臺、燈光、佈景、道具等「他者」所創造的迷霧視覺空間，加上音樂的引導，以及舞臺上舞者們的互動，舞蹈的身體動作、姿勢才呈示了它所蘊藏的書寫意涵。而這書寫意涵在同一時空中，又被差異地解讀詮釋著，這也就是舞蹈意象、舞蹈身體符號的書寫是「擴散性」、「播撒性」的。書寫的蹤跡是活的變異存在，在「他者」與「他者」之間迂迴刻劃著、重複著，蹤跡上又一道道的蹤跡劃上，這是差異與延遲的本質現象，是舞蹈身體符號具有廣闊詮釋空間的意蘊，「美」就在其中生發著。

Derrida 指出：

　　蹤跡是活的現在的內在對其外在的關係，是向一般外

---

14 蕭錦龍，《德里達的解構理論思想性質論》（北京：中國社會科學出版社，2004），23。
15 蕭錦龍，《德里達的解構理論思想性質論》（北京：中國社會科學出版社，2004），24。

在、外在於"自身"的領域的"開口"，意義的時間化從一開始就是"間離"。一旦人們承認同時作為"間隔"、差異、朝向外在的"開口"的間離，那就不再會有絕對的內在性了；外在在運動中迂迴，非空間的內在，即具有時間名稱的東西通過這運動自我顯現、自我構成並自我在場。空間在時間之中，它是時間出離自己的純粹出口，它是作為時間對自我關係的"自我外在"。[16]

舞蹈身體符號是一種「心靈書寫」的外顯蹤跡，是一種身與心互為補充的邏輯，這種外顯蹤跡是「心靈書寫」的延遲與差異的效應，可以說是「心靈書寫」的弦外之音。另而言之，當欣賞者接受到舞臺上的視覺與聽覺刺激的同時，另一種弦外之音因此而生發了，欣賞者由感知接受到的民族舞蹈訊息，向內在意識轉化，此時，由外在感知向內積澱，欣賞者的「心靈書寫」發生了，補充的作用發生了。在欣賞者的「心靈書寫」中正在增補著感官知覺所感知部分的空缺處，由於這樣的補充效應，欣賞者因此能獲得一種「美」的意象，感受到「美」的享受。對於民族舞蹈這種在時間與空間上不斷變異的藝術呈現，在舞者、欣賞者之間不斷地生發著「延遲性、差異性」的「心靈書寫」，刻劃出一道道弦外之音的蹤跡，也因此，舞蹈作品被豐富地詮釋，它的能量不斷地播撒、擴散，由此可見，民族舞蹈的「心靈書寫」是大大地向

---

16 J. Derrida, trans, by spivak. of Grammatology. The Johns Hopkins University Press,1976. P.86.（引自周榮勝，〈德里達的印跡論〉，《南京師大學報》，4（1999.07）：95-100。）

外開放著，是向眾多的「他者」開放著，一種開放式詮釋的「心靈書寫」。如 Derrida 所言，「解構並不是封閉於虛無之中，而是朝「他者」開放」。[17]民族舞蹈是由創作者構思創作，由舞者（他者）承載演出，由創作者、舞者、欣賞者（他者）共同詮釋。這是一個極度不確定性、高活躍性、無法重覆性的藝術型態，由創作、排練，與燈光、服裝、舞臺設計師（他者）們的詳細溝通，至最後的演出，在舞蹈作品創作過程中的每一細節都充滿著無可完全預測的不確定性，因此，他者的補充、共同刻劃的蹤跡在這過程中不斷地、充分地生發著，民族舞蹈作品就在這複雜的、緊密的與「他者」的互動關係中被創作出來。其審美意象在一開始至結束後的未來都不斷地變異衍化，多元且差異的存在這些互動關係中。舞臺上的「現實時空」創造衍化出更廣闊地「心靈時空」，這亦是舞蹈身體符號的特點，一種本質上就解構了符號之「能指與所指」結構關係的特點，舞蹈身體符號的「能指」是意涵著極度廣闊的「所指意義」，這也是民族舞蹈強大的生命能量。

　　從 Edmund Husserl（胡塞爾）的現象學觀點切入，他尋求「在場的顯現」，世界作為意向對象而在場，主體作為意向活動的自身而自我在場，Husserl 尋求著這「一切原則的本源」。Derrida 認為，「在場要素（the presence）是其全部話語的終極渴求，自我變更著而不失去，每一次都是在一個充實著的直觀自明性中，無論何種對象面對意識的在場問題。

---

17 德里達（Derrida）著，《論文字學》（汪堂家譯）（上海：上海譯文出版社，1999），124。

的確，在場要素又變更爲在意識中的"自我在場"的問題，而意識指的僅僅是在一個活的現在（the living present）中現在的"自我在場"。[18]「活的現在」，是不斷死亡的，「活的現在」不會是一個定局，一個固定不變的現象，「活」就象徵著「活躍」或「變異」，因此，固定不變的「在場」是不存在的，「在場」總是包含著多元差異的「不在場」。但是，Husserl 的「活的現在」仍然陷入了形而上學的迷思，它依然尋求著時間源點的存在，仍然執著於「現在」的核心地位。Derrida 指出，「這種簡單同一的"點"的"現在"是一個神話、一個空間的或機械的隱喻、一個承續的形而上學概念或同時是上述這些東西」，[19]換句話說，現在是「活」的，是活躍的、變異的，是「在場」與「不在場」互相補充的過程，它們並不是一方決定一方的因果關係，而是相互依存增補的現象。「在場」與「不在場」相互滲透，「現在」與「非現在」相互滲透，這種二元的對立面並不是完全的不同，而是在變異的過程中不斷的調結、滲透、融合，相互刻劃著蹤跡，因此，它們相似而不同。如 Derrida 說，「如果我們把"感知"與"時間對象"在其中顯現的被給予的差異聯系在一起，感知的對立面就是原初回憶和原初期待，回憶與期待在此進入舞臺，以至"感知"與"非感知"不斷地互相滲

18　J. Derrida, trans. By 13. Johnson. Speech and Phenomera. Northuestern University Press. 1973. P7.（引自周榮勝，〈德里達的印跡論〉，《南京師大學報》，4（1999.07）：95-100。）

19　J. Derrida, trans. By 13. Johnson. Speech and Phenomera. Northuestern University Press. 1973. P61.（引自周榮勝，〈德里達的印跡論〉，《南京師大學報》，4（1999.07）：95-100。）

透」。[20]所以，舞臺上舞蹈身體符號的呈現，有著雙重或多重的所指意義，舞蹈身體符號呈現出同一性、在場性的同時，亦存在著非同一性與非在場性的作用，舞蹈身體的動作、姿勢與眾多的「他者」（舞者與舞者、動作與動作、燈光、佈景、道具）形成多重蹤跡的呈現，多重的補充或增補引出了隱匿於舞蹈身體符號背後的意義，此意義也代表著創作者藝術之思。這是「不在場」增補了「在場」，「非同一性」增補了「同一性」，亦是「在場」增補了「不在場」，總之是二者相互增補的現象。這種增補或補充現像是不斷擴散、不斷循環的，是無限地被重複著的，因此，蹤跡總被蹤跡消抹或更新著。「有在場的形式觀念表明自身是無限可重複的，它的回返，作為同一者的回返無限，必然地標志在現在本身之中」。[21]現在的「在場」是蹤跡不斷被更新、被消抹的過程，我們應從這個視角來思索現在的「在場」，而不是形而上學的由某種核心概念出發，因此，現在的「在場」可以由種種多元差異的「不在場」視角切入，現在的「在場」因而是「活」的，是活躍的、變異的「在場」。這種性質的「在場」，與其說它是「現在」，不如說它是不斷被消抹、更新的「蹤跡」。Derrida 說：

> 蹤跡是自性的抹消，是其自身在場的抹消，它以死

---

20 J. Derrida, trans. by 13. Johnson. Speech and Phenomera. Northuestern University Press. 1973. P65.（引自周榮勝，〈德里達的印跡論〉，《南京師大學報》，4（1999.07）：95-100。）

21 J. Derrida, trans. by 13. Johnson. Speech and Phenomera. Northuestern University Press. 1973. P67.（引自周榮勝，〈德里達的印跡論〉，《南京師大學報》，4（1999.07）：95-100。）

於、苦於自身的消失、自身的消失的方式而構成。不可抹消的蹤跡不是蹤跡、它還是充實的在場、是不可破壞的非運動的實體，上帝之子，一個在場的符號，而不是一粒種子、一個可以死去的胚芽。抹消就是死亡本身。[22]

　　舞蹈身體符號在舞臺空間呈現的那一刻，是「在場」的，亦是「不在場」的。它是「在場的非完全性」，人們看到的、聽到的總是一部分而已，更大的時空都是「不在場」的。舞蹈身體符號引發了一連串廣闊無邊際的「不在場」的補充（藝術想像），這些「不在場」對舞臺空間中的舞蹈身體符號進行了多元且差異化的補充或塡補，這種補充使舞蹈身體符號蘊涵了豐富多元且差異的意涵。「那麼這種補充引發的替代將是一個無止境的 "延異" 的過程」，[23]在一場精心的舞蹈演出後，其「不在場」的關於舞蹈作品的藝術想像是延續生發且差異化的，不論在欣賞者或表演者自身皆是如此，這種延續化與差異化的生發可能持續一段時間後，影響至下一場演出，尤其在表演者自身的意象衍化，這是一連串不斷補充的過程，是「不在場」對「在場」的增補。「補充之物是無足輕重的，因爲它是對一個外在於它的完滿 "在場" 的補充」，[24]「Derrida 的 "補充" 概念表明存在（在場）是對不

22　J. Derrida, trans. by A. Bass. Writing and Difference. Rout ledge & Kegan Paul.1978. P.230.（引自周榮勝，〈德里達的印跡論〉，《南京師大學報》，4（1999.07）：95-100。）

23　陳曉明，〈論德里達的補充概念〉，《當代作家評論》，1（2005）：12-23。

24　德里達（Derrida）著，《論文字學》（汪堂家譯）（上海：上海譯文出版社，1999），209。

在補充的結果，但是，補充也並不意味著"在場"與"不在場"是毫無差別的」。[25]在 Derrida 看來，補充是一個連續生發且差異化的過程，它不斷地循環不止，「它不可避免地增加補充仲介，正是這些補充仲介產生對它們所延遲事物的意識，即對事物本身，對眼前存在或本源性感覺的印象。直接性是派生出來的，一切都由仲介項開始（Derrida，論文字學，1977）」。[26]Derrida 的補充概念，在《Of Grammatology》一書中這樣闡述著：

> 補充的概念 —— 它在此規定著指代性的形象。本身包含著兩種意義，它們的並存既讓人不可思議又必不可少。補充增加自己，是一種外加物，是豐富另一個完滿的完滿，是在場的最完滿的程度。它累加和積聚在場。正是這樣，藝術、技能、形象、表現、傳統等則作為自然的各種補充出現，並且富有這種全方位的累加功能。它增加只是為了取代。它將自己插進或嵌入某物的位置。如果它填補，等於是在填補一個無物的空白之處。如果它是指代和構造一個形象，它是借助前面的在場的欠缺虧損。補充並代替，它是一種補充物，是替代式的補充物。作為替代品，它並不是簡單地對在場東西的追加，並不生產替換品，它的位置是被指派在結構中的空缺之處。在某處，某東西可以自我填充，自我完善，只要它能使自己借用它自己的符號和代號就可以辦得到。符號永遠是事物本身的補

25　陳曉明，〈論德里達的補充概念〉，《當代作家評論》，1（2005）：12-23。
26　陳曉明，〈論德里達的補充概念〉，《當代作家評論》，1（2005）：12-23。

充。[27]

舞臺上舞者的身體符號搭配著燈光、佈景、道具等，以及與其他舞者的互動和動作與動作之間的呼應，這些元素所構成的畫面，傳達著深遠的藝術之思的意象，同時間差異的、多元的播撒出去，其藝術之思的意涵則無限地差延下去，這是不斷補充或增補的現象。例如筆者[28]於 2006 年創作的作品《倚羅吟》，為在舞臺上表現漢代畫像磚的書面，利用舞者在背幕前的靜姿，及拉昇起三分之一高度後的黑色背幕，並於拉起黑色背幕後出現的白色空間打上淡黃色的燈光，舞者的身姿在燈光及黑色背幕的呼應下，形塑出類似畫像磚中浮雕的身影。上述例子即為舞者、燈光、舞臺互為補充而呈現的作品意義，每一元素單純「在場」的本源性因補充而被解構了，「補充邏輯表明 "在場" 乃一原始的差異和延遲，從而解除了 "在場" 的本源性，意義的 "在場" 無限地差延，不僅能指處於補充之鏈中，所指同樣處於補充之鏈中，因而一切意指活動借一定契機給定的意義必然是補充性的，暫時性的」。[29]因此，舞蹈身體符號所承載的藝術意涵是一種動態持續的過程，在這一過程中，藝術意涵不斷地被補充、被增補著。在這樣的前提下，舞蹈文化的傳承過程中，早已蘊藏著「新意」，民族舞蹈不論是現代舞、芭蕾舞或民族舞，創新是民族舞蹈本質上的內涵，也就是說，一種舞蹈文化的

27 Jacques Derrida, trans. by G. C. Spivak Baltimore.*of Gammatology*, 1976. p.144-145.
28 蕭君玲 2006 創作作品《倚羅吟》，2006 年 4/20 日於臺北城市舞臺公演。
29 周榮勝，〈何謂 "補充" ？ —— 德里達的解構邏輯初探〉，《首都師範大學學報》，4（2003）：62-67。

發展過程若不被「新意」所支撐，它將會在歷史洪流中逐漸消失，隱匿於「新意」所刻劃的蹤跡之下。因此，民族舞蹈怎能僅是重視傳統形式的保護而已，蘊涵「新意」的創作也相同重要。其民族舞蹈作品並不存在著某種形而上或本源之類的確定性，舞蹈創作作品總是被多元的欣賞者差異化地詮釋著，這種詮釋即是多元差異且持續的補充的現象，也就是「新意」不斷地對「傳統」的補充。

　　民族舞蹈作品相較於靜態式的藝術作品，在展演的時空中具有更含混不明的符號表現，往往一整個作品歷時八十至九十分鐘，其表現的可能就只是某種歷史典故的一剎那間或一二秒中的意境，例如臺北民族舞團在 2006 年 9 月的年度公演《拈花》即是一例，將佛陀拈花，迦葉微笑的剎那典故轉化為〈觀想〉、〈行禪〉、〈幻境〉[30]與〈拈提〉四大段落，這是藝術作品對時間意義的一種解構，客觀時間在民族舞蹈作品中的意義是不定性的，時間和空間在舞蹈創作作品中可以變形為緩慢的、快速的、跳躍的、不規律的，這就是民族舞蹈作品在展演當下的不確定性或含混性。「解構有它嚴肅的一面，它促使我們重新檢視我們的闡釋方法的基礎，⋯⋯從根本上說，我們應該把解構主義看作是一種徹底的哲學懷疑論，⋯⋯它最積極的意義在於告訴我們，那些我們信賴的價值判斷其實是非常值得懷疑的」，[31]「在解構主義看來，藝術作品中並不存在確定性的東西，說藝術作品中具有確定性

30　《幻境》，為蕭君玲 2006 創作作品，2006/09/30-10/01 臺北城市舞臺演出。
31　斯圖亞特・西姆（Stuart Sim）《德里達與歷史的終結（Derrida and the End of History）（王昆譯）（北京大學出版社，2005），64。

的、同一性的、本質上不變的意義或真理，只不過是一種形而上學的假設」。[32]這種形而上學的假設往往使得民族舞蹈作品蒙上一層陰影，而無法如實地呈現自身，如實地、自由的播撒自身的意涵。或說民族舞蹈作品的本質意涵是自由播撒的，若我們以一種固定的框架來評論或欣賞，則會失去感受民族舞蹈作品的自由性本質，如此所感受到的藝術生命往往僅能侷限於框架中的時空，無法超越框架讓自我的心靈情感隨藝術作品的自由性而奔馳。這對於欣賞者或創作者或舞者而言，都是一大遺憾。但是，往往民族舞蹈評論者極容易以一種既定的方法、原則或預設立場來評論民族舞蹈作品，而不論舞蹈作品其創作的意涵、方式、文化背景、新意與傳統的關係……等，這種既定的方法、原則或預設立場，久而久之就變成一種評論觀點的形上學假設，它是藝術作品的「障眼法」，若再透過媒體的渲染，那此障眼法的作用將被擴大，民族舞蹈作品的生命就逐漸「隱而不顯」。

　　民族舞蹈文化的發展必須要建立時代特色，也就是說，在傳統文化的根基上結合時代審美意識與做出一些不同的（difference）「新意」，使民族舞蹈文化不脫離傳統文化，也不脫離時代意識的需求。當今民族舞蹈的創作與審美思潮的結合，往往被一種傳統的框架所侷限，而難以突破，或有所創新卻又落入「非傳統」的框架中。「傳統」與「非傳統」這二個概念對民族舞蹈創作而言，它既是「在場」的亦是「不在場」的，若過度執著於一方，則使得藝術創作陷於泥沼而

---

32 李建盛、劉洪新，〈德里達的解構哲學及其對藝術真理的理解〉，《湖南科技大學學報》，7.1（2004）：8-11。

不能自拔。傳統與審美思潮二者並不是一方決定另一方的現象，也不是二擇一的情形，這二者無法明確作出切割，它們是一方補充著另一方，互為增補，互為滲透，彼此是一種緊密的互動關係，因為補充的作用，使二者之間有著必然的協調。Derrida 言，「補充在完全的 "不在場" 和完全的 "在場" 之間居有一種第三者的位置。而且，這個第三者是 "居先" 的，它先於 "在場" 與 "不在場" 的區分，更準確地說，補充產生著它們，我們應該從補充結構出發來把握 "在場" 與 "不在場"，而不是相反」。[33]對於民族舞蹈的創作我們不僅應思索傳統文化之根，亦應吸收當代的審美思潮，使其二者互為增補，更豐富民族舞蹈的藝術內涵，亦為民族舞蹈創作之狹隘道路，開創一個可能的新局。每個時代都必然也無法避免重新地詮釋以往的文化意義，這就是蹤跡一道道刻劃，又一道道被更新置換的現象。歷史是如此，文化亦如此，民族舞蹈同樣無可避免，我們永遠無法呈現或再現一種完全符合傳統的舞蹈，每一次舞蹈的呈現時刻，它已蘊涵著「新意」，它早已被補充，被更新了。因為，每一次舞蹈「在場」的呈現，都蘊涵著自身的缺乏而需要進行補充，它需要補充「不在場」的元素 —— 傳統文化，亦需要補充另一個「不在場」的元素－未來發展。

　　民族舞蹈作品並不是明確且單純的形式結構，如語言或文字一般的形式結構，因此，它自身是一種多樣式開放意義的藝術作品。一個民族舞蹈作品的意涵，其表現的不僅是作

33　周榮勝，〈何謂 "補充" ？ —— 德里達的解構邏輯初探〉，《首都師範大學學報》，4（2003）：62-67。

品的名稱或標題，或舞碼名稱，民族舞蹈既不是封閉自身的，也不是簡單地與其標題或名稱的聯結而已，而是在一連串的舞蹈身體符號中擴散著符號的功能，它是「延異」的符號功能。因此，民族舞蹈文本總是多元化、差異化的開放文本，任由欣賞者在創作者的藝術之思上自由自主地詮釋著，這個文本是需要創作者、舞者、舞臺設計者、燈光設計者及眾多欣賞者共同來書寫才能完成的，這與朱銘的成名作品《太極》或梵谷的《農鞋》都有著相同的補充現象。「藝術作品文本永遠不可能獲得某種確定的意義，存在的只是差異的無限性或無限的差異性」。[34]多元差異的補充大部分來自於藝術作品的外部因素，也就是許許多多不同形態的「他者」，這些不同的「他者」與藝術作品自身形成了當時獨特「語境」，影響著多元差異的補充是如何進行的。在 Derrida 看來，「任何文學作品和藝術作品都以一種互文性的方式出現在交叉的、開放的和差異性的語境中」，[35]Derrida 認為，「在藝術的理解中，我們是不能排除所有外在的因素的，如果把不屬於純粹形式的東西都排除掉，我們無法談論藝術中的意義和真理的問題。在藝術作品的理解中總是存在著遊戲的可能性、差異的可能性、不確定的可能性」。[36]因此，民族舞蹈中沒有真理的存在，這樣的理解也可使創作者跳脫出真理框

---

34 李建盛、劉洪新，〈德里達的解構哲學及其對藝術真理的理解〉，《湖南科技大學學報》，7.1（2004）：8-11。
35 李建盛、劉洪新，〈德里達的解構哲學及其對藝術真理的理解〉，《湖南科技大學學報》，7.1（2004）：8-11。
36 李建盛、劉洪新，〈德里達的解構哲學及其對藝術真理的理解〉，《湖南科技大學學報》，7.1（2004）：8-11。

架的陷阱，或跳脫出藝術形態框架的陷阱，也不必忙碌於解釋藝術作品的真理，唯一不變的就是依舊「舞蹈」著，舞蹈是一種沒有確定性，漂浮不定的能指和蹤跡，舞蹈著，也就意謂著不斷刻劃出未知的「蹤跡」來。

　　Derrida 說：「與現象讓我們相信的相反，事物本身總是自我逃避的。與胡塞爾向我們確認的相反，目光是不能夠持續的」。[37]「補充性就是分延（延異），就是同時使在場分裂、延遲，同時使之置於分裂和原初期限之下移異過程」。[38]舞蹈著，書寫就不斷生發著、刻劃著蹤跡，一道道的蹤跡大多由自身以外的「他者」進行補充與消抹，蹤跡標示著差異與延遲運動的現象，標示著許多事物的核心不在自身之內、不在所謂中心的中心，而在自身以外，在自身與眾多的「他者」之間，在彼此互為增補的關係之中。若由欣賞者的立場而言，民族舞蹈的核心是存在於作品於欣賞者之間的，若由舞者而言，則民族舞蹈的核心存在於自身的「身體、動作、意識」與其他舞者的「身體、動作、意識」之間，也就是說，民族舞蹈的核心是存在於與「他者」互文性的蹤跡之中，意義就蘊藏於互文性的蹤跡之中。Derrida 指出，「這是"原始蹤跡"。在時間經驗的最小單位之中，如果沒有持存、如果蹤跡在同一之中沒有保持作為"他者"的"他者"，差異就不可能運作，意義就不可能出現。這裡不是已構成的差異問題，

---

37 J. Derrida, trans. By 13. Johnson. Speech and Phenomera. Northuestern University Press. 1973. P104.（引自周榮勝，〈德里達的印跡論〉，《南京師大學報》，4（1999.07）：95-100。）
38 德里達（Derrida）著，《聲音與現象》（杜小真譯）（北京：商務印書館，2001），111。

而是在所有內容確定以前產生差異的純粹運動的問題」。39民族舞蹈作品是無法自身完滿自身的,它不斷地透過眾多的「他者」來補充或替補,以完滿自身,這是延遲與差異的本質現象。「替補是一個附屬物,一個次要的迫切要求起著替代的作用。作用替代,它不純粹是某個"在場"的實證性的補充,它並不造成任何信仰,它的位置在結構中被規定為一個空白標記。某處、某物不能自己填滿自己,不能自已完成自己,只有讓符號和第三者來填補」。40例如筆者412006 創作作品,《拈花》第三幕〈幻境〉,其表現的藝術意涵如下:

> 問:「什麼是禪」?
>
> 答:「能自由進出」、「無有定法」、「舞動的當下」
>
> 再答:「遊戲」、「專注」、「忘記」
>
> 「禪」究竟在何處?在動與靜之間?在虛與實之間?在記憶與遺忘之間?在作品與觀眾之間?在「舞」與「非舞」之間?在生與滅之間……?
>
> 「禪」與「舞」對我來說,是「幻境」,唯此「幻境」總是生發著真切的作用。是外境引動著心靈,也是心靈幻化著外境。慈悲與智慧是幻境;淨相與怒相是幻生;五毒業力是幻化;生起著、又滅了!在變動之間,禪意到了,化為舞動之身體!

---

39 J. Derrida, trans, by spivak. of Grammatology. The Johns Hopkins University Press, 1976. P.62.（引自周榮勝,〈德里達的印跡論〉,《南京師大學報》,4（1999.07）:95-100。）

40 德里達（Derrida）著,《論文字學》（汪堂家譯）（上海:上海譯文出版社,1999）,209。

41 蕭君玲 2006 創作作品《幻境》,2006 年 9/30 與 10/1 日於臺北城市舞臺公演。

「禪」既不立文字，亦不能言，那又何嘗能「舞」呢？
對我來說「舞」正是不立文字、不言說的「禪境」！
心靈情感的感悟，不言不語，只「舞」！舞動出對虛
幻之境的憾動；舞動出對悠悠自在的探尋。
此次拈花第三幕的編作，藉由刻意的形象塑造，以
「緊、勁、沉」的動作質地，企圖營造一股無明的氛
圍。是佛、是魔、是人，全是心中的顯現。貪瞋癡慢
疑五毒，纏結著「身心靈」，慈悲與智慧的融合，幻
化出金剛般的威攝能量，五毒、慈悲、智慧皆被化為
「空無」，一切僅留存著持續變異的「當下」。
實相非相，幻境亦幻非幻。觀舞之後，或許空無一思，
或許頗有感悟，或許百思不解，或許另有想像的時
空。期待以一種「空無」視角切入，懸置原有的預設
立場，無遮蔽地置入作品，進而感悟作品。由幻相中
的「空無」體悟「妙有」的真切作用。[42]

從上述這段文字可以看出，幻境本空，如何能舞？創作
者意圖透過廣大欣賞者的多元詮釋來豐富作品，此作品的詮
釋愈多元，差異愈大，愈能體現〈幻境〉之意涵，不期待以
一種傳統民族舞蹈的形式之美來表現，又不脫離傳統舞蹈的
動作元素，以「緊、勁、沉」的動作質感來營塑最後一刻修
行者脫解外衣、放掉面具時的清澈、明淨、空無之「美」。
許許多多的詮釋在演出後進行著、播撒著，各種不同的審美
詮釋，豐富著〈幻境〉之虛空，這代表著虛空是活躍的，多

---

42 臺北民族舞團，蕭君玲 2006 創作作品《幻境》（拈花節目冊，2006.09），
　　2006/09/30-10/01 臺北城市舞臺演出。

元與變異不斷在虛空中生成、刻劃、消抹、衝撞。因空無或空缺的存在，補充才能不斷生發，現象才能不斷變異，當舞蹈作品在表演結束後，舞蹈仍然持續地、轉化地、不斷地舞蹈著，隨著多元差異的詮釋蹤跡，蹤跡如藤蔓般的逐漸擴展出作品的藝術森林，成就了深邃、幽遠、豐富的藝術想像世界。

Derrida 認為「我們使用的語言有著所謂"延異"（différance，Derrida 模仿法語詞 différence 創造出來的新詞，後者既有差異也有延宕之意）的特點。後面這一詞的雙重含義在言語中無法區分，而只有在文字中才能區分出來，這一事實對於 Derrida 來說就表明了意義的內在不穩定性，用他的話說就是，意義總是同時既被差異化又被延宕」。[43] Derrida 在回答 Yean-Louis Houdebine(胡德比尼)時指出:「以不發音的 a 標明的 différance 一詞的主旨實際上扮演的，既不起一個概念的作用，也不簡單地起著一個詞的作用」，[44]我們可以將「延異」（différance）的特點分述如下：

（一）語言的根深蒂固的特點是其不穩定性和意義的不確定性。

（二）既然語言有不穩定和不確定的特性，沒有什麼分析方法（譬如哲學或批評）能夠宣稱自身在文本闡釋中是絕對權威。

（三）因此，闡釋是種自由放任的活動，更接近遊戲

---

43 斯圖亞特・西姆（Stuart Sim）《德里達與歷史的終結（Derrida and the End of History）》（王昆譯）（北京大學出版社，2005），65。

44 德希達（Jacques Derrida）著，《立場（Positions）》（楊恆達、劉北成譯）（臺北：桂冠出版，1998），44。

　　　　　而不是我們通常所理解的分析[45]。

　　由「延異」（différance）的立場來說,「沒有任何東西,無論是顯出（present）還是無差別的存有（in-different being）,是先於"延異"與空白的。也不存有任何作爲"延異"的驅動者、創造者與支配者的主體。主體性與客觀性一樣是"延異"的一個後果,一個銘寫在『延異』系統裡的後果」[46]。Derrida 於巴黎時間 2004 年 10 月 9 日凌晨 12 點 59 分逝世,泰勒（Mark Taylor）發表了對 Derrida 悼念的文章指出,「Derrida 揭示新意的手法就是解構,……解構最主要的洞察是說,把我們的經驗組織起來的每一種結構（這些結構性質可以是文學的、心理的、社會的、經濟的、政治的、宗教的）都是通過一些排除的行爲構造出來的並得以保持的,在創造某種東西的過程中,某些別的東西不可避免地被遺漏了。……Derrida 堅持說,那些被壓抑的東西不但沒有消失,反而返身動搖每一種結構」。[47]

　　舞蹈的文本（text 亦可譯作本章,在此譯作"文本"）在各種審美關係的滲透、增補之中完成,它是延異的審美關係。文本的原文爲 texte,英語爲 text,法文爲 tissu。Derrida「強調其動詞源的含義,即"編織"」[48]之意。「一旦我們明白

45　斯圖亞特・西姆（Stuart Sim）《德里達與歷史的終結（Derrida and the End of History）》（王昆譯）（北京大學出版社,2005）,63。
46　德希達（Jacques Derrida）著,《立場（Positions）》（楊恆達、劉北成譯）（臺北:桂冠出版,1998）,31。
47　斯圖亞特・西姆（Stuart Sim）《德里達與歷史的終結（Derrida and the End of History）》（王昆譯）（北京大學出版社,2005）,5。
48　周榮勝,〈論德里達的本章理論〉,《北京社會科學》,4（2000）:120-130。

了 text 的含義，我們就會獲得一種新穎的眼光去把握所有的意義世界，因爲一切意義世界都受制於文本的運動」。[49]「文本的編織性」表達了符號的差異、延遲、蹤跡、補充的運行關係，Derrida 在《活下去：邊界線》中對 texte 作了明確的界定：

> 那麼一個「文本」不再是一個業已完成的寫作集子，不是一本書裡或書邊空白之間存在的內容，它是一種差異化的網狀結構，是由各種蹤跡織成的織品，這織品不停地指出其身外的東西，指出其他差異化的蹤跡（或印跡）。[50]

文本（text）並不在文字本身，亦不在符號本身，由舞蹈的身體符號來講，一個舞蹈的藝術文本是在於使用符號、解讀符號的無數「他者」之間，文本存在於眾多且複雜的互動關係中，它是互文性的，也就是互爲增補性的。例如民族舞蹈講究形神融合之美，這不僅舞蹈表現者自身之舞蹈身形、舞姿等外在形體與內在之「情意、氣韻」的配合是一種互文性，這還包括了舞者與舞者之間，舞者與觀眾之間，舞者與所處的時空環境之間都是互文性的。因此，民族舞蹈的文本亦與其他符號一樣，它們都不是符號本身，而是符號與符號之間的差異及延緩的運動現象。民族舞蹈文本在空間上有著共時態的互文現象，它是差異性的；在時間上有著歷時態的互文現象，它是延緩性的。所以，一個在舞臺空間的歷時藝術作品的展演，它的互文現像是即顯即逝的「蹤跡」

49　周榮勝，〈論德里達的本章理論〉，《北京社會科學》，4（2000）：120-130。
50　周榮勝，〈論德里達的本章理論〉，《北京社會科學》，4（2000）：120-130。

（trace）。「text 是由蹤跡組成的，而不是由通常所說的文字或符號組成的。蹤跡解構了胡塞爾的 "活的現在/在場" 的概念」。[51]台灣雲門舞集的作品《行草》，是一個由中國書法汲取創作靈感的抒情性作品，舞者們透過太極導引身法舞動出水墨的靈動性，這個作品表現更可以說明蹤跡的即顯即逝，它是一個舞動的書法的藝術創作，以身寫形，以心寫意，舞者們在身與心的互文性中，表現極緻融合的形神合一之美。舞臺上舞動的書法是隨即死亡的「活的在場」，是不斷差異化與延遲化的蹤跡運動，而它的文本並不在它所表現的書法的符號本身，如雲門舞集的《行草貳》的文本性在於透過身體符號表現冥想與淡墨之間的關係，同時引出一種無可言說的寧靜之美。這些都是不可見的「在場」，也是一種互文關係的「在場」，Derrida 言，「我堅持認爲文字或 text 無法還原到書寫的或字面的，可感的或可見的 "在場"」，[52]「text 從不是由符號和能指構成的」。[53]「trace 的無處不在表明所謂的自身實際上是由無數 "他者" 交織而成的，text 實際上就是由互文構成的」，[54]因此，文本（text）本身就是互文性的，是差異與延遲性的，這顯現在民族舞蹈作品的表演中，更是貼近的現象。

---

51 周榮勝，〈論德里達的本章理論〉，《北京社會科學》，4（2000）：120-130。

52 J. Derrida, trans, by Alan Bass. Position. The University of Chicago Press, 1981. P.65.（引自周榮勝，〈論德里達的本章理論〉，《北京社會科學》，4（2000）：120-130。）

53 J. Derrida, trans, by Barbara Johnson. Disse mination. The University of Chicago Press, 1981. P.261.（引自周周榮勝，〈論德里達的本章理論〉，《北京社會科學》，4（2000）：120-130。）

54 周榮勝，〈論德里達的本章理論〉，《北京社會科學》，4（2000）：120-130。

　　「text 是一種非中心化的結構。無中心的結構就是結構因素不斷重複、代替、轉換、和置換的遊戲活動，因而是一種無限開放性的結構」。[55]以舞蹈作品為例，作品的中心並不是所謂的主角，也不是其他舞者或舞臺上各種不同之物，而是這些相關人與物在時間軸與空間軸中交互作用下，所編織出來的文本（text）。而由於時間有著延遲性，空間有著差異性，所以這個被編織的文本，也就不斷地變化、轉換著。所以，欣賞一個民族舞蹈作品，你可以由任何的角度切入，或許與創作者所欲表現的意圖不同，但仍是多元編織線的其中一條，沒有所謂的定位點。如筆者於 2006 年《拈花》之第三幕〈幻境〉作品，其主要舞蹈意涵是，「悠遊於奔騰的幻境中，心中很自然地流露出貪瞋癡慢疑，如蛇女般地纏結，這是一個公案般的圈套：縱欲是苦，禁欲亦是苦，凡世間一切所求皆苦，但是 "企圖超越追求的念頭" 又是什麼？是外境在誘惑我的內心嗎？還是我的內心誘導外境顯現？亦或我們大家一齊在編織夢境？還是內外境本無差別？誰來決定這齣舞劇？誰是觀眾？誰是舞者？誰是大舞臺？誰是編舞家？或許這問題根本就不是問題？到底誰是誰」？[56]這段舞蹈創作有人感到黑暗中的恐怖，有人感到強大威攝的能量，有人感到極具張力的美感，多元的感知是必然也自然的現象，因為這本是一個差異化的舞蹈文本。Derrida 指出，「圍繞中心搭建起來的結構這個觀念雖然表現為自身的連貫統一，並且

55　周榮勝，〈論德里達的本章理論〉，《北京社會科學》，4（2000）：120-130。

56　臺北民族舞團，蕭君玲 2006 創作作品《幻境》（拈花節目冊，2006.09），2006/09/30-10/01 臺北城市舞臺演出。

是哲學或科學知識的先決條件，它卻是一種自相矛盾的連貫統一。在缺乏中心和本源的情況下，一切都變成了話語，也就是說變成了一個系統，在此系統中，中心所指即本源的和先驗的所指絕對不存在於一個差異的系統之外。這種先驗所指的"不在場"無限地擴展了意指的領域和遊戲」。[57]因此，民族舞蹈的文本是難以被定義的，它是多元意義的文本，有著多元差異的書寫蹤跡。由於舞蹈不透過語言和文字元號來表現，所以民族舞蹈的文本是更廣闊、更差異化、更多元的，也是更自由的文本性或互文性。這種多元性或互文性並不源自於某種本源的、終極的概念，它持續差異化的運行著，有著不可還原的多元性。Derrida 這樣表明著：

> 一種目的論的總體化的辯證法在一既定的時刻（然而是遙遠的）允許一個 text 在整體上重新聚合成它的意義真理，將 text 構成為"表達"（expression）和"例釋"（illustration），並消除 text 鏈的開放性和生產性的置換。播撒則與此相反，雖然它產生了無限的語義效果，它卻不能被還原到一個簡單起源的"在場"上，也不能歸結為一個終極的"在場"。它標志著一種不可還原的和"生成性的"多元性。[58]

民族舞蹈作品的文本性不可能獨自存在，它總是要涉及到與「他者」之間的互動關係。民族舞蹈作品的文本性存在著每一種的可能性，而這可能性的意義即是差異的、延遲的。

---

57 周榮勝，〈論德里達的本章理論〉，《北京社會科學》，4（2000）：120-130。
58 J. Derrida, trans, by Alan Bass. Position. The University of Chicago Press, 1981. P.45.（引自周榮勝，〈論德里達的本章理論〉，《北京社會科學》，4（2000）：120-130。）

在 Derrida 的解構理論中透過「延異」闡釋了意義的不穩定性，認爲「交流永遠都會有鴻溝，在任一點上，意義都不會完整地呈現和"在場"。相反，應當把意義看作是一個持續變化的過程，當一個詞語被使用的時候，意義從來不會全部出現，它總是與自身有所差別，同時從任何意義的實現處延宕開來」。[59]因此，民族舞蹈的審美關係是浮動、變動、變異、延緩、延遲的，審美關係存在於互文性的互動關係中。此種互動關係是一種充滿著許多「空白」的遊戲，在舞者與舞者之間，舞者與燈光、佈景、道具、舞臺之間，舞者與觀眾之間，作品與詮釋之間遊戲著。「"延異"是差異的有系統遊戲，是差異的特徵的有系統遊戲，是使各因素相互聯繫的空白（spacing）的有系統遊戲。這種空白同時既是主動地又是被動地產生間歇。沒有間歇，豐富的術語就不能有所意指，不能有所作爲」。[60]

　　民族舞蹈的審美關係是相當複雜的動態過程，難以掌握，時爲審美者，時爲被審美者，時爲詮釋者，時爲被詮釋者。這樣民族舞蹈的展演也涉及了胡塞爾（Edmund Husserl，1859-1938）所提及的「表述」，他將表述分爲二種，「一是處在與別人交流狀態中的表述，一是處在自我獨自狀態中的表述」，[61]民族舞蹈的展演不僅是將某種意圖表現的訊息傳

---

59 斯圖亞特・西姆（Stuart Sim）《德里達與歷史的終結（Derrida and the End of History）》（王昆譯）（北京大學出版社，2005），67。

60 德希達（Jacques Derrida）著，《立場（Positions）》（楊恆達、劉北成譯）（臺北：桂冠出版，1998），29。

61 蕭錦龍，《德里達的解構理論思想性質論》（北京：中國社會科學出版社，2004），70。

達給眾多的「他者」，同時也在一次一次不同時空的展演時與表演自身進行交流，或許重新詮釋、或許修正詮釋，這種表述都是將某種特殊性的意義、感受、信念傳達出去或內在交流。對於此，Derrida 這樣解釋：「它將那首先在特定的內在中的感受轉化為特定的外在，它是一個"外在化的過程"，不過這種外在既不是自然，也不是世界，更不是相對於意識的真實的外在，它永遠"在"意識中」。[62]對於與他人的交流，民族舞蹈作品是將作品的文本意識傳送到他人的意識中進行另一種「不在場」的詮釋，對於自我內在的表述，舞者在舞臺上將自我身體的表述轉化為一種意義，並向內傳送給下一個時空的自我意識。就舞者自身而言，其審美意象就如上述不斷地「外化 ── 內化」的循環過程，而且這不僅發生在表演之中，實際上它發生在表演前至表演後的任何與此相關的意識顯現中。民族舞蹈作品的「表述」意涵是極為複雜的關係，它既是一種表述關係也是一種獨特的審美關係，美的感知就在表述的關係中生發著又轉化著。因此，民族舞蹈作品的意義就不僅是作品自身所要表述的意涵，作品總是留下了許許多多的空白，任由著無數的「他者」對此空白進行填補、補充，所以作品的意義是無限差異與延遲的現象，並逐漸地形成了文化的蹤跡。

　　「意義所指不是源自事物本身的屬性而是源自一種事物與其他事物間的差異關係，能指符號也不由概念所指決定

---

62 Jacques Derrida, trans, by David B. Allison. Speech and Phenomena. Northwest University Press, 1973. P.32.（引自蕭錦龍，《德里達的解構理論思想性質論》（北京：中國社會科學出版社，2004），72。）

的，而是源自一種符號與另一種符號的差異關係」。[63]民族舞蹈的文本，透過身體符號與燈光、服裝、佈景、道具等其他符號構成一種綜合性的、非語言文字的符號，傳達或表述著某種意義或藝術之思，而這其中正是在上述種符號之間所交互而成的差異關係，才使得意義或藝術之思得以被表述，事件因而發生，意義因此而被「他者」再詮釋，「意義的過程是一種遊戲的差異，這意味著無論是說話的秩序還是書寫的話語，符號的功能都只有在與另外的符號相互參照中才有可能實現」。[64]舞蹈的身體符號的意義，也在於與無數的「他者」之間所產生的差異中才得以呈顯，即便不在專業劇場中的舞蹈演出也是如此。所以，民族舞蹈的文本並不在作品之中，而在於作品與「他者」相互編織的關係之中，在此複雜的關係中，永遠創造著另一種可能性的「空白」，使得差異繼續的延遲下去，這就是「延異（differance）」的意涵。

Derrida 認為：「符號的意義不僅是在空間性的差異關係中顯出來的，同時也是在時間性的延衍關係中顯現出來的」，[65]「意識」從一開始就處在延異的狀態下被產生出來的，「意識」處在自我的內在與外在的差異關係中，處在主體與眾多「他者」之間的差異關係中，它一直處在延異之中。因此，民族舞蹈的審美關係一直都是處在延異之中的，它在一個動

---

63 蕭錦龍，《德里達的解構理論思想性質論》（北京：中國社會科學出版社，2004），77。

64 李建盛、劉洪新，〈德里達的解構哲學及其對藝術真理的理解〉，《湖南科技大學學報》，7.1（2004）：8-11。

65 蕭錦龍，《德里達的解構理論思想性質論》（北京：中國社會科學出版社，2004），78。

態的時空中顯現著，在許許多多不同視角的「他者」面前顯
現著，在它顯現的同時，不同視角的「他者」亦正在進行著
差異的感知與詮釋，審美關係在同一時間已差異化地進行，
更在時間的流轉中延緩，持續地差異化，「這是創造性活動
的本質。起源，就是超越，就是朝向某個不是自己的事物」。
[66]因此，對於民族舞蹈作品的詮釋本身即是超越作品的，差
異化、延遲化的詮釋並播撒擴散出去，舞蹈的身體符號以一
種極度含混不清的符號系統進行著意義的表述，在本質上而
言，其能指功能與所指意義的關係是極其多元複雜的。所以
對於民族舞蹈而言，其「藝術經驗和審美真理理解確實存在
著某種豐富性、模糊性、差異性和開放性」。[67]

　　民族舞蹈的文本在創作之初即是隱晦不明的現象，創作
者經常不斷地嘗試，直到某一時刻，一種直觀式的感悟生發
了，認為就是如此的，作品亦初步完成了。在創作者的腦海
中有一股欲表現傳達的信念或思維，透過舞蹈身體構成符號
來傳達，但並不是一開始一切構圖與細節都是清楚地在腦海
中呈現。在舞蹈編創的過程中，直觀式的感悟引領著創作者
的創作思維，直觀式的感悟來自於創作者內心深處那個隱晦
不明的意識，這意識得由眾多的「他者」在不同的時空輪流
地出場，增補這隱晦不明的意識所帶來的空白之處，創作的
過程猶如不斷地增補、更換、刻劃。直至創作者內心那個隱

---

66 尚傑，〈現象學的問題如何發生－德里達對胡塞爾發生現象學的解讀〉，
　《湘潭大學學報》，30.01（2006.01）：64-69。
67 李建盛、劉洪新，〈德里達的解構哲學及其對藝術真理的理解〉，《湖
　南科技大學學報》，7.1（2004）：8-11。

晦不明的意識轉化爲明確的「意象」時，增補的現象減緩，但不停止。舞蹈創作者此時努力地控制著一切變異的因素，努力地想要封存這一刻令他感悟、感動的成果，但這是困難的，也是不可能的。他只能減緩變異因素，將關於舞者狀況、舞臺設計、舞臺工作人員、燈光師、服裝、道具、佈景等一切變異因素控制在最小的變異範圍。這也就是爲什麼民族舞蹈是一門「不可重複性」的藝術，每一場演出都是唯一的一次，下一場與上一場絕不相同，審美關係也因此而複雜變化著，隨著每一場不同的舞蹈文本書寫而變化著。

　　「舞蹈的美，表現於它的"形"，而內在於它的"意"，以形傳情，以情達意，是"舞蹈美"區別於其他藝術形式的特殊規律。舞蹈是流動的藝術，這又有別於"寫意畫"，它的傳情達意過程稍縱即逝，它的外在形態對內在情感的把握和表現則體現爲一種"度"」。[68]舞者對於民族舞蹈的審美意象的把握，是一種「度」的表現，恰到好處才是藝術美的精緻表現，過與不及都是一種無法掌握其審美意象的情形，因此，舞者的心靈想像能力與身體舞蹈能力都是相同重要的，在這樣的情形下，民族舞蹈之美是被創造出來的，也就是說「美」在藝術創作的同時被創造了。這二種能力的交互作用，能使得民族舞蹈表現出形與神的融合、氣與韻的生動、虛與實的相生的藝術生命能量，這就是「形、氣、心」的民族舞蹈結構，在此結構中，「美」是自由被創造的，或說自由地生發而成的。民族舞蹈的「形、氣、心」的藝術結構，

---

68 于蔚泉，〈舞蹈意象與審美建構〉，《山東藝術學院學報》，1（2005）：73-77。

是根基於文化精神的，形，是文化的形；氣，是文化的氣；心，是文化的心，這是民族民族舞蹈結構的內在意涵。然而，民族舞蹈之文化精神的表現並不是一種模擬或再現，而是一種寫意性的表現藝術。對於文化精神它並不能完全模擬或再現，它只能是開創性地詮釋，透過藝術之思來表現文化精神。蘇珊・朗格（Suanne. K. Langer）指出：「一個舞蹈表現的是一種概念（conception），是標示感情、情緒和其他主觀經驗的產生和消失過程的概念，是再現我們內心生活的統一性、個別性和複雜性的概念」。[69]例如筆者[70]於 2006 年編創的《倚羅吟》，就是從漢畫像磚中的一連串藝術想像的表現，它不能完全等同於漢代舞蹈的「形、氣、心」結構與文化精神，其作品舞意如下：

　　　輕吟低迴　娓娓長憶
　　　跳脫出曾經一刻的綻放
　　　喜樂　哀愁　又化作
　　　石岩的等待　層層剝落……
　　　－畫像磚－[71]

　　重要的是它源自於漢代畫像磚的舞姿，源自於對這一文化遺產的想像，創作之意涵在於文化精神的開創性詮釋，這亦是文化精神在藝術場域中的生命能量的播撒。文化精神在藝術的場域獲得了能量的激發與播撒，這是一種舞蹈文化文

---

69 蘇珊・朗格（Susanne. K. Langer）著，《藝術問題（Problems of art）》（滕守堯、朱疆源譯）（北京：中國社會科學出版，1983），7。
70 蕭君玲 2006 創作作品《倚羅吟》，2006 年 4/20 日於臺北城市舞臺公演。
71 臺北體育學院舞蹈系 2006 年度公演，《百合起舞節目冊》。

本的書寫，它們之間有著一層關係－審美關係，文化透過藝術獲得了「美的經驗」或「審美現象」。蔣孔陽先生指出：「人間之所以有美，以及人們之所以能夠欣賞美，就因為人與現實之間存在著審美關係」，[72]文化精神是過往現實的積累，它形成了一種虛的感知，透過身體與舞臺現實時空的藝術表現，形成一種虛與實的審美關係，在此文化精神被開創性的詮釋，民族舞蹈成了文化精神與現實時空的仲介環節。

　　「美學與現實生活的仲介環節是藝術。離開了藝術，美學將會失去其與現實生活的聯係」，[73]「美學應當以藝術作為主要對象，通過藝術來研究人對現實的審美關係，通過藝術來研究人類的審美意識和美感經驗，通過意識來研究各種形態和各種範疇的美」。[74]蔣孔陽認為，「以藝術作為美學研究的主要對象，事實上是對人類審美意識的物化形態，進行歷史的和現實的研究」，[75]藝術之思是自由的，美的感覺也是自由被創造的，民族舞蹈表演中，舞者的感覺是創作者與舞者的自由互映而形成的「美的感受」，「必須人類的各種感覺器官變得自由了，然後才能創造出自由的美的形式」。[76]舞蹈編創之初，舞者由創作者那裡得到了訊息，舞者的感官知覺對這一訊息是開放自由的接受、想像、創造意象。

　　民族舞蹈是一個虛幻的實體，虛幻，意指它是日常生活的一種超現實意識的反映；實體，意指它是透過現實存在的

72 蔣孔陽，《蔣孔陽全集-卷三》（合肥：安徽教育出版社，1999），5。
73 蔣孔陽，《蔣孔陽全集-卷三》（合肥：安徽教育出版社，1999），37。
74 蔣孔陽，《蔣孔陽全集-卷三》（合肥：安徽教育出版社，1999），40
75 蔣孔陽，《蔣孔陽全集-卷三》（合肥：安徽教育出版社，1999），41
76 蔣孔陽，《蔣孔陽全集-卷三》（合肥：安徽教育出版社，1999），213。

身體來表現的，它是現實的實體。蘇珊・朗格（Suanne. K. Langer）指出：「舞蹈演員所做的一切都是為了創造出一個能夠使我們真實地看到的東西，而我們實際上看到的卻是一種虛的實體。雖然它包含著一切物理實在 —— 地點、重力、人體、肌肉力、肌肉控制以及若干補助設施（如燈光、聲響、道具等），但是在舞蹈中，這一切全都消失了，……我們從一個完美的舞蹈中看到、聽到或感覺到的應該是一些虛的實體，是使舞蹈活躍起來的力」，[77]「舞蹈的姿勢是生命的運動。舞蹈是一種完整的、獨立的藝術，就是創造和組織一個由各種虛幻的力量構成的王國」。[78]虛幻的力量是民族舞蹈生命的靈魂，舞臺上「在場」呈現的「實」，僅是整個作品藝術之思的「部分」，這「部分」的呈顯，引出了更廣闊的「空白」。對民族舞蹈而言，「不在場」之「虛」是審美意象衍生的時空，是創造性詮釋衍生的時空，是民族舞蹈之思蘊藏的時空。虛與實是相互增補的關係，在不斷增補的歷程中，舞蹈作品所蘊涵的意義，不斷地差延下去，留下不斷被蹤跡書寫的蹤跡，舞蹈文本也就在原本的意義下差延的擴散出去，傳統與創新是一脈的多元差異的本質性，無法將之切割而獨立存在。對於民族舞蹈而言，傳統與創新的誤解式判斷，在意義無限差延的視角下，問題已不是問題。因此，對於藝術作品的詮釋不存在所謂誤解的問題，任何的多元且差

77　于平，《中外舞蹈思想概論》（北京：人民音樂出版社，2002），486。

78　蘇珊・朗格（Suanne. K. Langer）著，《情感與形式（Feeling and form）》（劉大基、傅志強、周發祥譯）（北京：中國社會科學出版社，1986），213。

異的理解、詮釋都創作者藝術之思的播撒，是創作者藝術之思在「時間延緩性」與「空間差異性」中一種扭曲變形的蹤跡，舞蹈身體符號書寫出的不只是符號，是一種「意象」，也是一種「蹤跡」。

第四篇　民族舞蹈創作 —— 傳統與創新的撕裂空間

　　舞蹈是人類相當早期就存在的一種文化體系，早期舞蹈與宗教密不可分，舞蹈總是出現在宗教祭祀活動中，以巫舞的方式呈現。即使至今，舞蹈仍與宗教密切相關，例如臺灣傳統的廟會活動，其中就有很多種類的舞蹈。「中國舞蹈的歷史頗爲悠久。原始人類在生產活動中發現了舞蹈的樂趣和作用，走過了從娛神到娛人的曲折道路，爲後世音樂、舞蹈、體育和其他娛樂性活動奠定了深厚的基礎」。[1]「舞蹈是人類最自然的、最原初的身體藝術，這一身體藝術是"身心"不可分割的主體性，這一不可分割的主體性本文稱之爲"身體漾態"。"身體漾態"就是主體所展現的生命情境，不論是面對"在場"或"不在場"的事物，"身體漾態"總是"身心"一起產生作用力而給出呈現的，"身體漾態"的呈現也就是"主體性"的呈現，"身心"是一個總合概念，而非二個先獨立存在再合而爲一的概念，舞蹈中的任何動作姿勢都是"身心"總合概念的"身體漾態"。舞蹈是人們感性與理

1　卞晨，〈中國早期舞蹈談略〉，《揚州教育學院學報》，20.2（2002.6）：39-41。

性的 "身體漾態" 的特殊表現，並非只是一般概念下之身體動作姿勢的一連串聯結的表現。由於 "身心" 是一個總合概念，每一個 "身體漾態" 的呈現都是非單獨的身體動作而已，"在場顯現" 的 "身體漾態" 實質上是與 "不在場顯現" 的 "身體漾態" 同時發生，其 "意向" 是同時存在的」。[2]

　　舞蹈在遠古人類的生活中，不僅是一種自娛活動，或是人類本性自然流露的表現，同時也是原始人類用來溝通的媒介，是人與人溝通及人與天的溝通媒介，更是一種抒發情感，滿足精神的活動，「當原始人類在從事各種勞動的長期過程中發現了人體動態所賦予的語匯意義和人體動作時的節奏律動」，[3]有節奏律動的人體動作成為人們抒發情感的活動方式。「由於它對人們的情緒具有強烈的感染作用，往往對人類活動起著有利的影響」，[4]舞蹈是人類面對大自然與群居社會的生存挑戰，基於人性本質而自然發生的活動，在原始時代它與宗教崇拜有著密切的關係，「舞蹈被認為是具有某種神秘的力量，人們相信通過舞蹈可以獲得更大的豐收，可以使人口增長，世族興旺，可以戰勝敵人，驅趕疾病」，[5]舞蹈是人類最早形成的一種語言系統，也是最早的一種藝術活動，「隨著氏族社會的建立，舞蹈逐漸又受到宗教、祭祀、

2　鄭仕一，〈臺灣傳統舞蹈之身體漾態的現象學分析〉，《大專體育》，80（2005）：94-100。
3　劉少輝，〈論原始舞蹈在我國民俗舞蹈藝術中的歷史遺存〉，《寧波大學學報》，27.3（2005.06）：119-129。
4　王衛東，〈中國漢族舞蹈發展脈絡概述〉，《玉溪師範學院學報》，17.5（2001）：74-77。
5　王衛東，〈中國漢族舞蹈發展脈絡概述〉，《玉溪師範學院學報》，17.5（2001）：74-77。

戰爭和婚俗及喪葬等人類活動的影響，因而有了原始狩獵舞蹈（包括農耕和畜牧舞蹈），宗教舞蹈（原始巫舞）、圖騰舞蹈、原始戰爭舞蹈等」。[6]例如「《秧歌》是漢族具有代表性的表現人們生產、生活的一種民間舞蹈形式，它起源於農業勞動，人們在田間插秧耕耘、敲鑼打鼓用來助興，是農民慶祝春耕或秋收和歡樂喜慶的場合自娛自樂跳的舞」。[7]舞蹈在原始社會中是一種相當重要的活動，「在遠古的社會生活中，幾乎沒有比舞蹈更重要的事情了－婚喪嫁娶，生育獻祭，播種豐收，驅病除邪，一切都離不開舞蹈。舞蹈成為遠古先民的質樸的生活方式和感知世界的手段」。[8]在原始生活中，舞蹈是與人們生存息息相關的。原始舞蹈是人類對天地神靈及祖先、圖騰的各種宗教崇拜中的一種活動，「在這些活動中，舞蹈作為祭祀禮儀的組成部分被採用了」。[9]舞蹈在宗教活動中有著振奮人心、宣洩情感的社會功能，「這種功能使人產生了神秘感，這大概就是古人在宗教祭巫術活動中要用舞蹈『通神、娛神』的重要原因」。[10]

　　「人類最初創造舞蹈，並非供他人欣賞娛樂，而是為了宣洩自身的感情，並與他人交流思想情感而形成的肢體語言」，[11]原始時代人們的生活與舞蹈的關係大致上可區分為：

6　劉少輝，〈論原始舞蹈在我國民俗舞蹈藝術中的歷史遺存〉，《寧波大學學報》，27.3（2005.06）：119-129。

7　謝　琳，〈民族民間舞的文化底蘊〉，《衡陽師範學院學報》，25.2（2004.4）：142-144。

8　引自 http://www.isdance.com/wdzy/lunwen/lunwen.htm。

9　王克芬，《中國舞蹈發展史》（上海：上海人民出版社，2004），21。

10　王克芬，《中國舞蹈發展史》（上海：上海人民出版社，2004），22。

11　王克芬，〈中國宮廷舞蹈發展的歷史軌跡及其深遠影響〉，《北京舞蹈學院學報》，（2004.03），15-24。

生產勞動與原始舞蹈、生殖崇拜與求偶舞蹈、戰爭生活與古武舞蹈、宗教信仰與祭祀舞蹈。歌舞可以說是遠古人類的一種重大的創造，《山海經》記載著：「帝俊有子八人，始為歌舞」；《廣博異記》：「舜有子八人，始歌舞」。[12]原始舞蹈是當時人們的一種群體或族群的重要活動，透過此活動人們可以進行溝通，凝聚族群向心力，穩定族群安定心、繁衍種族等，這種重大活動就逐漸形成了原始舞蹈、求偶舞蹈、古武舞蹈與祭祀舞蹈。《尚書·益稷》記載：「擊石拊石，百獸率舞，鳥獸蹌蹌，鳳凰來儀」，[13]這是原始人們集體舞蹈的一種描述。

　　「人們為了自身生理和心理的需要而舞蹈。原始舞蹈的特質之一 —— 自娛性；所有氏族成員，在同一節奏中踏舞歡歌，形成一股強大的吸引力、凝聚力，是人們緊密團結，生死與共，共求生存、求發展精神的體現。原始舞蹈的另一特質－群體性」。[14]許許多多的遠古遺跡保留給後代推測遠古時期的舞蹈，例如古老的岩石壁畫保留了舞蹈的許多形象，後人透過這些形象，進入古老文化的想像時空中，重新摸擬出一些古老的舞蹈；而許多的古老的傳說則將古代舞蹈的精神意涵給保存並增強了。原始舞蹈體現出更本質的意義，「原始舞蹈的最初表現只能是人體，其內容與形式都直接或間接地與勞動相關聯」，[15]當然這些舞蹈在現今都不可能原風原貌地呈現，在台灣許多的舞蹈團體為探索身體與心靈更本質

---

12 王克芬，《中國舞蹈發展史》（上海：上海人民出版社，2004），2。
13 王克芬，《中國舞蹈發展史》（上海：上海人民出版社，2004），4。
14 王克芬，《中國舞蹈發展史》（上海：上海人民出版社，2004），23。
15 王衛東，〈中國漢族舞蹈發展脈絡概述〉，《玉溪師範學院學報》，17.5（2001）：74-77。

的內涵，經常設計一些接觸大自然的生活式訓練，透過較原始的生活型態，發覺人性最深處的本質特性，藉此，創作出更真善美的身體動作與姿態。這樣的團體以台灣的優劇場較著名，這個團體有計畫地且長期地對團員進行類似宗教修行的訓練，例如長期的打坐冥想、行腳、到西藏地區修行等。由此可見，人們在經過了長時間的歷史發展，舞蹈不斷地昇華改變，但最原始的本質內涵，卻一直積澱在人性深處而未被遺忘，它與宗教總是保持著一絲神秘的聯結。當今台灣舞蹈創作的風格，總有不少藝術創作者由宗教領域尋求此種最本質的、最真實的身體符號，因為這總是最能感動人心的舞蹈。

　　舞蹈是什麼？舞蹈是一門以身體動作為表現且綜合時空的動態藝術，舞蹈是表現虛幻的思想情感的藝術，在哲學家、美學家的眼中，舞蹈是一種生命藝術，如英國哲學家藹裡斯曾說：「如果我們漠視舞蹈藝術，我們不僅對肉體生命的最高表現未能理解，而且對精神生命的最高象徵也一樣無知」。[16]中國舞蹈歷史源遠流長，融合著各民族間的審美意識與審美情感，舞蹈表現著歷史發展過程中，各民族間的矛盾衝突與融合的現象，象徵著中國舞蹈藝術豐富的形式與內容，亦象徵著深化的哲學、美學、藝術的思維與情感，「經過幾千年的演變發展，中國舞蹈"體如遊龍、轉似回波、行雲流水、彩雲追月"似的形式特徵得到繼承與發揚，呈現出"形神兼備、綽約閒靡"，極具韻味的意境」。[17]它是以感性為實質

16　引自 http://www.isdance.com/wdzy/lunwen/lunwen.htm。
17　陳春，〈論中國舞蹈的意境及審美特徵〉，《藝術・設計》，（2005.09）：191-192。

內涵，以理性爲表現形式，感性與理性兼具的動態藝術，它包括了「藝術創作性」與「直觀表現性」，前者是舞蹈創作者的藝術之思，在舞蹈表現之前創造設計了舞蹈的形式與內涵，後者是舞者的即時表現，雖然舞者已經過多次的事前練習，唯當場的演出仍依賴著舞者的「直觀表現」，因此，舞蹈是無法完整重現的藝術形式，不同於雕刻、繪畫作品靜態形式的長久留存，舞蹈演出當下即消逝。中國舞蹈積澱著歷史情感，在發展過程中相當重視內在心靈的情感表現，關於中國舞蹈的記載，如《樂記・樂象篇》曰：

> 德者，性之端也；樂者，德之華也。金石絲竹，樂之器也。詩，言其志也，歌，詠其聲也，舞，動其容也；三者本於心，然後樂氣從之。[18]

另外，《詩經・大序》曰：

> 情動於中而行於言，言之不足故嗟嘆之；嗟嘆之不足故詠歌之，詠歌之不足，不知手之舞之，足之蹈之也。[19]

朱襄氏[20]制瑟與陶唐氏爲舞：

> 昔陶唐氏之始，[21]陰多滯伏而湛積，水道壅塞，不行其原，民氣鬱閼而滯著，筋骨瑟縮不達，故作爲舞以宣導之。[22]

上述這段話說明瞭，「音樂舞蹈的產生來源於人體健康

---

18 于民、孫通海，《中國古典美學舉要》（安徽：安徽教育出版社，2002），172。
19 于民、孫通海，《中國古典美學舉要》（安徽：安徽教育出版社，2002），。
20 朱襄氏：上古帝王。一說炎帝別號，一說炎帝前的人物。
21 陶唐氏：堯帝號。
22 于民、孫通海，《中國古典美學舉要》（安徽：安徽教育出版社，2002），4。

和生產實踐的需要，爲的是疏導人體或自然界陰陽兩氣的失調現象」，[23]所以，古老的審美觀念就已見著其與大自然相聯結的關係，大自然的現象會影響著人們的身體氣行狀況，逐漸地形成人與物融合的審美觀。「民族民間舞是一個民族長期以來勤勞與智慧的結晶，是一個情感、觀念、信仰、文化交織的精神集合體，有著深厚的文化底蘊」。[24]中國舞蹈就在這深厚的文化土壤中不斷地孕育、發展，每一種舞蹈的生發無不由文化層次衍生而來，是一種蘊涵豐富情感的藝術形態。中國舞蹈詞典中對於舞蹈的表述如下：

> 舞蹈是藝術的一種。是以經過提煉、組織、美化了的人體動作為主要藝術表現手段，著重表現語言文字或其他藝術表現手段所難以表現的人們的內在深層的精神世界 —— 細膩的情感、深刻的思想、鮮明的性格，和人與自然、人與社會、人與人之間以及人身內部的矛盾衝突，創造出可被人具體感知的生動的舞蹈形象，以表達作者（編導和演員）的審美情感、審美思想，反映生活的審美屬性。[25]

「美是人類一切藝術活動的基本屬性」，[26]中國傳統文化的審美內涵乃以「意象」爲旨歸，它是中國古典美學的重

---

23 于民、孫通海，《中國古典美學舉要》（安徽：安徽教育出版社，2002），4。
24 謝琳，〈民族民間舞的文化底蘊〉，《衡陽師範學院學報》，25.2（2004.4）：142-144。
25 中國藝術研究院舞蹈研究所，《中國舞蹈詞典》（北京：文化藝術出版社，1994）。
26 于蔚泉，〈舞蹈意象與審美建構〉，《山東藝術學院學報》，1（2005）：73-77。

要範疇。即使是在當今的審美思維中，中國藝術仍然相當重視「意象」這個範疇。本文為解析中國舞蹈的審美意象，首先得透過歷史縱軸的檢視，瞭解中國歷史發展過程中，各個時代的舞蹈及其審美意識，例如楚王好細腰，引領了當時楚國的審美意識與情感，這種審美意識與漢代又有所不同。喜怒哀愁、樂靜自在，是人類的情感表現，不論在那一個朝代總是不斷地上演著，亦為人們面對大自然、社會群體的態度反應。舞蹈可以說是人們表現這些情感的一種符號訊息，舞蹈作為情感符號的載體，它具有增強與減弱的雙向功能，增強人們喜樂歡欣之情感，減弱人們哀愁擔憂之情緒。故在中國每一個朝代，舞蹈都代表著人們情感的表現，它是一種動態的人體文化，不斷演進成人體藝術。舞蹈也象徵著每一朝代的興盛衰微，蘊涵著每一時代的審美意象。而中國舞蹈特別重視「美」的表現，「中國的舞蹈在很早以前其形式美就發展到了一定的高度，並形成了自己的風格特徵，例如以目傳情、以輕見長、以妙取勝」。[27]這些是中國舞蹈身體符號的形式特徵，當然舞蹈文化的意象蘊涵著歷史長久以來哲學、文學的深化影響，所以當我們在探討中國舞蹈的歷史發展及文化內涵時，不可避免地在族群意識或族群意象的內涵與特點上，要貫入宗教、哲學、文學的思維來加以審視，以免忽略舞蹈文化與藝術的思想寶藏。

　　對於舞蹈的文化意象的研究，是進入舞蹈文化的歷史積澱的進入口，在意象的場域中，儲存著歷史進程所遺留下的

---

27 袁禾，《中國舞蹈意象論》（北京：文化藝術出版社，1994），109-112。

痕跡，舞蹈意象的創新是在這隱匿的痕跡上進行的。「舞蹈的價值在於創造舞蹈意象。舞蹈意象是情感的意象」。[28]舞蹈意象的創構是為了使舞蹈藝術作品傳達一種意境美學，「中國舞蹈作品的意境，就是舞蹈作品所描繪的生活圖景和表現的思想感情融合一致而形成一種藝術境界，中國舞蹈作品追求的是一種幽深雅致、含蓄雋永，如詩如畫的意境」。[29]而中國舞蹈又受到中國哲學思想的影響，在創作舞蹈意象時，重視虛實相生、氣韻生動、形神合一的特點，這些特點也形成了中國舞蹈創構意境的重要內涵，其內涵亦蘊藏著豐富的審美情感，正如《阮籍集・樂論》所雲：「歌以敘志，舞以宣情」。[30]舞蹈表現了言語無法道盡的情感內涵，它有著極大的曖昧性，所以有著極大的想像空間與創作空間，想像是來自於歷史文化所遺傳下來的意象，其所蘊涵的情感是蘊藏著歷史文化意象的體驗。「舞蹈從其創作到接受，一直是伴隨著情感體驗的」，[31]「舞蹈作為所有藝術門類中最古老的藝術，本身就包孕著最久遠、最神秘的內在意蘊，那直接由人體的伸縮、旋動、扭擰、騰躍所造成的情感表現，直截了當和強烈衝擊力」，[32]形成與其他藝術完全不同的特點與藝術生命，這最古老的藝術源於宗教，至今仍與之密切聯結，它以身體訴說著一切宗教文化所涉及的議題，它與宗教文化

---

28 袁禾，《中國舞蹈意象論》（北京：文化藝術出版社，1994），101。
29 陳春，〈論中國舞蹈的意境及審美特徵〉，《藝術・設計》，（2005.09）：191-192。
30 袁禾，《中國舞蹈意象論》（北京：文化藝術出版社，1994），98。
31 袁禾，《中國舞蹈意象論》（北京：文化藝術出版社，1994），99。
32 袁禾，《中國舞蹈意象論》（北京：文化藝術出版社，1994），1。

一樣有著超人間與超自然的虛幻想像世界。「舞是中國一切
藝術境界的典型；是宇宙創化過程的象徵」，[33]中國舞蹈由
於中國天人的哲思，更在歷史發展的過程與宗教文化緊密的聯
結，二者的互動關係，爲彼此的發展提昇了豐富的文化色彩。

　　民族舞蹈以身體舞姿作爲表達的符號，每一動作、姿勢
都有其內在的情意內涵，民族舞蹈身體符號是一種曖昧的、
含混的表達，民族舞蹈是一種藝術表現，民族舞蹈創作是一
種蘊涵文化意義的藝術表現，「一件藝術品就是一件表現性
的形式，這種創造出來的形式是供我們的感官去知覺或供我
們想像的，而它表現的東西就是人類的情感」。[34]民族舞蹈
身體符號不如語言、文字有明確的能指（signifier）與所指
（signified）的功能與概念（對象）。雖然如此。民族舞蹈
的身體符號仍然具備著能指的符號形象與所指的概念意義，
其民族舞蹈身體符號也相同具有索緒爾符號學的獨斷性原
則。所謂符號的獨斷性，「按照索緒爾（Saussure）的理解，
是指能指即音響形象與所指即概念之間的關係缺乏根據或不
可認證。一個概念爲什麼用這樣的而不是那樣的音響形象，
或一個音響指示這樣的而不是那樣的概念，這是沒有道理可
講的」，[35]索緒爾提出，「所指和能指的聯系是任意的，或
者因爲我們所說的符號是指能指和所指相連結所產生的整

---

33 宗白華，《美學散步》（上海：上海人民出版社，1981）。

34 蘇珊・朗格（Susanne. K. Langer）著，《藝術問題（Problems of art）》
　　（滕守堯、朱疆源譯）（北京：中國社會科學出版，1983），13-14。

35 劉　鑫，〈文字與語言－論德里達對索緒爾的解構〉，《清華大學學報》，
　　9.4（1994）：64-71。

體，我們可以更簡單地說，語言符號是任意的」。[36]民族舞蹈身體符號沒有語言、文字等符號系統的規定性或邏輯性，每一民族舞蹈動作的能指範圍是廣泛開放的，所指的概念意義也是多元自由的。況且民族舞蹈的本質是非語意性的，僅管有些現代舞也會在作品中呈現出以語音、文字的表現，但本質上是以身體作爲符號的一種表現。

　　德里達（Derrida）認爲，「索緒爾的獨斷性是基於這樣的事實：思想離不開語言，所指離不開能指。觀念離開了詞的表達，只是一團沒有定型的、模糊不清的渾然之物，預先確定的觀念是沒有的。在語言出現之前，一切都是模糊不清的」。[37]民族舞蹈身體符號在本質上就具備了曖昧不清的內涵，民族舞蹈的情感思想不透過語音中心的語言來表達，而是以一種創造性的身體文字來表現。就民族舞蹈而言，所指與能指的關係是複雜多變的，能指與所指並不存在一個必然確定的關係，同一種民族舞蹈身體符號在不同的作品中所指涉的情感內涵都是不同的。這種身體文字的書寫超越了語言文字的邏輯序列，以一種創造性的變動出場。德里達「把文字視爲一種產生差別性的活動力量；一切產生差別性的活動及其銘文形式都可以稱爲文字」，[38]民族舞蹈身體符號就如德里達所言的產生差別性的文字，民族舞蹈身體符號傳達的

---

36 索緒爾（Saussure）著，《普通語言學教程（Course in General Linguistics）》（高名凱譯）（北京：商務印書館，2001），102。

37 劉鑫，〈文字與語言 —— 論德里達對索緒爾的解構〉，《清華大學學報》，9.4（1994）：64-71。

38 劉鑫，〈文字與語言 —— 論德里達對索緒爾的解構〉，《清華大學學報》，9.4（1994）：64-71。

可能僅是某種單純的情感，在時間延緩中的細微表現；亦可能是某種生活中或歷史文化中的複雜情感，在時間跳躍中的概述表現。德里達的文字概念，「它不僅包括我們通常所說的文字，如表音字、表意字、象形字等，還包括諸如繪畫、雕塑、作曲、民族舞蹈設計這樣一類文化形式」。[39]對於民族舞蹈身體意象與轉化關係的探究是重要研究的目的，本研究試圖由進行民族舞蹈創作身體意象與撕裂空間的探究。

---

39 劉鑫，〈文字與語言──論德里達對索緒爾的解構〉，《清華大學學報》，9.4（1994）：64-71。

第一章　想像域與身體意象

　　身體意象，指涉的內涵並不是單純地腦海中的一種想像
而已，由於身體技能實踐直接與身體的動作、姿勢相關，因
此身體意象在本文乃意指由身體的動作、姿勢加上腦海中的
意想所形成的一種意象。此身體意象的內涵是以身體運動狀
態下的感知爲主，在腦海中的意想都必然地聯結至身體的感
知上，配合著運動技能的變化。在身體技能實踐場域裡的身
體意象，大多來自於對現場感知的直覺判斷，當然，這一直
覺判斷取決於主體身體相關經驗與知識的內涵及厚度，對於
身體意象的內涵或可由現象學的方法切入來探討它，這是一
種哲學思考的方法，對身體意象進行剖析。尼采曾說：「哲
學不談身體，這就扭曲了感覺的概念，沾染了現存邏輯學的
所有毛病」，[1]「肉體乃是比陳舊的靈魂更令人驚異的思想，
對肉體的信仰始終勝於對精神的信仰」，[2]對於身體技能實踐
中的身體意象的內涵是複雜的、多義的或多層次的現象。身
體技能實踐中其身體意象是內在的一種身體的話語，此身體

1　弗里德里希・尼采著，《快樂的知識》（北京：中央編譯出版社，1991），
　　80。
2　弗里德里希・尼采著，《權力意志》（張念東、凌素心譯）（北京：中央
　　編譯出版社，2000），37-38。

話語在內隱知識的領域中進行書寫，刻畫著內隱知識的痕跡。「"身體話語"中的身體概念就是一個意涵複雜的社會文化表徵。在此基礎上，我還傾向於從"我的本質主要取決於我的特殊身體"」，[3]人是通過身體與其所接觸的他人、符號等進行互動，並透過身體去理解所能理解的現象，包含社會、歷史、文化、技術、心智等。

德勒茲對於意象的說法，他區分了"意象"與"思想"之間存在著的三種運動。

> 第一種為　"概念"是直接來自於"意象"與身體之間的相互作用而產生的一種整體性的"效應"，而不同於以往哲學中的作為精神的抽象作用的結果的純粹普遍性的"概念"。後者是來自精神的"反思"而形成的，而前者則是來自身體層次的"反思"，是身體自身的"綜合"，或者用德勒茲喜歡用的一個詞"包含"（envelopper）。[4]
>
> 第二種運動是從"概念"到"意象"。然而這種運動和前一種運動是密不可分的，而且也不存在等級和先後的關係。思想-概念本身就是一種有待展開的豐富而模糊的意象，有第三種運動。這裡"概念"和"意象"並非相互獨立的環節，而是"思想 ── 概念"本身就構成了一種具體的直接的"意象"，這就是作為

---

3 布萊恩・特納（Bryan S. Turner）著，《身體問題：社會理論的新近發展》（汪民安譯）《後身體、文化、權力和生命政治學（汪民安、陳永國主編）》（吉林出版社，2003.12），9。

4 姜宇輝，《審美經驗與身體意象 ── 思索德勒茲美學的一個視角》（上海：復旦大學哲學系博士論文，2004），7。

"行動"的"思想"。它在自身內部就包含著朝向"具體"的"意象"而運動的內在趨向。"概念"的這種內在的、充實的豐富性再次和以往哲學中概念的蒼白的普遍性形成了對照。[5]

"意象"正如我們上面所說的,是一種"外在的規定性",因為它並不是從屬於一種既定的思想體系的內在的規定性,相反,它是來自"外部"的衝擊,並"強行撕開內部",促使思想"別樣思考"。因此,思想—— 意象的創造的層次是最能揭示思想自身的"生成的運動"的,而且也只有從這個層次出發,我們才能真正理解哲學概念創造的本性,從而真正推進思想-意象(以及更進一步的哲學"概念")的創造向著更為開放的境界進行。從這一點上說,在身體經驗層次所湧現出來的藝術意象的創造就成為新的哲學概念創造的一個真正的"外在性"的"契機"。[6]

身體意象較偏向於身體技能實踐中的「內隱知識」,如上述所言其「思想 —— 意象」的創造高超技能的重要因素,身體技能實踐中許許多多令人讚賞的技能表現,其本身即具有相當個體化的藝術性意象,然而身體技能實踐中的這種藝術性的技能表現卻是來自身體已內化的「身體意象」,以及和外部衝擊所共同激發出的一種「反映」。「身體意象」和

---

5 姜宇輝,《審美經驗與身體意象 —— 思索德勒茲美學的一個視角》(上海:復旦大學哲學系博士論文,2004),7。
6 姜宇輝,《審美經驗與身體意象 —— 思索德勒茲美學的一個視角》(上海:復旦大學哲學系博士論文,2004),9。

「外部衝擊」對於既存的外顯和內隱知識形成一種「撕裂」，由於此「撕裂」的過程才使得「思想－意象」得以發生「契機」，創造性的「反映」亦由此而生。「撕裂」來自於知覺自身對於各種事物的知覺，知覺創造了身體意象，身體意像存在著兩種交疊卻又互異的知覺，這二者交互作用、交互影響，包含「內隱創造性」的與「外顯呈現性」的兩種不同系統的知覺。「撕裂」也是來自於「內隱創造性」的與「外顯呈現性」的兩種不同系統的知覺之間的相互衝撞的結果。知覺的「內隱創造性」的與「外顯呈現性」之間存在著「撕裂」的空間，這「撕裂」的空間來自於二者之間的差異性，也就是說，「內隱創造性」的身體意象是不同於「外顯呈現性」的視覺影像；這二者之間有著自然而然被「撕裂」的空間，因此，主體獨特性的身體意象得以被產生、被創造，並被運用於身體技能實踐技能之中。身體意象或可說是一種身體影像，它具有內在性、含糊性、未定性，它是想像域中極為重要的現象。當視覺感知、聽覺感知、或觸覺感知到的訊息，都會轉化進入內在性的想像域之中。胡塞爾認為：「我們的知覺只通過對物的純側顯作用本身才能達到物本身，……而且從空間物（甚至在最廣義上包括＂被視物＂）的本質中可得出的是，那樣一種存在必然只能通過側顯在知覺中被給與」。[7]知覺的「外顯呈現性」透過身體的運動感相對於世界中物的存在，交織出一個給與和被給與的互動關係，物的存在，在身體的運動狀態下側顯出不同的知覺內容；進而旋進

7　胡塞爾（Edmund Husserl）著，《純粹現象學通論》（李幼蒸譯）（商務印書館，1996 年），119。

「撕裂」的空間進行轉化，創造出主體獨特的身體意象。或可說，主體獨特的身體意象一方面來自於身體在空間中的運動狀態所產生的運動感，一方面來自於身體自身已存在的經驗總合。「具體來說，我們是從不同觀點，根據不同的變化方向來知覺對象的。因此，要分析對象是如何被給予我們的，我們就必須首先弄清楚我的身體在意向構成中的作用」。[8] Merleau-Ponty 在《眼與心》中曾提及：

> 影像自身、身體影像、身體與影像的關係，成為環繞著「身體影像」這個未定域而形成的運動星座。用梅洛-龐蒂的話來說，這是身體影像或視覺的旋進狀態：「依據我們所見與促成之所見，形成了存在者的旋進狀態，再依據存在者，形成我們所見與促成之所見的旋進狀態，這就是視覺自身」。[9]

上文所提及的身體影像，本文以身體意象來論之，由於視覺感知、聽覺感知、或觸覺感知都將旋進或轉化進入由「內隱創造性」的與「外顯呈現性」所「撕裂」出的空間裡，它是想像域的空間，並進一步產生身體意象，主導身體技能實踐技能的運行。「內隱創造性」的與「外顯呈現性」在其所「撕裂」出的空間裡「交纏」，「交纏」可說是一種內知覺，藉由「交纏」產生身體意象。因此，這一被「撕裂」出的空間是極為重要的現象，它使得想像域得以被創造，外顯感知

---

8 佘碧平，《梅洛龐蒂歷史現象學研究》（上海：復旦大學出版社，2007），23。

9 梅格──龐蒂（Maurice. Merleau-Ponty）著，《眼與心》（龔卓軍譯）（台北：典藏藝術家庭出版社，2007），23。

可以旋進此空間，進而轉化成內隱知識；同時內隱知識也可以透過此空間轉化成外顯的訊息。關於「交纏」，Merleau-Ponty 以觸覺為例作了說明：

> 「交纏」這個理念是晚期梅洛-龐蒂的系列觀念之一。關於「觸摸」，我們已經發現了三種特出而互為基礎的經驗，三種交疊但互異的維度：對於質料粗精的觸摸、對於事物的觸摸 —— 身體及其空間的被動感受（也就是肌肉空間運動時的內觸覺）—— 最後是對觸摸的驗證性觸摸，當我右手去觸摸我正在觸摸事物的左手，其時，「觸覺主體」轉而落入到被觸摸者的位階、滑轉成為事物，觸摸形成世界的氛圍環境中，也形成於種種事物當中。我左手對這只皮包所產生的厚實感，與右手運用在左手時所行的外部檢驗，兩者間有很大的差異，就如同我的眼部動作造成所見的變化與我的眼部動作本身，兩者亦不可相提並論。相反的，對於可見者的任何經驗，總是在觀看的動作脈絡中向我給出，而可見的景象與「可觸知的性質」卻共同隸屬於觸摸當中。我們必須讓自己習慣這樣去想，所有可見者在可觸者中都被安排過，而所有可觸的東西都以某種方式許配給可見性，這中間的混搭侵越，不只存在於受觸者與觸摸者之間，也存在於可觸者與在其上形成外殼的可見者之間，反過來說，就如同可觸者本身並不是沒有可見性，也不乏其視覺上的存在。既然是同一個身體去看和去摸，可見者和可觸者便屬於同一個世界。這是個長久被忽略的奇蹟，眼睛的每個

動作，甚至是身體的每個動作，在我運用它們詳審地探索出來的同一個可見世界裡，都有它們自己的位置，反過來看，就好比每個視覺都發生在觸覺空間的某個位置。這裡有種雙重交叉的定位，可見者在可觸者當中，可觸者在可見者當中；兩張版圖皆屬完整，卻不曾合而為一。兩個局部都涉及整體，卻無法疊合為一。[10]

「外顯呈現性」的感知訊息是身體「思考的沉經驗」所造成的感知結果，它決定身體對於外界事物感知的「焦點」，身體對於世界或環境中的各種感知是在「思考的沉經驗」的基礎下進行一種感知上的選擇，這一選擇就是身體對外界事物感知的「焦點」。「思考的沉經驗」是身體舊有經驗的累積而形成，它會主導著身體對於客觀環境中的事物的焦點意識，也因此會造成不同的主體對於同一事物的差異性。另外，「內隱創造性」的內在性知覺，則是身體的「未思的想像域」，「思與未思是相互交織的和開放的，而且，前者是以後者為背景和視域而突顯出來的」，[11]思，尤如本文所提及的外顯知識，未思則如內隱知識，外顯知識是以內隱知識為基礎，是由內隱知識旋進「撕裂」的空間，進而「交纏」出可以被結構化的外顯知識，同時又「交纏」出更深化的內隱知識。思與未思都主導著身體感的脈絡，主導著身體的表現性，思

---

10 梅格 —— 龐蒂（Maurice. Merleau-Ponty）著，《眼與心》（龔卓軍譯）（台北：典藏藝術家庭出版社，2007），37-38。

11 佘碧平，《梅洛龐蒂歷史現象學研究》（上海：復旦大學出版社，2007），21。

與未思也決定了身體的出場，使身體成為知識的主體，其外顯知識與內隱知識都取決於身體的感知性與表現性，身體處於世界之中，對於世界或環境的一切，都決定於身體的感知性與表現性。身體對於世界的感知，形成每一主體對於世界的差異性存在，也使得其反映而出的表現性也存在著差異性。梅格 —— 龐蒂提及：

> 讓身體呈現為運動的主體、感知作用的主體，如果這不只是口頭說說，它意味著：身體是做為觸與被觸、看與被看、一種反射回響的場所，透過它，將自身關聯於某種不同於它自己物質團塊的能力，將它的迴圈連接上可見者，連接上外在的感覺物的能力才會展現出來。基本上肉的理論，把身體視為可感知性，而將事物視為是蘊含在其中。這與意識下降為身體客體毫無共同之處。相反的，它會將身體客體的糾纏環繞在它的週邊，或者說，它是種種隱喻的休息區。它並不是透過意識對身體與世界的全面考察概括論述，而是我的身體介入到在我面前以及與在我後面的東西之間，我的身體站立在直立的事物的前面，與世界成為一個迴圈，成為對世界、對事物、對動物、對他人身體感性的移置，（就像同時擁有一種感知的介面），透過這樣的肉的理論才能夠讓這一切得到理解。因為「肉」乃是原初無呈現本身的原初可呈現性，不可見者的可見性 ——（我們需要一個）感性學，來研究感官本身的這種奇蹟。它讓不可見者在可見者當中的是

形象化作用「能夠變得明白」。[12]

柏格森（Bergson）也提及關於運動中的身體形象，以及身體形象和他者之間的關係，當空間不斷變化時，所感知的他者、符號都以一種不斷在變化的存有狀態呈顯給身體。但筆者在此有不同的看法，筆者認為，運動中的身體形象是會改變的，運動中的自我身體形象會因所感知的他者、符號都以一種不斷在變化的存有狀態呈顯給身體時，相對應地不斷作出形象上的變動，這也是身體意象不斷增生、衍化的因素。當運動中的身體在空間中不斷位移，身體知覺也不斷變化，其「外顯呈現性」的知覺不斷地以新訊息旋進「撕裂」的空間裡，旋進「內隱創造性」的知覺中，當然，其「內隱創造性」的知覺也同時性的旋進「撕裂」的空間裡，再轉化至「外顯呈現性」的知覺，以對應因空間位移而產生的變化。柏格森如此提到：

> 我的身體在空間裡運動時，其他的形象也在變動，而只有我的身體這個形象依然不變。因此，我必須把我的身體作為一個中心，根據它來界定其他的形象。……但是，從反面來說，如果一切形象都被假設為起點，那麼，我的身體就理所當然地成了終點，因為我的身體位於眾多形象之外，界限分明，原因是那些形象在不停地變化，而我的身體卻不變。這樣一來，內外之分就僅僅成了部分與整體之分。[13]

---

12 梅格 —— 龐蒂（Maurice. Merleau-Ponty）著，《眼與心》（龔卓軍譯）（台北：典藏藝術家庭出版社，2007），35-36。
13 龔卓軍，《身體部署 —— 梅洛龐蒂與現象學之後》（台北：心靈工坊，2006），93。

　　我的身體形象或更內在的身體意象並不是一直處在不變的狀態，若是一直處在不變的狀態，那麼身體技能實踐中的身體技能將可能只是一種形式、一種程度、一種規律、一種內容而已，難以展現所謂藝術化的身體技能表現！身體意象與外在的事物之間也並不是部分與整體那樣的明確區隔的，許多身體技能實踐中的身體感，是不斷向外部事物延伸的、擴展的、內化的、深耕的，不僅旋進身體內部自身的「撕裂空間」，也由內而外的旋出至外部所感知的每一事物。因此，外部事物在此同時，也都被身體化了。例如高爾夫選手擊球後，身體感知隨著球與外部環境的狀態而旋出了身體之外；又例如舞蹈中或武術中手持某種物品（劍、道具等）的身體表現，是在廣場的場域或在舞臺空間的場域，身體都必須將不同的場域予以身體化，這是自然也是必然的。因為，一旦身體感知發生了作用，身體內在的「撕裂」的空間也就進而產生作用，將外部的事物予以身體化。身體內在的「**未思的想像域**」透過「**內隱創造性**」知覺創造出某種身體意象，它相對於外部事物有可能呈現出一種矛頓的關係，就如武術中的劍術的最高要求：手中有劍，心中無劍。如此一來，既不受劍器形式的規範所侷限，能有更大的自由空間創造幾近藝術化的劍術技能；然而舞蹈中的身體表現也常見此現象，例如筆者訪談的蕭君玲教授在 2010 年的創作《流梭》，其排練時曾對舞者表述：

> 這些噴過金色漆、灑過金粉的「蘆葦」，它並不是裝飾品而已，它象徵的意義是：民族舞蹈傳統所傳承下來的精神意涵，象徵現今對於民族舞蹈創作所不能割

除的文化意義。因此，妳手拿此「蘆葦」並不只是手
持某種道具、器物而已，妳必須將內在深層對於民族
舞蹈的傳承、保護的心態以及創新的欲望與其傳統與
創新之間的矛盾，透過妳的身體，藉由呼吸控制，將
內在這種複雜的心念，傳送至這些噴過金色漆、灑過
金粉的「蘆葦」，它就象徵著妳既想擺脫又擺脫不了
的情結，因為這種情結早已在數十年的舞蹈生涯裡深
化耕織在身體內在的那種無法觸及的空間裡。[14]

　　這些噴過金色油漆、灑過金粉的「蘆葦」，已非原來身
體所感知的外部事物或自然界的事物，它已在特殊的身體境
域裡，被賦予特殊的身體化意義。相同的事物，在筆者手持
的狀態下，與蕭君玲教授及所訓練的舞者手持的狀態下，呈
顯出該事物完全不同的身體化意義。但在筆者的身體感知
裡，這些「蘆葦」有如室內某一美麗的裝飾物品，是難以和
所謂的對於傳統與創新的那種矛盾的心境相對應的。柏格森
所言：「我的身體位於眾多形象之外，界限分明」，倒不如
說，我的身體將眾多形象納入身體之中，再旋出其外，在身
體化的現象裡，呈顯出獨特境域裡的特殊意義，每每不同，
差異化永久存在，永久變化著。

　　　通過我所謂感受的感覺（sensations affectives），我可
　　　以從內部了解這個中心形象，而不是像對其他形象那
　　　樣，僅僅從外部了解它。因此，形象集合裡存在著一
　　　個具有特殊地位的形象，我可以深入它的表面，而不

---

14 2010 年 3 月，觀察蕭君玲教授 2010 年作品《流梭》的排練記錄。

再僅僅可以看到它的表層 —— 它是感受的所在地，同時又是行動的源頭：我正是把這個特殊形象當做了我的宇宙的中心，當做了我個性的物質基礎。[15]

在身體技能實踐的場域中，身體是運動世界的核心，是感知所有一切的主體，也是體驗各種不同現象的主體，但與其說是主體，或可說主體間性更爲恰當，身體在身體技能實踐中的各種反映、空間位移等，都是與運動環境中的他者相互作用而成，他者，包含著他人與他物，身體都與這些進行緊密的互動，在互動中呈顯出身體是主體的地位。「其實，每個現象不僅預先設定了顯現物，而且還以知覺顯現物的主體爲前提。換言之，現象通常是以一定的距離和從某種視角出發被給予主體的」。[16]在身體運動的過程中，在空間的位移，感知焦點的選取，決定了環境中的物如何側顯出來，例如，我們在進行身體技能的教學或訓練時，往往使用隱喻性的言語來呈現會有較好的結果，在此以舞蹈教學中一個較爲複雜的動作來說明：

在教授「風火輪」時，若只是示範給同學看，或以分解動作來說明，將沒有很好的教學效果，通常只會增加學生在方向上的困擾性，而更無法學會「風火輪」的技能；後來我借用游泳的技能來作為一種隱喻性的暗示，要求學生身體向右時雙手游一次自由式動作，

15 龔卓軍，《身體部署 —— 梅洛龐蒂與現象學之後》（台北：心靈工坊，2006），93。

16 佘碧平，《梅洛龐蒂歷史現象學研究》（上海：復旦大學出版社，2007），23-24。

　　　　身體轉向左時，雙手游一次仰式動作，如此一來，當
　　　　身體左右轉換時，雙手透過自由式及仰式動作，很自
　　　　然地完成「風火輪」的技能。此一經驗也令我感到驚
　　　　奇，對後來的「風火輪」教學，提昇了很好的效能。[17]

　　在上述這個例子裡，學習者的知覺對象被有效地轉移
了，身體的運動覺被轉移至另一個場域裡，同時對於當下所
學習的內容產生激發的效應，提昇了學習的領悟性。這個例
子顯示身體知覺可以由各種不同的側顯視角來對待之，然而
不同的側顯視角就會產生出不同的知覺現象。「視點的變化
是以身體或對象的運動為前提的，因為只有通過運動覺，在
對象的知覺中才會存在一種恒常性（或連續性）。而且，這
同一個對象的顯現恒常性只有通過各種視點的連續變化才能
被確認，而各種觀點的連續續變化只有通過身體的運動覺才
是可能的」。[18]

17　被訪談者，蕭君玲（台北體育學院舞蹈系助理教授）的中國舞蹈教學經
　　驗記錄。
18　佘碧平，《梅洛龐蒂歷史現象學研究》（上海：復旦大學出版社，2007），
　　25。

第二章　撕裂的空間

　　在身體技能實踐場域裡，身體是一個與環境中的他者互動的主體，一個認知或主動產生知覺的主體，在胡塞爾的眼中看來，「這一認知主體是處於特定時空之中的肉體化的主體，即我的身體，因此，對象是顯現給、並通過各種側顯方式知覺對象的"我的身體"所構成的。進而言之，在知覺對象的活動中，我的身體構成了感知對象面向它顯現的支點」。[1]由「外顯呈現性」與「內隱創造性」所「撕裂」出的空間，是認知主體肉身化的身體面對世界中各事物的想像，此「撕裂」的空間是衍生身體意象的想像域，此想像域具涵著非客觀性、非結構性的特點，肉身化的身體在此「撕裂」的空間中，其身體的可能性大大提昇，不論在深度性或廣度性都存在著極大的可能，最後再轉化出成為可行性的身體運動或身體技能。上述「風火輪」的案例中即可發現其在想像域中，加入了與「風火輪」技能較無相關性的游泳的動作元素，大大地提昇了學習技能的有效性、理解性、實踐性等。其身體意象也因為加入了游泳的動作元素，使其「外顯呈現性」與「內隱創造性」所「撕裂」的空間擴增，想像域的範域擴展

1　佘碧平，《梅洛龐蒂歷史現象學研究》（上海：復旦大學出版社，2007），
　24。

深化，使得技能學習在此獲得良好的知識轉換。此現象尤如
下圖所示：

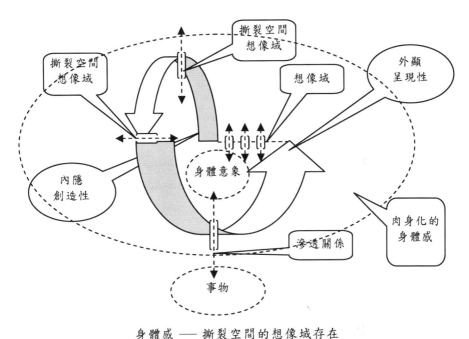

身體感 —— 撕裂空間的想像域存在

　　身體技能實踐中的身體感來自於「**外顯呈現性**」與「**內
隱創造性**」所「撕裂」出的想像域空間，然而「**外顯呈現性**」
與「**內隱創造性**」並非絕然的對立或二元的存在，上圖所示，
僅能大約呈現其結構，而其結構也並非是如此完整性或統一
性的現象，「撕裂」的想像域的存在，是以一種無結構性的
特質存在著，其中有著極大的扭曲性、含混性與曖昧性。「**外
顯呈現性**」與「**內隱創造性**」之間的關係，是以一種「**互動
間性**」而複雜的存在著，類似於一種主體間性或身體間性的

概念。此一「互動的間性」亦是一種與實際身體技能實踐場域裡的現象相符合的概念，這是世界與身體之間的聯結，更是身體對於世界符號的呼應。

> 梅洛 ── 龐蒂在《知覺現象學》著名的前言中，肯定胡塞爾現象學還原的方法目標是回到生活世界，而不是離析一出一個孤立的形構意識。同時，收錄在《符號》的〈哲學家和他的影子〉一文，梅洛 ── 龐蒂亦肯定形構活動與被形構者之間的靜態關係，最終已為胡塞爾所放棄，代之「主體間性」、「身體間性」和肉身主體性自然間的交互關係。最後，透過運作意向性之被動性與無人稱性的探討，梅洛 ── 龐蒂亦以身體與世界的「肉」的可轉圜性呼應了胡塞爾將超越主體性等同於「主體間性」的做法。[2]

這一種現象：「外顯呈現性」與「內隱創造性」所「撕裂」的空間，不但進行了知識的內化作用，也同時進行內隱知識的外化作用，但一個關鍵性的重點即是：身體與世界之「互動間性」，它可說是一種「肉身化」的現象，整個身體的「肉」不斷地轉化至生活世界之中或身體技能實踐場域之中，進而不斷地旋進世界或場域裡的各種人事物，身體透過「肉身化」的作用旋進所知覺到的（**外顯呈現性**）每一事物裡；世界中或場域裡的每一人事物也透過「肉身化」的作用，旋進「**內隱創造性**」的知覺裡。這一「互動間性」讓主體真正的存在，並不在主體自身，客體真正的存在也不在客體自

---

2 梅格 ── 龐蒂（Maurice. Merleau-Ponty）著，《眼與心》（龔卓軍譯）（台北：典藏藝術家庭出版社，2007），24-25。

身；主體因為「肉身化的互動間性」使得身體的空間及時間性延展至世界中或場域裡的每一客體；因為主體的「肉身化的互動間性」使得客體的真正存在性必須在與主體的身體感知互動中才能呈顯出來。

　　「肉」是梅洛 ── 龐蒂晚期另一個重要的關鍵理念。他在《可見與不可見》中的一段文字說明：這種大寫的可見性，在其自身的大寫可感者的這種共普遍性，這種天生對我自己就有的無匿狀態（anonymat），先前稱之為肉，在傳統哲學中沒有任何名字指涉它。肉並不是物質，它不是存有者的微小粒子，只要彼此不斷增加就可以形成存有者。肉也不是某種可見的心靈物質，就像我自己的身體那樣，透過事實上存在的事物和它們作用在我實際上的身體而產生的心靈物質。一般而言，它並不是事實，也不是物質和精神事實的總合。肉也不是心靈的表象：心靈不可能被它自己的表象捕捉到，它會背叛這種插入到可見者的狀態，這是能見者的重要本質。肉不是物質、不是心靈、也不是實體。如果要指出它，我們會需要一個古老的詞彙「培元素」，就我們談地水火氣的意義而言，它是某種普遍的事物，在時空個體與觀念之間存在，某種具有肉身化的原理，只要是有存有者的碎片存在，它就會帶出某種存有者的風格。就此而言，肉就是大寫存在的「培元素」。[3]

---

3 梅格 ── 龐蒂（Maurice. Merleau-Ponty）著，《眼與心》（龔卓軍譯）（台北：典藏藝術家庭出版社，2007），40。

在對空間的直接體驗（也即在構成客觀空間之前）中，我的身體是有一個位置的，它是空間圍繞著它展現自身的中心。胡塞爾指出，我的身體對於其他對象來說是可能性的條件，所有的體驗都是以我們的身體為中介的，也是因為我們的身體才得以可能的。簡言之，我的身體是意向構成的模子，通過它才出現了我的身體與周遭世界的交織。在《物與空間》和《觀念 II》中，胡塞爾深化了有關我的身體作為意向構成的模子的反思，特別是在有關運動覺對於構成知覺對象的重要性的分析方面。首先，胡塞爾發現身體的運動（如眼球運動、用手觸摸等）在對空間和空間對象的體驗中處於主導地位。對於空間對象的知覺預先假定並取決於我們運動覺的體驗，因而它也就是對我們有關身體各部分的運動、位置和肌肉張力的體驗的知覺。所有的顯現都是伴隨著協同作用的和非主題化的運動覺體驗共存的。[4]

就《眼與心》的論述角度而言，不如說他的「肉」存有學早就肯定了哲學思考也只不過是在「肉」之中的一種語言混搭的結果，沒有絕對的外部制高點，而只有無人稱的「先驗」場域，和與之相對立的「超越」大寫存有。先驗並不蘊含著意識，先驗場域的界定可以說是「逃脫了所有主體超越與客體超越」，到達一

4　佘碧平，《梅洛龐蒂歷史現象學研究》（上海：復旦大學出版社，2007），24。

種無主體、無客體的無人稱狀態。[5]

中國傳統身體文化是一古老的身體與心靈雙修並重的文化，本文所言之中國傳統身體文化是以中國古老文化思想為基礎，在歷史流變的過程中發展出來的以身體為表現主體的文化。諸如中國武術、戲曲文化、古典舞蹈、養生術等之身體漾態，無不蘊涵著中國古老文化的思想，講究境界之高格。「中華民族經數千年繁衍融合……除古代哲學思想，就是中國傳統人體文化。自劉峻驤教授提出東方人體文化始，現已被挖掘整理出來的可歸為四大類：舞蹈、武術、氣功、戲曲」[6]。中國傳統身體文化的內容豐富，不僅重視身體技能的鍛練，同時注重心靈氣化的涵養，它以身體動作為外在表現，藉由深層內化的哲學思想來整合身與心的本質一致性，身與心的本質和諧性，這一本質是身與心不分切割的主體性，而所顯現的就是一身心融合一致的身體漾態，它是身體心靈化、心靈身體化的獨特的身體漾態。

身體文化本是身心不可分割的主體性，這一不可分割的主體性本文稱之為身體漾態。身體漾態就是主體所展現的生命情境，不論是面對在場或不在場的事物，身體漾態總是身心一起產生作用力而給出呈現的，身體漾態的呈現也就是主體性的呈現，身心是一個總合概念，而非二個先獨立存在再合而為一的概念，在中國傳統身體文化中的任何動作姿勢都是身心總合概念的身體漾態，這一身體漾態受著中國哲學思

5 梅格 —— 龐蒂（Maurice. Merleau-Ponty）著，《眼與心》（龔卓軍譯）（台北：典藏藝術家庭出版社，2007），47。
6 湯學良，〈東方人體文化〉，《前進論壇》，（1997），23-24。

想的深化影響。例如中國武術即是如此,「中國武術文化是由
表層 —— 武術具體的動作形態;內層 —— 設計動作形態的內
在原則;核心層 —— 支配這種內在原則的價值系統等三個層
次組成。顯然,價值系統的形成是直接受到了中國古代哲學
的決定影響」[7]。

　　由此可推論中國傳統身體文化不論表層、內層或核心
　　層都受中國傳統哲學思想的深化影響,動作形態內化
　　於心靈層次而蘊涵著渾沌性的身體漾態的本質內
　　涵。中國傳統身體文化的身體漾態需透過內化的心靈
　　層次而外化的表現出來,若能有如此近乎「道」之表
　　現的身體漾態,也就具備了境界之高格。王國維在《人
　　間詞話》說:「詞以境界為最上。有境界者自成高格」
　　[8]。詩詞以境界為最上,中國傳統身體文化亦然,講究
　　並追求境界,這是渾沌性之境界,融合之境界,超越
　　之境界,亦可說是「道」之境界。中國傳統身體文化
　　講究身心靈的完整表現,追求至高的境界內涵,不能
　　將之視為一種身體技能,其身體漾態蘊涵著厚實文化
　　內涵的藝術表現,也就是說,中國傳統身體文化是藝
　　術化的身體漾態,而非技藝化的身體漾態,這是高格
　　境界的身體漾態。但這一境界或這一藝術化的身體漾
　　態並非是停留在一靜止狀態,所謂的境界也非是靜止

---

7 劉銳,〈中國武術文化的哲學內涵〉,《四川體育科學》,1(2000),
　8-10。
8 王國維著、劉鋒傑章池/集評,《人間詞話百年解評》(黃山書社,2002),
　1。

狀態的，這一身體漾態是在不斷地變動狀態下而存在的，正如 Derrida 所說「存有即在場或在場的變化」[9]。藝術化境界的身體漾態進入了仍然變動不止的渾沌性中，亦正因為如此，中國傳統身體文化的身體漾態才能蘊涵融合性與超越性的境界。

在撕裂的空間裡，進行著傳統與創新的融合。傳統身體文化的規律是順應社會思潮而不得不進行改變的！完整地想在實踐之中保留傳統是不可能的，原因在於每一次的實踐之中，都存在著主要的差異性：空間的差異性、時間的延緩性及他者的詮釋性。每一次身體實踐的空間都有所不同，身體的感知會有所差異，因此，身體實踐過程中的反映也有所不同；然而，每一次身體表現都會有新的現象發生，這在主體的感知當中，會形成反映的延緩作用，造成對未來的實踐有不同的觀點與對應；另外，就是來自於主體之外的他者的詮釋，可能來自於隊友的意見、教練的指導、觀眾的反應等。這一切都在身體文化的傳承過程中發生著，它起著變化！

傳統與創新常是一種難以解決的迷思！傳統與創新是一個整體，是一體二面的現象。有些人認為傳統就是原汁原味的風貌，是不可被改變的形式與風格。現代社會裡，許多的藝術創作者，始終得面對這個問題：傳統與創新。尤其本研究所探討的民族舞蹈創作更甚之。傳統與創新似乎左右為難著創作者，每當創作過程中，總得思索著這樣的問題，但這

---

9 德穆・莫倫（Dermot Moran）著、《現象學導論（Introduction to Phenomenology）》（蔡錚雲譯）（臺北：國立編譯館，桂冠出版，2005），584。

樣的問題是不是一種迷思呢？創作者應如何重新思索面對它
的態度與立場。曾肅良在論傳統與創新時指出：**傳統來自不
斷地創新**。

> 創新與傳統的關係是不可分割的整體，只有創新為歷
> 史所接受，創新才可能成為傳統，創新在傳統背景的
> 烘托下才能顯出其創新的意義，兩者相輔相成，不斷
> 地融合消長，汰蕪存菁，它是長時間的累積、淘汰和
> 醞釀發酵的文化過程。[10]

　　創新是文化發展不可避免的現象，或許我們應該更正確
地、更深入地理解這個現象，才能更適切地面對文化的發展，
但這並不意謂著應該捨棄傳統，而是二面兼具的對待。身體
文化的傳承，蘊涵著雙重層面，這包括：傳統的再現性、傳
統的創造性。前者以繼承、保護傳統文化為目的，後者則以
改變傳統文化的形式、風格以利其發展為目的。這雙重意蘊
取決於實然與應然的效應，實然，為傳統文化遺留下的事實
面；應然，則為當代思潮下被創造的價值面。其實，縱然是
傳統的再現性，它重視傳統文化遺留下的事實面，也不可避
免地、被動地產生一些創新的元素！然而，許多的創新現象，
僅是在空間上或時間上有著些微的差異罷了！

---

10 曾肅良，《傳統與創新 ── 現代藝術的迷思》（臺北：三藝文化，2002），
　81-82。

第三章　身體意象的意與向

第一節　意與向

　　身體技能實踐過程中，身體意象由內隱知識與外顯知識相互衝擊而生發，此生發乃源源不斷，但卻難以覺察之。因此，身體意象的能量存在於「身體感」之中，這些現象之所以難以察覺化、明確化，其中一個重要的關鍵乃在於「身體的遮蔽性」，此遮蔽性為自然存在之現象，它遮蔽了身體意象的能量，使其身體感呈現模糊不清、難以明確的狀態。「身體遮蔽歸根結底起源於二元論觀念。由於二元論作祟，人與自然、人與自我、人與社會、身與心發生疏離，導致了身體的異化。身心一體互動的機制被身心疏離取代。身體陷入了矛盾和悖論之中。人們為身體而焦慮」。[1]身心的問題探討已久，在身體技能實踐之中，身心的議題似乎可以更突顯其一元或二元的問題，原因在於身體技能實踐中的反映是思考性的，亦是直覺性的，是來自於心靈的引導，亦是來自於身體肉身動作的引導，二者互為主體，既是一元亦是二元的現象。

1　王文杰，〈身體現象學與視覺藝術〉，《浙江藝術職業學院學報》，1 卷　1 期（2003.03）：86-90。

在此，想要藉由對於現象的看法來切入並探討這既是一元亦是二元的現象。現象學是處理現象的問題的一門學問，它以「還原法」著稱，對於現象透過還原法使之回到原初的本質現象之中，可以使我們看清現象本質的狀態。胡塞爾對現象的解析主要有二個重點：一是現象的本質特點是一種非經驗的性格；二是它與意識中的意向性有緊密的關係。筆者認為在身體技能實踐中，其本質特點是直覺性、藝術性的性格，然而身體技能實踐中的現象是與其主體的意向性絕對相關的。意向性就與身體意象有重要的關聯，因此，意向性可以推衍出意向對象，它是決定意向性的重要因素，意向對象還可進一步地區分為二個主要的環節：「知與覺」，「知」乃是「感知對象」，它是客觀世界中的對象的存在，或說是身體感知中的對象的存在；「覺」則是「意義對象」，它是主體對於感知對象的判斷，或說是賦予意義後的一種覺知的對象存在。關於上述的意向性的分析，如下圖所示：

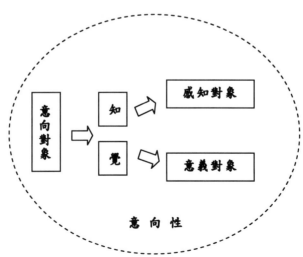

　　上圖所示之「感知對象」與「意義對象」均是身體技能實踐場域裡的現象，它們來自於身體對於各種知覺的「內隱創造性」的與「外顯呈現性」的「體驗」，也來自於身體對這些知覺的一種「表達」，而這個表達的內涵裡包含著身體對於「他人」的一種反映。Merleau-Ponty 提及：

> 所知覺到的世界是通過事物之間各種反射、陰影、水平和視域而形成的，它們不是事物，也不是虛無，相反，它們只是規定了同一個事物和同一個世界可能變化的範圍，一個哲學家的作品也是由上述事物之間的某些關節形成的，對於它們來說，不存在客解釋與獨斷論之間的悖論，因為這些不是思想的對象。正像陰影與反射一樣，人們在對它們進行分析的觀察或獨立的思考時破壞了它們，才能重新發現它們。[2]

　　意向性中的意向對象如何存在？如何聯結到意向性？又如何產生「感知對象」和「意義對象」？這些對象如何由知覺意向產生的？胡塞爾提出一個新的概念，便是「知覺意向對象」中的知覺意向。也就是說意向性和「知與覺」的議題，二者之間是緊密相關的。現象學通常只說意識意向，「知與覺」是否也能說有意向？「知與覺」如何與對象連接起來進而產生意向，「感知對象」和「意義對象」有什麼不同？這二者對意向性的影響是什麼？胡塞爾從知覺意義方面來說知覺對象，甚至把知覺對象還原到知覺意義方面去。他說：[3]

2　佘碧平，《梅洛龐蒂歷史現象學研究》（上海：復旦大學出版社，2007），20-21。

3　吳汝鈞，《胡塞爾現象學解析》（台北：臺灣商務印書館，2001），146。

知覺意義也屬於在現象學上未被還原的知覺（在心理學意義上的知覺）。因此人們可以在這裡同時釐清，現象學還原如何能使心理學家獲致這有用的方法論功能，以嚴格區分意向對象的意義和意向對象，並承認意向對象的意義為某種不可分地屬於意向體驗的心理學本質之一。

按這段文字包含以下諸點意思：1.知覺分心理學的知覺和現象學的知覺。2.心理學的知覺所對的是對象本身，現象學的知覺所對的是意向對象的意義。3.意向對象的意義屬於意向的體驗，它是實在的，是心理學的本質。4.由此可以推知，意向性所對的是意義層的對象，不是實質層的對象。意義層的對象是現象學的，實質層的對象是心理學的。[4]

心理學的「知與覺」或現象學的「知與覺」，前者受感知能力的影響較多，或說以感知對象的存在，或對象存在於感知範域中的客觀條件爲主；而現象學的「知與覺」受意義的賦予的影響較大，以主體對於現象所賦予的意義而使對象意義化的存在，以此存在而不同於感知範域中的客觀條件下的存在。然而，後者的存在對身體技能實踐場域中的主體，其影響是較大的。例如筆者前往上海體育學院訪問，其中一位教練這麼說：

關於旋風腿劈叉的動作，選手若在地毯上練習時，劈叉動作的後腿都不自覺的些微彎曲，這會導致競賽時

---

4 吳汝鈞，《胡塞爾現象學解析》（台北：臺灣商務印書館，2001），145。

的扣分；選手若在硬地板練習時，其劈叉動作的後腿
就會完全伸直，動作相當標準又美觀。教練發現此狀
況，百思不得其解，後來突然發現，起因在於選手的
身體對於練習場地的不自覺反映所導致，由於地毯的
材質較軟，較舒適，所以即使由空中直接落地劈叉
時，後腿彎曲也不會對膝關節造成疼痛的感覺，但若
在硬地板，後腿彎曲將會對膝關節造成很大疼痛的感
覺，甚至會受傷。所以選手的身體對於場域的不自覺
反映，直接作用於運動技能的實踐中。

　　以上述實例而言，對於地毯或硬地板這一對象，有著二
種不同的存在性，一是感知對象中的客觀存在，一是意義對
象中的體驗存在。前者是理性的客觀感知下的對象，後者則
是由身體體驗之後的反映而來意義對象；前者如實的存在，
後者則經常是運動選手得以要花費更大努力來克服的挑戰。
例如選手即將面對一位對戰戰績是十敗零勝的對手（輸給對
手十次），那麼感知對象中的對手只是一位對手，然而意義
對象中的對手則是恐怖的、難以戰勝的對手。在接下來的競
賽之中，如何將意義對象中的對手消減至最低程度，則是相
當重要的對戰前提。然而，在身體技能實踐中，身體的反映
受意向性中意義對象的影響極為深刻，所以對於意向性中的
「知與覺」所產生的二種對象應是研究的重點之一，這亦是
知識轉化的內隱性因素之一。「知與覺」在現象學的探討極
為深入，我們在逐步來探討它。

　　　胡塞爾甚至進一步是知覺為在連續的意識流中的東
　　西，並把知覺看成是一連續的流（ein bestandiger

Flub）。他強調「知覺的現在」（Wahrnehmungs-Jetzt）可以變為與剛好過去了的東西接連的意識（anschlie Bende BewuBtsein des Soeben-Vergan-genen）。這個意思非常重要，它可以表示知覺可轉化成為意識。即是，知覺是屬於連續不斷運作流動的意識流，而自身也成為一個流，一個具有連續性的流。也連續性的流應該就意識說。進一步，現實的知覺可以接續著剛好過去了的意識。這是說，在不斷流逝的意識流中，意識可以知覺的方式出現，而連續著流逝的意識。這表示知覺與意識在流逝中的統一性（Einheit）。這流逝（FluB）本身，不管是意識也好，知覺也好，都是在動感中進行的。由此亦可窺見胡塞爾的意識現象學的動感性。[5]

關於知覺與意識連合起來而展開一種新的認識活動，胡塞爾舉出一個例子。它擬設有一張白紙，在半昏半暗的光線中擺放在我的面前。我可以觀看它，和觸摸它。這裡有一種知覺的觀看（Wahrnehmende Sehen）和觸摸（Betasten）的作用。依胡塞爾，這作用可以是我對這張白紙的完全具體的體驗（Erleb-nis）。這種完全具體的體驗（volle konkrete Erlebnis）應該怎樣理解呢?我想這應該是對白紙的本質的理解，這裡解不是直覺的，也不是概念的、思考的，而應是睿智的。[6]

「胡塞爾在《現象學的觀念》第三卷中指出，種種身體

---

5 吳汝鈞，《胡塞爾現象學解析》（台北：臺灣商務印書館，2001），153。
6 吳汝鈞，《胡塞爾現象學解析》（台北：臺灣商務印書館，2001），153。

運動與這些運動揭示的事物之間存在著"我能"與它引起的種種奇跡之間的那種關係。胡塞爾認爲：我的身體本身完全應該與可見的世界嚙合，它的能力正當地維繫它有一個從那裡進行觀看的地方。它因此是一種事物，但它是一個我在此棲居的事物」。[7]由這段論述可以理解身體與世界的連接是透過上述筆者探討之「知與覺」的方式來進行的，因此我們應對「知覺」的議題再深入一點來探討之。學者吳汝鈞指出：

> 在哲學上，知覺（Wahrnehmung, perception）本來是知識論中的一個詞彙，表示較爲複雜的一種感性能力，或帶有輕微概念思考成份的感覺能力。在佛家邏輯，學者通常評現量（pratyaksa）爲直接知覺，表示現前接受外界感覺與料的機能。
>
> 在胡塞爾現象學來說，知覺是一個非常複雜的概念，所知覺的內容相當廣泛。這內容或對象可指具體的感官對象，也可指抽象的意義。關於知覺，胡塞爾在《純粹現象學通論》有這樣的說法：在我們的現象學態度中，我們能夠和必須提這樣的本質問題：被知覺的東西自身是什麼呢？它在自己方面包含有哪些作爲這知覺意向對象的本質要素呢？[8]
>
> 就知覺來說，胡塞爾對於知覺的意義與所知覺的對象，倒是區分的非常清楚的。例如，一顆樹是自然界的一個物項，它可作爲被知覺的東西而被我們知覺。

---

7 王文杰，〈身體現象學與視覺藝術〉，《浙江藝術職業學院學報》，1 卷 1 期（2003.03）：86-90。
8 吳汝鈞，《胡塞爾現象學解析》（台北：臺灣商務印書館，2001），145。

> 我們知覺這顆樹的意義，則是不可分離地屬於知覺
> 的。胡塞爾說，我們可以燒掉這顆樹，把它分解成各
> 種化學組成部分。但對於知覺所得的樹的意義，則是
> 抽象的對象，不是具體的對象，它沒有化學組成部
> 分，沒有力，沒有實在的屬性，我們是不能燒掉它的，
> 更不要說把它燒光。[9]

　　關於上述所提及的意向性，決定了身體意象的內涵，其
中由知覺而來的「感知對象」和「意義對象」交互作用，影
響身體意象的形成，並十足地影響著身體技能實踐中身體技
能的表現。這在各個運動項目之中都可尋獲相對應的案例。
例如中國武術要求的「劍如輕燕、刀如猛虎、槍扎一線、棍
打一片」，這其中都蘊藏著「感知對象」和「意義對象」交
互作用，「劍、刀、槍、棍」是「感知對象」的客觀存在，
「輕燕、猛虎、一線、一片」則都是「意義對象」的另一種
隱喻性的存在。在此，似乎可以推衍出其「意義對象」的塑
造對於運動技能的實踐有十足的引導作用，這種意義引導較
好的方式也似乎取決於「隱喻性」的強弱。一旦來自於「意
義對象」所產生的「隱喻性」愈強，則提昇運動技能表現的
空間則愈大。臺灣師範大學體育系教授劉一民曾說過：他教
導自己的學生或子女打網球時，為了增強揮拍的強勁，他用
一種隱喻的方法來表述：擊球時，像似要把球打爆的感覺！
網球拍、揮拍、網球都一種「感知對象」的客觀存在，但劉
教授賦予極強的隱喻性的「意義對象」：「把球打爆」，這

---

9 吳汝鈞，《胡塞爾現象學解析》（台北：臺灣商務印書館，2001），147。

自然引動了整個身體的能量，運用於擊中球的瞬間，全身的力量集中在揮拍擊中球的剎那間，自然可以將擊球的能量大幅地提昇。這一「意義對象」的「隱喻性」極為強烈，可以有效地引動身體意象，並擴展至全身能量的發揮。上述這個例子又有如中國武術中的「纏絲勁」的原理相類似，都是將全身的力量集中在一個剎那間發出，以達最大的功效，產生最大的勁道。

> 纏絲勁是發自丹田，上行分達於兩肩，纏繞運轉至臂、肘、腕、掌，透達於兩手指尖；下行經胯分達兩腿，纏繞運轉至膝、足，透達於兩足趾尖。隨著拳勢動作的開展引伸，呼吸方面呼氣而運行纏繞到兩手指尖和兩足趾尖（四梢），這是由內而外的順纏，是為前進的纏絲勁。等到動作開展轉變為合聚，引伸者轉變為回縮，那時呼吸方面呼氣將盡轉變為吸氣，纏勁之原來上下分達於四梢者，循原路纏繞運行回歸丹田；這是由外而內的逆纏，是為後退的纏絲勁。[10]

　「纏絲勁」本身，就具有很好隱喻性的「意義對象」，把拳術中的勁道是發自丹田的環環相扣的狀態以「纏絲」二字來隱喻其力量的積累、合聚、發勁，「纏絲」二字成為一種「意義對象」，使其身體各個部位的力量能順勢而合聚之。「意義對象」就有如將「感知對象」重新地賦予色彩，賦予另一種形態的意義，使其能由第三符號的隱喻性來統合身體對「感知對象」的訊息。但是在身體技能實踐之中，這種「意

---

10 潘詠周，《陳氏太極拳大全第二卷》（中華民國太極拳總會陳氏太極拳分會出版），30。

義對象」的隱喻性所帶來的意義內涵，卻是難以言說的，因
為這是一種複雜的「知與覺」的知識轉化的過程，「感知對
象」是對象的客觀存在投向身體的感知器官，而「意義對象」
卻是將身體自身以另一種方式投向「感知對象」的一種內在
的轉化，也就是我們將自身投入「感知對象」，使得「感知
對象」轉化至「意義對象」。例如上述所提及的網球揮拍的
例子，網球自身並不會因為強烈的揮拍而真的「被打爆了」，
「把球打爆」這是身體自身的體驗、認知、覺醒的意義，並
將之投向揮拍的動作技能之中，真實情況中網球並未「被打
爆」，但卻因為有此意義的投向揮拍的技能，進而隱喻式地
引動了全身的力量來「打爆網球」，提昇了揮拍的力量或勁
道。關於知覺中的「意義對象」，胡塞爾似乎有這樣的意思：

> 離開知覺而作為客觀獨立的存在的樹是不能說的，可
> 說的是在知覺中的樹，即是說，那是作為現象而呈現
> 在知覺面前的樹。對於胡塞爾來說，這樹其實是一種
> 意義，對知覺的意義，不能是獨立於知覺之外而存在
> 的樹本身。胡塞爾說：我們必須把直接地把握的知
> 覺、回憶、預測、評價、意圖等與對它們的反省區別
> 開來。直接地知覺時我們把握的是，比如說，這棟房
> 子，而不是對這棟房子的知覺。只有在反省中我們才
> 使自己「指向」知覺本身。[11]

樹，成為一種意義，才容易被呈顯出來，或是可以這麼
說，所有意向性中的對象，都是具有一定程度意義的「意義

---

11 吳汝鈞，《胡塞爾現象學解析》（台北：臺灣商務印書館，2001），148。

對象」，因此，人們才可以理解它、知覺它的存在。關鍵在於「意義對象」所蘊涵的意義是否具備強烈的隱喻性，這一區別使得「意義對象」的作用能量有強弱之分。在身體技能實踐的場域裡，這來自於「意義對象」的隱喻性引導是很重要的現象，它主導了整個身體意象在運動技能實踐時的表現！

第二節　意象與「境」

> 有造境，有寫境，此理想與寫實二派之所由分。然二者頗難分別。因大詩人所造之境，必合乎自然，所寫之境，亦必鄰於理想故也。

學者劉鋒傑指出，「造境與寫境的區別，不在於一是虛構的幻想的，一是非虛構非幻想的。從本質上言，文學都是對生活的虛構與幻想。……一種離現存事實較遠的藝術境界，稱為造境，一種離現存事實較近的藝術境界，稱作寫境。王國維指出造境與寫境之間相互滲透、包融、轉化」[12]，聶振武認為，「所謂造境，主要是依造想像、虛構、誇張的藝術手法創造的意境，突出作者主觀情感的抒發和理想圖景的刻畫；所謂寫境，則是通過對現實人生的忠實描寫和再現而創造的意境」[13]。

---

12 王國維著、劉鋒傑章池/集評，《人間詞話百年解評》（黃山書社，2002），12。
13 王國維著、劉鋒傑章池/集評，《人間詞話百年解評》（黃山書社，2002），15。

　　中國傳統身體文化的身體漾態也呈現著造境與寫境之別，例如中國武術有一些模倣動物行為而成的拳種，如猴拳、蛇拳等，也有一些離現存事實較遠而靠著人們頭腦中對大自然的領悟虛構而成的，如八卦掌、太極拳等；而中國古典舞蹈亦是如此，「在模仿生活中，升華為藝術的造型，進而產生了抽象的、審美的與抒發情感的人體動作，展現在古典舞蹈中」[14]，較原始的舞蹈如祭祀舞蹈、巫儺等，是為寫境的舞蹈，而六代樂舞、漢代舞蹈、清商樂舞、唐代樂舞等則較屬於造境之舞。不過若從時間的問題切入，對於造境與寫境的詮釋則有不同之處，例如現代對中國古典舞蹈、民族舞蹈的傳統形式與內容的再現，則是一種寫境而非造境的藝術表現，對於中國古典舞、民族舞蹈動作元素的提煉，並重新賦予這些動作元素新的心靈意涵，由傳統根源出發，發展出新生命的藝術，則是造境的藝術表現。

　　一位對中國哲學文化深化領悟者，在修練太極拳或八卦掌等重視心靈層次造境的武術時，造境與寫境之內涵與其所表現之境界，自然不同於僅懂得以肢體活動來呈現武術的技藝者，或許可以說，沒有造境的能力，其寫境的能力必是較浮淺無內涵的。另外，即使是前者對於太極或太極拳的意義與內涵的領悟也是不斷地「延異」的，因為「意義總是同時既被差異化又被延宕」[15]，亦因如此，在不斷「延異」中發

---

14 李天民，〈東方人體文化與中國〉，《東方人體動作研修會發表-舞蹈》，1（1998），27-30。

15 斯圖亞特・西姆（Stuart Sim）著，《德里達與歷史的終結（Derrida and the End of History）》（王昆譯）（北京大學出版社，2005），65。

現許多被遺漏、被忽視的，境界的升華的才有了可能性。關於中國傳統身體文化之身體漾態是一不斷心靈身體化的表現，僅僅只是肢體的運動呈現，是不符合於中國傳統身體文化的要求，在中國武術、舞蹈、戲曲、養生術等皆然。

心靈層次的造境與身體層次的寫境（實際地表現）都是不斷地被「延異」轉化，此二者並不是可以明確分開來的，心靈層次是身體的隱跡作用，身體層次是身體的外化表現，心靈層次的造境是「延異」的創造身體層次的歷史，在不斷地變動與斷裂的「延異」歷史中，心靈身體化成爲中國傳統身體文化的身體漾態的重要特點。

王國維《人間詞話》：

> 有有我之境，有無我之境。淚眼問花花不語，亂紅飛過秋千去、可堪孤館閉春寒，杜鵑聲裡斜陽暮，有我之境也。採菊東籬下，悠然見南山、寒波澹澹起，白鳥悠悠下，無我之境也。有我之境，以我觀物，故物皆著我之色彩。無我之境，以物觀物，故不知何者爲我，何者爲物。[16]」

學者劉鋒傑解讀，「有我之境是指抒情色彩濃重的藝術境界。……詩人一方直接抒情，另一方面，又將自己的情感強加於外物，使得物具我情，物因情活，……所創造的境界也就顯得我情我意特濃；無我之境是主體的情感表達相對隱蔽的境界。此時主體因心態閒靜，融身對象，似乎忘記了我的存在，極力客觀呈示外物情勢。但因物性已是我性，物貌

16　王國維著、劉鋒傑章池/集評，《人間詞話百年解評》（黃山書社，2002），18。

已是我情,在物我的情態同構中,仍然浸潤著我的情趣興致,因此,這是一個看似無我,實則有我的境界。……若說有我之境是以情馭物,情是明的,那麼無我之境是以物載情,情是隱的」[17]。

王國維的這種二種境界之分,同時也存在於中國傳統身體文化中,若將中國傳統身體文化的身體漾態視爲一種藝術化身體,則可以這麼說,有我之境是中國傳統身體文化身體漾態的技藝層次。這一層次是以身體動作爲主的呈現,情感是明確的、清晰的,例如民族舞蹈中節慶舞蹈的表現,或是戲曲的喜怒哀樂的身體表現,或是中國武術中威猛剛強的拳術動作等,這些是身體情感化的明確表現,它的特點是明顯地表現出主體的身體漾態;無我之境則是中國傳統身體文化身體漾態的藝術層次,呈現出藝術化身體,這一境界是中國傳統身體文化的終極境界、至高境界。這一層次的境界是情感身體化的呈現,身體動作的運行不受外在形式對內在情感的強制規範,身體動作的運行由心靈情感來引動,是內在情感外化於身體動作的表現,此時心靈情感是隱跡的、隱喻的,我之情是「隱」的,不如喜怒哀樂如此明顯的表現。

例如中國武術之太極拳的至高境界的要求,即是在一系列的身體動作的運行中,在無形的我隱跡地滲透於各個動作之中,一種無所爲而爲的太極拳表現,又如中國敦煌舞蹈的菩薩舞姿、香音神舞姿等,亦是隱跡之我的表現,寧靜、自在、安定、沉緩、無我的意境要求是敦煌舞蹈精神意涵所注

---

17 王國維著、劉鋒傑章池/集評,《人間詞話百年解評》(黃山書社,2002),19。

重的意境，這些高度的要求，促使舞者需透過內在意境的升華，進而由內而外化於身體舞姿，身體舞姿的動作形式不變，但其驅動力卻是由精神意涵所引動的。這是中國傳統身體文化身體漾態的有我之境與無我之境的差異，但這有一問題的存在，就是有我之境與無我之境的境界，其實都蘊涵著「我」的存在，只是「我」的不同層次的表現，「無我」仍是一種「有我」的存在現象，就中國傳統身體文化的身體漾態而言，「無我」可以說是「忘我」，在身體運行之中忘卻了四肢形體與時間、空間的相對性，而擴大了同一性，而這同一性是差異且延宕的痕跡（traces），在不同的時空下表現著不同的同一性。

　　太極拳要求的至高境界是不受外在環境的控制，而能運行自如，更重要的是不受太極拳本身的限制，要求忘卻所有外在形式套路的規範，而以一種自然變動的意境自如運行，這是在熟練基本技能之後才能升華的境界。當身體技能熟練至某一種程度時，自然地可以由內在不同的情感來驅動身體動作之運行，由不同情感運行著相同形式的身體動作，亦有著不同的身體漾態表現，這是無我之境的表現，無絕對的權威性的藝術表現，如 Derrida 的「延異」的痕跡一般，當人們感知此境界，當下即開始「延異」變化，境界留下了痕跡並不斷地「延異」。

　　Derrida 認為文字有多義性，這是「延異」的後果，就無我之境這一詞語而言，自然是多涵義的，有著多種不同的詮釋，例如朱光潛先生認為王國維的「無我之境，……其實都是有我之境。與其說有我之境與無我之境，不如說超物之境

和同物之境」[18]，而顧隨先生認爲，「有我之境、無我之境不能成立，不能自圓其說。……餘以爲心是自我而非外在，自爲有我之境，而無我之境如何能成立」[19]，王文生認爲，「有我之境與無我之境，不是詩中是否有「我」，而是從物與我的關係，我觀物的方式的不同而區分的兩種審美範疇」[20]。

以上這些岐異，就是 Derrida 所言的文字多義性，亦是「延異」所留下的痕跡，Derrida 認爲「我們使用的語言有著所謂『延異』（différance，Derrida 模倣法語詞 différence 創造出來的新詞，後者既有差異也有延宕之意）的特點。後面這一詞的雙重含義在言語中無法區分，而只有在文字中才能區分出來，這一事實對於 Derrida 來說就表明了意義的內在不穩定性，用他的話說就是，意義總是同時既被差異化又被延宕」[21]。

中國傳統身體文化身體漾態的有我與無我之境的種種不同的觀點，都是「延異」的種種痕跡，這些痕跡會在歷史脈絡中不斷地變動斷裂。有我之境與無我之境都無法脫離「延異」的「我」的歷史，「我」在差異與延宕之間，遊走於空間與時間所交錯而成的種種境地，進而產生出種種不同的「我」的痕跡。就有我之境與無我之境而言，中國傳統身體文化的

---

18 王國維著、劉鋒傑章池/集評，《人間詞話百年解評》（黃山書社，2002），20。

19 王國維著、劉鋒傑章池/集評，《人間詞話百年解評》（黃山書社，2002），21。

20 王國維著、劉鋒傑章池/集評，《人間詞話百年解評》（黃山書社，2002），27。

21 斯圖亞特・西姆（Stuart Sim）著，《德里達與歷史的終結（Derrida and the End of History）》（王昆譯）（北京大學出版社，2005），65。

身體漾態由於受著中國古老文化「延異」的痕跡的不斷印刻，在本質上蘊涵著較重程度的「無我」的境界要求，這一種「無我」並非「沒有我」而是消解了「我」與「我」（身與心）的內在矛盾、「我」與「物」及「我」與「他人」的相對立矛盾，也就是改變了互動關係的存在形式與內涵，因此，產生了所謂的無我之境。

　　舉一個例子說明，在中國舞蹈的訓練中，可以讓一群舞者自由地表現創作者的作品，舞者們根據自身過往的經驗與判斷，表現出自我特色的舞姿，這是有我之境的表現；同樣地，可以訓練並要求舞者先捨棄自身過往經驗與判斷，要求舞者忘卻自身是誰，忘卻自身經驗，重新接受作品中所要求的情感，對這一情感的詮釋必須盡量地避免受其經驗的影響，忘卻「我」是誰，忘卻身在何處，忘卻身在舞蹈，僅專注於一種重新感知的情感，由此情感引動而舞，這種「忘」的要求，則近乎於無我之境的要求。這是一個改變了「我」與「我」（身與心）、「我」與「物」及「我」與「他人」之互動關係的存在形式與內涵的例子。這裡要強調的是，即便是「忘我」到了至高境界，仍然是「延異」的痕跡。王國維《人間詞話》的有我之境與無我之境亦都是「延異」的歷史所不斷變動斷裂並不斷地印刻上去的痕跡。

　　在 Derrida 的解構理論中透過「延異」闡釋了意義的不穩定性，認為「交流永遠都會有鴻溝，在任一點上，意義都不會完整地呈現和在場。相反，應當把意義看作是一個持續變化的過程，當一個詞語被使用的時候，意義從來不會全部出現，它總是與自身有所差別，同時從任何意義的實現處延

宕開來」[22]，王國維《人間詞話》，「詞以境界為最上，有境界則自成高格」[23]，境界意義是渾沌性的，其內涵就是不斷「延異」的痕跡，詩詞的高格境界，正是意義無法全部彰顯開來，而形成一種渾沌性的意向時空[24]，「延異」在此意向時空大發神威地創造種種痕跡的遊戲，故境界得以被自由遊戲所形塑、想像、創造。

　　不論是所謂的寫境或造境，是有我之境或無我之境都是境界一詞語所「延異」的痕跡。正是因為「延異」的作用，境界被創造出無限的意向時空，在中國傳統身體文化所追求的虛實互映、虛實互存、心物和諧、天人合一之境界才有了可能性，中國傳統身體文化身體漾態才能蘊涵心靈身體化的特點，才能透過對境界的自由遊戲，而在意向時空中改變「我」與「我」（身與心）的內在矛盾、「我」與「物」及「我」與「他人」的相對立矛盾的互動關係。Derrida 認為「『延異』的遊戲是言語本身固有的。言語實際上已經就有差異，每個詞或口語符號從一開始就分裂為語言能指（phonic signifer）和概念所指（conceptual signified）」[25]，Derrida「經常用『延異』這個新造的詞來表示書寫的雙重功能：差異（符號之間彼此不與）和遲延（符號鏈的無限性延遲了它在某個原始所

---

22 斯圖亞特·西姆（Stuart Sim）著，《德里達與歷史的終結（Derrida and the End of History）（王昆譯）（北京大學出版社，2005），67。
23 王國維著、劉鋒傑章池/集評，《人間詞話百年解評》（黃山書社，2002），1。
24 "意向空間"，指由意識感知所形成或創造出來的具有方向性的意識想像，這一意識想像形塑出一獨特的時空。
25 德希達（Jacques Derrida）著，《立場（Positions）》（楊恆達、劉北成譯）（臺北：桂冠出版，1998），130。

指上的終結）」[26]。

　　從這個「延異」的差異與遲延切入，王國維《人間詞話》的境界說，在他立論的基礎上，將不斷地差異的、遲延的擴散境界的意義，形成多元意義內涵的現象，因此我們不能斷論地訴說何者為對，何者為誤！或許我們該以不設限的至高境界內涵來看待境界自身。由此，我們可以推論中國傳統身體文化的身體漾態亦是多元意義的內涵，心靈層次的種種無形感知如「水」、「氣」一般地滲透至身體的每一個細胞之中，在這一滲透的過程中，心靈層次的感知已經產生差異與遲延，它透過「延異」的痕跡引動著身體的種種運行，身與心融合、我與自然融合、不設限的「我」與萬物萬事互動和諧，這是中國傳統身體文化之身體漾態的境界追求；反而言之，身體感官對自然、社會、自身的種種接收，同樣地是「延異」般地不斷差異與遲延地刻印在無形的心靈層次上，在這個多元意義內涵的身體漾態下，身與心是同時地受著「延異」的不斷差異與遲延作用的。身體漾態指的就是這互為因果、互為作用、互為「延異」的關係上所呈現的種種形態。

　　中國傳統身體文化身體漾態的境界是和諧的順應這不斷差異與遲延的「延異」痕跡，達到自由遊戲、自在自為、自然和諧的境界，這是中國傳統身體文化的獨特之處。這種自由遊戲、自在自為、自然和諧的境界，其自身必是不拘泥於所達至的境界，這是一個不被設定的境界，既非有我亦非無我；既非寫境亦非造境，反而言之，既可有我亦可無我；既

26　德希達（Jacques Derrida）著，《立場（Positions）》（楊恆達、劉北成譯）（臺北：桂冠出版，1998），128。

可寫境亦可造境，非凡非聖，可凡可聖，如此才是境界，才是中國傳統身體文化身體漾態所要求的境界。就如 Derrida 最後也得消解自己所立的論點，他說：「先驗本原（trascendental arche）的價值必須在使人感到它的必要性後使自己被消除。本原一特徵的概念必須既符合那種必然性，又符合那種消除」[27]。

根據本文的探討與分析，歸結出下列幾點結論：

一、心靈層次的造境與身體層次的寫境（實際地表現）都是不斷地被「延異」轉化，此二者並不是可以明確分開來的，心靈層次是身體的隱跡作用，身體層次是身體的外化表現，心靈層次的造境是「延異」的創造身體層次的歷史，在不斷地差異與遲延的「延異」歷史中，心靈身體化成爲中國傳統身體文化的身體漾態的重要特點。

二、就有我之境與無我之境而言，中國傳統身體文化的身體漾態由於受著中國古老文化「延異」的痕跡的不斷印刻，在本質上蘊涵著較重程度的無我的境界要求，這一種「無我」並非「沒有我」而是消解了「我」與「我」（身與心）的內在矛盾、「我」與「物」及「我」與「他人」的相對立矛盾，也就是改變了互動關係的存在形式與內涵。

三、寫境與造境或有我之境與無我之境亦都是「延異」的歷史所不斷變動斷裂並不斷地印刻上去的痕跡。境界是多元意義內涵的，我們應將之解放，以自由遊戲的態度來面對。Derrida 指出，「他的解構綱領並不簡單地虛無主義將意義歸

---

27 德希達（Jacques Derrida）著，《立場（Positions）》（楊恆達、劉北成譯）（臺北：桂冠出版，1998），136。

結為無意義的方法，相反，他斷言，這是對意義的徹底解放，使之進入一種相異性（alterity）遊戲。意義最終總是與我們用它所指示的東西不與」28。對於境界或對於中國傳統身體文化的身體漾態我們應注重到其內涵所存在的相異性，這一相異性透過差異與遲延使我們能對境界與身體漾態的意向時空有所感應、感知。

四、中國傳統身體文化身體漾態所追求的境界最後仍得被消解，這才是真正境界的獲致，才能確實地自由遊戲、自在自為、自然和諧地運行身體，呈現真正境界的身體漾態，這也才是真正的中國傳統身體文化的內涵。

---

28 德希達（Jacques Derrida）著，《立場（Positions）》（楊恆達、劉北成譯）（臺北：桂冠出版，1998），137。

第四章　隱喻性

　　身體作為一種文化型態而存在於人們所生存的環境中，不論對於社會或個人的影響是巨大的，這種巨大的作用力在歷史的恒流中不斷地「集結」，這不僅是個人經驗的集結，亦是社會功能的集結。個人的經驗集結與他人的經驗集結，以及和社會功能的集結，這三者是彼此相互干擾，相互產生作用的。因此，個人的身體文化經驗的集結就不會是脫離社會民族而單獨的存在但又保有其獨特性的集結。這樣地集結通過活動的不斷反覆與時間的積澱，深化於個人與社會的內在基層而成為一種「隱」的存在，這一存在成為不易覺察的內在因子，在人們日常生活中起著細膩的影響，人們常不自覺地對自覺感知的外在訊息作出反應，這是深化且隱藏於深層內在的「意象」，著名的心理學家榮格將它稱為「集體無意識」。「當個體的意識或無意識活動在社會實踐的廣泛流傳中被無數的其他個體，被整體社會加以認同、加以仿照、加以重覆、加以依樣照板地實行之後，那種個體的活動方式便會成為社會的無意識文化，成為一種理所當然，不言自明的社會文化圖式」[1]。

---

[1] 胡瀟，〈論個體無意識的非個體性 —— 榮格無意識理論片議〉，《人文視野》，1，79-80。

　　身體文化的傳承與創新是築基於身體不斷的實踐，所謂的傳承與創新也是在一次又一次的身體實踐中發生著。身體實踐傳承著身體文化的精神、意義、象徵，也傳承著身體文化的規律、規範、制度等。然而，在歷史的進程中，身體實踐的主體是不斷地變換著，一代接著一代延續下去，技術不斷精進，文化不斷深化，意義不斷地延展，這其中即蘊涵著「傳承與創新」的發展。問題在於如何看待「傳承與創新」這看似二種不同層面的議題！傳承意謂著延續「傳統」，保留「傳統」，但這究竟是否意謂著「傳統」的不可變異性呢？或者由另一個角度而言，「傳統」的不可變異性，實際上是難以存在的。這現象似乎並不難理解，因為身體實踐著身體文化，其實踐的主體在不同的時間裡、不同的空間裡都有所不同，然而不同的主體對於身體文化的實踐觀點、實踐態度、實踐行為、實踐習慣都存在著差異性，此差異性就必然導致身體文化的傳承必然包含著創新的意義，也因此，身體實踐著身體文化，一方面傳承著傳統的意涵，一方面也自然且必然地創新著每一次的實踐。學著曾嘯良表示：

> 傳統與創新之間的模糊地帶，向來是文化界爭辯不休的焦點。[2]從整個社會文化的演化過程來看，傳統是文化發展延續的基礎，……在歷史的傳承之中，總有些適合的傳統被保留，不適合的傳統被放棄。傳統在它所屬的那個時代也曾經是創新的產物，創新和傳統是一個不斷演化的過程，今日的創新將成為明日的傳

---

2 曾嘯良，《傳統與創新 —— 現代藝術的迷思》（臺北：三藝文化，2002），封底。

統。唯有在當代同一社會組織下的人群創新能力不
足，無法接續歷史或反映時代與社會特色之時，民族
文化才會漸趨虛弱而貧乏。[3]

　　傳承不代表著完整的複製或再現！完整的傳承存在著
「不可能性」，其原因在於：身體的感知受制於時間與空間、
傳承的完整性又取決於他者的詮釋性、太多的變異因素存在
於身體文化的實踐之中。因此，由另一個視角來看：傳承本
身是蘊藏一種破壞性！對傳統的傳承本身，即蘊含著破壞
性，因爲每一次的實踐中，乃是不同的身體性、不同的實踐
性及不同的意義性。然而這三種層面的差異性就構成了傳承
的破壞性。換句話說，因爲空間的不同、時間的不同、主體
的不同、身體感知的差異，都會引發在傳承的實踐中，自然
而然地運用「創造性詮釋」的現象。

　　身體文化在傳承的過程中存在著太多的變異性，實踐主
體的不同、實踐場域的不同、時間的不同、互動（競賽）對
象的不同等都會形成變動。身體文化的傳承與創新，它發生
在空間的差異、時間的延續及他者的詮釋三個方面。在這三
個方面的變異狀態下，身體文化既必然有著繼承與保護的作
用，亦自然有著創新與發展的能量。身體文化傳承的對象即
是我們一般所說的「傳統」，然而，傳承與創新之間實在太過
於模糊、渾沌不清。若由空間的差異、時間的延續及他者的
詮釋三個方面的變異現象來說，在一般常見的認知當中，似
乎一般對「傳統」這個概念有著模糊且誤解的概念：即「傳

3　曾肅良，《傳統與創新──現代藝術的迷思》（臺北：三藝文化，2002），
　　83-84。

統」是某種固定的、不變的形式、原則與風格的表現。似乎只要不符合傳統既定的形式、原則、風格，就容易被專家評斷爲非傳統的表現，在此概念下的文化發展，即容易出現所謂「傳統」與「非傳統」的一種粗略的二分法。例如在近幾年民俗民族舞蹈的身體表現，其表現技術、形式與風格早已和傳統大不相同，這是創新程度遠大於保留傳統形式的文化發展現象。但值得注意的是不論民族舞蹈如何創新其表現形式、風格，它仍然是在傳統的基礎上來進行的。

的確，傳承與創新似乎很難以明確分開來看待，它在文化的發展脈絡中似乎同時存在、同時形成二股力量，拉扯著文化的發展。在現代科技發達的時代，各種身體文化的實踐場域裡，不免地由各種科技產物介入實踐之中，這些介入也就自然會改變著身體文化的發展。例如這幾年溫布頓網球賽，選手可以藉由鷹眼來挑戰線審的判決，爲自己的競賽爭取更多的利基；美國職棒也開始考慮透過錄影重播來判定爭議的判決。由此可知，傳承的難度在於各種新穎的、多元的因素不斷介入身體文化的實踐場域裡，不起變化幾乎是不可能的，然而創新也就在一種主動的（介入新因素）與被動的（接受新因素）的過程裡存在著，當然，它是在傳統的基礎上發生著。看來，似乎傳承與創新並不是二回事，而是二種作用力，它是文化發展必然存在的二種作用能量，觀察各種身體文化的發展，不難發現它的蹤跡。

「胡塞爾的論述啓示了身體的現象學與視覺藝術間的微妙關係。梅洛・龐蒂在此基礎上創立了以身體爲基礎的存在現象學，詮釋了個體意義的身體在形成 "世界觀" 方面的非

凡作用。他賦予身體一個具有創造性的、姿勢性的意向性，揭示了身體在哲學層面上的分量，從而為藝術提供了身體現象學的獨特視野」。[4]

　　「梅洛·龐蒂發現了傳統視覺理論中，看的主體與看的物件之間沒有接觸、沒有壓迫、沒有滲透的疏離，人們的眼睛長期受"視覺"這一概念及這一概念制度化的構造所侵蝕。為了克服這種距離感，梅洛·龐蒂在《可見的與不可見的》一文中建構了視覺的可逆性模式，他引用了安德列·瑪律香的文章來說明這種可逆性："在森林中，我多次感到並不是我在觀看森林。有些日子，我覺得是樹木在盯著我，與我搭訕"在看的主體與被看的物件兩者互相纏繞的可逆的動態關係中，身體的介入是不可或缺的。梅洛·龐蒂寫道：身體接觸物體、觀看物體，並不是指把可見者作為物件置於自己的面前。可見者在身體的周圍，甚至入境而在身體之內，從外部或內部編織成視線或手。在這一點上，梅洛·龐蒂的思想與馬克·勒伯的觀念遙相呼應，馬克·勒伯《身體意象》中採取了"互動整體"的模式來論述身體動作對造型藝術的意義，身體不只是自身協調統一性，身體的統一性要在宇宙的整體回應中才有意義。他說："當身體證實其為'一個'（一個整體）時才會安然。每一知覺迴響直至神經末梢；每一你指尖觸及的東西，牽動所有肌肉；一

4　王文杰，〈身體現象學與視覺藝術〉，《浙江藝術職業學院學報》，1卷1期（2003.03）：86-90。

個來自遠方的指令深入身體之內。身體被外來的感知
所滲透，反之，身體亦深入其中。那麼，誰在內、外
間交換？單靠它們相互介入，並不足夠使內外溝通；
要傳遞資訊，還得變成符號才行。"（馬克・勒伯《身
體意象》）社會行為主義者喬治・赫伯特・米德在《心
靈、自我與社會》中持同樣的反二元論觀點，把認識
與人的身體、人的實踐活動、人的主體間性聯繫起
來，從意識、物件尚未分離的地方開始其認識論，個
體的身體姿態在社會行為過程不斷根據所處情境、物
件姿態的變化而調整」。[5]

　　視覺是身體最重要的感知來源之一，身體技能實踐場域
裡大多來自於視覺感知的訊息，並對之作出反映與實踐，視
覺感知的一切訊息，都將轉化成為某種符號，一方面在感知
對象中強化其客觀存在，一方面在意義對象中強化其意義性
並進一步發生作用力，影響至運動技能的實踐。關於知覺意
向與意向對象的關係，胡塞爾說：

　　　　知覺有它的意向對象，在最底層處即它的知覺的意
　　　義，也就是被知覺東西自身。同樣地，每一記憶活動
　　　有它的被記憶物自身，如同它在記憶行為中是「被意
　　　指的」、「被意識的」。另外，判斷行為有被判斷物
　　　自身，愛的行為有被愛好物自身等等。就每一情況來
　　　說，被稱為「意向相關物」的，就稱為「意義」來說，
　　　應被視為「內在地」存在於判斷、愛好等等的知覺體

5　王文杰，〈身體現象學與視覺藝術〉，《浙江藝術職業學院學報》，1 卷
　　1 期（2003.03）：86-90。

驗中。

在知覺上，每一意向對象都在底層有它的意向意義。兩者的關係很密切。而意向作用也不限於意識之中，也可指知覺、記憶、判斷、愛好等等。每一種這樣的行為都有一它意指的事物和它相應。這便是意向相關物，它是以意義為主的。胡塞爾說，作為意義的意向相關物，「內在地」存在於知覺體驗中，這意向相關物應有對象的意義。[6]

事實上，一切科學之基礎即是世界身體。維科在《新科學》中提出的 "詩性邏輯"，認為通過這種邏輯，人們才能用其身體構想世界。身體是一個小宇宙，宇宙是一個大身體。身體是藝術家創造活動的最重要的介體，藝術的創造離不開身體的活動。[7]

現象學中以本質還原（reduction）為基礎的思維，強調透過存而不論（或稱懸置；epoche）的方法，將現有的成規、知識、文化括弧（bracketing）起來，重新回到原初的經驗。感知現象學提出以身體感知（perception）為核心主體的意識來源，身體乃是經驗世界的感覺，身體 —— 主體是意義的脈絡結構，透過身體，認知的主體才得在所經驗的場域中，與外在他物的關係產製意義。換言之，主體就是身體，而體驗

---

6 吳汝鈞，《胡塞爾現象學解析》（台北：臺灣商務印書館，2001），147。
7 王文杰，〈身體現象學與視覺藝術〉，《浙江藝術職業學院學報》，1 卷 1 期（2003.03）：86-90。

　　即為認知週遭環境的首要經驗。[8]

　　在認識問題上胡塞爾（Edmund Husserl）堅持直覺主義原則，胡塞爾解釋說，「我在接近對象時，在原本顯現的情況中我與對象發生關係，對象作爲在世界舞台上的可經驗、可體會、可認識之物顯現給我。因此，接近對象或原本性就成爲哲學認識的基礎和規範，每個世界經驗在陳述時都必須依賴於被陳述之物的原初的真實的顯現」。[9]胡塞爾所謂的「本質直觀」，就是從不斷變動的「意識流」中去掌握它的「本質」或「根源」，它具有根本性、穩定性、內藏性的特質，即所謂的「純粹意識」或「純粹直觀」。換言之，就是將意識流之主體與對象間的關聯與各自的本質特徵，透過本質直觀的方法將之還原至原初規律上。人與世界、對象的原初關係，必須透過本質直觀的方式將之還原並賦予其意義，使之直觀無經驗偏見的掌握事實本質，並在人的意識中顯現出意義來，所以現象學的本質直觀是對於主體以外的客體對象，在於使客體對象本身如實的體現出來，這是一門「還原」或稱爲「懸置」（epoche）的哲學。胡塞爾認爲：人們的偏見來自於「二元分立」的觀念，處理這種偏見，就需要獨特的哲學思維態度與方法，在胡塞爾現象學中此種態度是「本質直觀」，其方法即是「還原」。就身體本質而言，透過本質直觀可以由身體與世界的關聯、主體與身體互動關係的現象中透析其本質。身體現象源於主體所能感知、意象、判斷、

8　陳明珠，〈現象身體：性/別的本質還原〉。
　　http://cc.shu.edu.tw/~gndrshu/meeting/8_5.pdf。
9　周貴華，〈試論胡塞爾現象學的開放性及意義〉，《襄樊學院學報》，22卷4期（2001）：15。

體驗、詮釋的一切，這就如世界現象存於主體意識之中一樣，身體並不能以一種表現獨立於此世界之外。因此，主體意識作用於具實的或虛幻的對象，就如世界如何存在於主體意識之中是一樣的，這是一個既存在又看不見、摸不著的隱晦場域，但身體的本質與身體的作用能量卻都隱匿於此隱晦的場域之中，海德格爾（Heidegger）說，「此在的本質就在於它的存在之中」，[10]對這個場域的探究是不容易但卻重要的，首先得先探討一些學者在身體本質上的論述與觀點。

就現象學而言，一般對事物本質的掌握都是經驗判斷的結果，具有經驗性格，它是個別性的、可分割性的部分，而不是直觀性、明證性的性格。事物的本質不應獨立於世界之外或異化於世界或異化於人性，應與人們其他的一切密切相關。通常人們易於將一個整體事物切割成數個部分來加以探究，但問題在於「部分」這個問題是有差異性的。「整體可以分出不同的部分（parts）：片段（pieces）與環節（moments）。片段即使不在其所屬的整體中也還能存在，也能讓人把它呈現；片段可以從整體中脫離出來。因此，片段可以被稱作可獨立部分」；[11]「環節則是無法脫離其所屬整體而存在而呈現的部分；它們無法被抽出。環節是非獨立部分」。[12]整體的「部分」被切割出來，有著二種不同的性質，其中最重要且容易被誤判的是「環節」問題。對於身體本質的掌握，不

---

10 海德格爾（1987）：存在與時間。北京：三聯書店。第 61 頁。
11 羅伯‧索科羅斯基（Robert Sokolowski）著，《現象學十四講（Introduction to phenomenology）》（李維倫譯）（台北：心靈工坊，2005），44-45。
12 羅伯‧索科羅斯基（Robert Sokolowski）著，《現象學十四講（Introduction to phenomenology）》（李維倫譯）（台北：心靈工坊，2005），45。

論是以肉體爲中心、以心靈爲中心或以社會爲中心，這看似是一個環節問題不應被置入片段式的判斷之中。關於片段與環節的分析在後續章節會有更明確的探討。另外，對於身體本質的研究是否應明確地區分各種身體派別，不同的身體派別會有不同的身體本質嗎？這似乎亦是一個環節問題，「只有當我們對身體本質的揭示不拘泥於基督教、伊斯蘭教、佛教等具體的身體學派，而是從更廣泛的精神和文化範疇來理解身體，我們才不失對身體本質認識的可能。身體作爲人類精神和文化的一個方面，是與人類的其它精神和文化溶爲一體的」。[13]現象學這種部分與整體的分析是一種科學思辨的方法，我們將其運用在身體本質的解析上，以探究這「看不見的現象」，客體對象的內在本質是「看不見的現象」，身體的真正作用力是存在於此隱晦的場域中，在這個場域中不斷地生發著種種「變異」，就是這些「變異」讓身體的作用力如此強韌延續，這也是我們要探究的環節問題。

　　梅洛・龐蒂在《知覺現象學》中論述的"身體空間"與唐力權先生關於"道"的闡釋，不謀而合。他說：身體本質上是一個表達空間。身體在此被賦予一個具有創造性、姿勢性和意向性，它容納了主體的"投射"，它把世界當成它的視域來運作。知覺與圖形——背景有關，圖形——背景的形成總是由觀察者身體的位置所決定，也是由大腦所有功能所決定。[14]

---

13 郝寧湘，〈身體本質新探〉，《寧夏社會科學》，3（1998）：73。
14 王文杰，〈身體現象學與視覺藝術〉，《浙江藝術職業學院學報》，1卷 1 期（2003.03）：86-90。

在身體中，「人們把自己的經驗世界變成一種只是在思想中的、想像中的本質，這個本質作某種異物與人們對立著」[15]。身體的本質在人們經驗、思想、想像中轉化成符合人們所欲成爲的對象，因此，是一種在人們思想中的虛幻異化的產物。這樣的本質當然是非真實、非根源本質的，可稱爲是一種「僞裝本質」，它包覆於各種人們的經驗判斷之中。若身體的本質是人們經驗判斷的性格存在，它就具備了個別性與變動性，可能因主體經驗判斷的不同而不同，也因此在不同主體意識下產生了不同的身體本質。

> 法國美學家馬克·勒伯在《身體意象》一書中這樣寫道：＂＇身體＇經常是意外獲致、碰巧遇上的，是畫家在材質、形式、顏色的遊戲當中突然遇上的。它全神貫注於其效應，端賴執筆者（畫家）自身身體的驅策。所以身體的意象乃是由＇身體＇到＇身體＇，在畫家和畫作間的肉搏效應。＂[16]

學者指出，身體是人類本質自我異化的一種特殊的社會意識形態；身體是現實客觀世界的異化反映，是一種顛倒了的世界觀，是支配著人們日常生活的外部力量；身體在對抗階級社會裡是人民的鴉片。這是從不同的方面和意義上，揭示了身體的本質[17]。根據上述，身體本質的變動性是很大的，但本質的意義應爲一種必然的原則，它是穩定的自在性與客

15　馬克思、恩格斯，《馬克思恩格斯選集 ── 第 1 卷》（人民出版社，1996），170。

16　王文杰，〈身體現象學與視覺藝術〉，《浙江藝術職業學院學報》，1 卷 1 期（2003.03）：86-90。

17　陳麟書、陳霞，《身體學原理》（北京：身體文化出版社，2000），59。

觀性，方能使事物顯現該事物的現象。我們不應將變動的意識經驗之流所體現的現象當作是身體的本質，這有如將「偽裝本質」看成本源的、根基的「真實本質」。由之可見，我們需要一個獨特的哲學方法，將之還原至無法還原為止，再以直觀純粹的意識之流體現身體的本質。這是一種透過判斷除卸判斷，透過思維解開思維，透過懸置一切經驗意識，逼顯直觀純粹意識的哲學方法，它就是現象學。關於整體與部分的關係，Robert Sokolowski 指出：

> 釐清部分與整體的關係是哲學與人類理解力的中心議題。[18]

> 整體可以分出不同的部分（parts）：片段（pieces）與環節（moments）。片段即使不在其所屬的整體中也還能存在，也能讓人把它呈現；片段可以從整體中脫離出來。因此，片段可以被稱作可獨立部分。[19]

> 樹葉與果實可以從生長的樹上離開，但它們仍然可以是獨立的物體。一個片段，一個可獨立部分，也是一個可以成為具體個體者的部分；在另一方面，環節就不能成為具體者。環節不論在什麼情況下被經驗到，都是搭著其他的環節在一起。[20]

身體意象來自於一種「自由的想像」，對身體範疇中各種

---

18 羅伯‧索科羅斯基（Robert Sokolowski）著，《現象學十四講（Introduction to phenomenology）》（李維倫譯）（台北：心靈工坊，2005），50-51。

19 羅伯‧索科羅斯基（Robert Sokolowski）著，《現象學十四講（Introduction to phenomenology）》（李維倫譯）（台北：心靈工坊，2005），44-45。

20 羅伯‧索科羅斯基（Robert Sokolowski）著，《現象學十四講（Introduction to phenomenology）》（李維倫譯）（台北：心靈工坊，2005），45。

訊息進行個體化的自由想像，在這個自由想像之中，某些可以具體感知的形象，例如某動作的形象，某些則無法具體感知的，例如某動作的精神意涵。但不論是可感或不可感的，最終這些想像都會具體體現於「身體」，呈現另一層次可感知的內容。

> 自由想像並不是一種毫無基礎條件的自由，它對本質的自由變異，必須奠基於「身體知覺」，同時這種基礎並不「決定」想像內容，但卻要求想像內容的「肉身化」，也就是要求想像內容成為具體可感的表達。於是，就存有學而言，不再有純粹自由的想像，也沒有純粹蒙昧的身體，「身體知覺」總是保有超越事實層面的「本質知覺」想像活動，而自由想像總是需要援用「身體知覺」來落實（embodiment）。[21]

在身體意象的範疇上，具體形象化的身體儀式的身體意向性，似乎可以被視為「片段」部分，但仔細思考，卻又不盡然如此。它又可能在更大程度上是屬於「環節」部分，因此，我們又必要在此討論清楚。由於，「片段與環節的區分在哲學分析上是十分重要的」，[22]對於身體意象之書寫蹤跡，首先應由此著手進行「片段」與「環節」的解析。

「當一個片段與其整體分離，它就自成一個整體，不再是一個部分」。[23]「環節則是無法脫離其所屬整體而存在而

---

21 龔卓軍，《身體部署 —— 梅洛龐蒂與現象學之後》（台北：心靈工坊，2006），33。
22 羅伯‧索科羅斯基（Robert Sokolowski）著，《現象學十四講（Introduction to phenomenology）》（李維倫譯）（台北：心靈工坊，2005），47。
23 羅伯‧索科羅斯基（Robert Sokolowski）著，《現象學十四講（Introduction to phenomenology）》（李維倫譯）（台北：心靈工坊，2005），45。

呈現的部分；它們無法被抽出。環節是非獨立部分」，[24]「哲
學分析就是在弄清楚種種不同的環節部分如何建構出一個整
體」。[25]「環節若不與其他環節在一起便無法存在」，[26]「環
節不論在什麼情況下被經驗到，都是搭著其他的環節一起；
它們都是以與其他部分組合在一起的方式存在」。[27]

　　心智是具備意向性的，人們時常不自覺地「意向」著一
些虛幻的對象，它們可能從未發生過或從未真正被理解清楚
的，人們意向著所想像的對象，意向著遠離實證的神秘世界。
因此，「心智根本上是與其對象事物相關聯的。心智本質上
是意向性的。根本沒有我們如何能夠抵達心智之外的世界的
問題，因為打從一開始，心智就不應該與世界分開來，心智
與事物互相是對方的環節」。[28]事實上，「靈魂是屬環節性
的，與身體有著根本上的關聯，它立基於身體，使之有生氣，
能判斷，在其中它可以表達。人類是生氣活潑的身體，而不
是物質化的精神」。[29]「環節是無法脫離其所屬整體而存在

24 羅伯‧索科羅斯基（Robert Sokolowski）著，《現象學十四講（Introduction to phenomenology）》（李維倫譯）（台北：心靈工坊，2005），45。
25 羅伯‧索科羅斯基（Robert Sokolowski）著，《現象學十四講（Introduction to phenomenology）》（李維倫譯）（台北：心靈工坊，2005），49。
26 羅伯‧索科羅斯基（Robert Sokolowski）著，《現象學十四講（Introduction to phenomenology）》（李維倫譯）（台北：心靈工坊，2005），45。
27 羅伯‧索科羅斯基（Robert Sokolowski）著，《現象學十四講（Introduction to phenomenology）》（李維倫譯）（台北：心靈工坊，2005），46。
28 羅伯‧索科羅斯基（Robert Sokolowski）著，《現象學十四講（Introduction to phenomenology）》（李維倫譯）（台北：心靈工坊，2005），48。
29 羅伯‧索科羅斯基（Robert Sokolowski）著，《現象學十四講（Introduction to phenomenology）》（李維倫譯）（台北：心靈工坊，2005），45。

而呈現的部份；他們無法被抽出」[30]。

　　「理解和解釋就是從符號到符號的漂移」。[31]符號到符號的漂移象徵著「可確定性所指」的不可能性，象徵著一種表現的再現，一種創作的再創作，一種相似的相似，這都是因其補充的現象所形成的。藝術作品的真理只在符號至符號的漂移中，我們不可能確定藝術作品的真理何在，它始終延異地漂移著，它始終不斷地刻劃著一種隨即消逝的蹤跡。

　　身體符號書寫出的並不是符號，而是一種蹤跡、踪跡或稱作蹤跡，身體符號的所指是含混不明確的，但它在指涉的過程中留下了蹤跡，一種擴散性的蹤跡。關於身體符號的書寫，我們不能將之視為某種形而上的概念，它自身已是多元化、差異化的解構本質，若將之視為某種形而上學的概念，則將大大地侷限了身體符號的所指意涵。如 Jacques Derrida 指出，「符號是異質成分的統一體，因為所指（意義和事物）本身不是一個能指，一個蹤跡。無論如何它本質上不是由它與其可能的蹤跡關係構成的。所指的形式本質是在場」。[32]身體表現的蹤跡，一次又一次地被後來呈現的蹤跡所消抹，新的蹤跡是築基在舊的蹤跡上進行刻劃的。更值得注意的是，它並不是單一與單一蹤跡的重疊，而是多元與差異的重疊，一個蹤跡是被多元的、差異的蹤跡所消抹覆蓋。因此，場域

30 羅伯‧索科羅斯基（Robert Sokolowski）著，《現象學十四講（Introduction to phenomenology）》（李維倫譯）（台北：心靈工坊，2005），45。
31 李建盛、劉洪新，〈德里達的解構哲學及其對藝術真理的理解〉，《湖南科技大學學報》，7.1（2004）：8-11。
32 J. Jacques Derrida, trans, by spivak. of Grammatology. The Johns Hopkins University Press,1976. P.19.（引自周榮勝，〈德里達的印跡論〉，《南京師大學報》，4（1999.07）：95-100。）

上的身體符號所刻劃的蹤跡是擴散性地被消抹覆蓋，這是藝術作品的多元與差異化的詮釋現象，「美」就在這一再被消抹的蹤跡中被感受、被呈顯出來。所以，身體意象是「心靈書寫」式地擴散性蹤跡，它以相似的不同，持續地擴散開來，身體符號引發了心靈書寫，心靈書寫又引發了更多的心靈書寫，蹤跡誘導了多元與差異的蹤跡來消抹自身，因此，在身體意象中，此刻的美與下一刻的美，相似而不同。「差異是蹤跡在系統中確定了的凝固的關係，是蹤跡的被抹消，而蹤跡是潛在於系統中的變動不居的差異作用，是要素與其他要素發生差異作用在自己身上留下的蹤跡」。[33]

　　身體意象的心靈書寫並不以另一個中心主義的東西來替代另一個中心主義，這樣的心靈書寫是在與他者的種種差異關係中互動而虛擬出來的身體意象。心靈的書寫使得身體是一種心靈化的身體，身體與意識在身體藝術中並不是二元對立的絕對關係，這二者也並不是以其中任何一者為中心的，真正的中心是變異性的，存在於這二者持續性的互動關係中。身體意象在無邊際的時空中書寫著，引動身體在有限的場域時空中書寫著，這樣的書寫是稍縱即逝、即顯即隱的，Jacques Derrida 指出，「一切都是書寫/All is writing（Jacques Derrida, of grammatology, p. 44）」。[34]身體意象與身體是非文字、非語音的表現，它是更原始、更自然的書寫現象，如Jacques Derrida 指出，「原書寫（archiwriting）不僅以文字

---

33 周榮勝，〈德里達的印跡論〉，《南京師大學報》，4（1999.07）：95-100。
34 蕭錦龍，《德里達的解構理論思想性質論》（北京：中國社會科學出版社，2004），23。

表現的，而且也以非文字表現的形式和內容在發揮作用
（Jacques Derrida, of grammatology, p. 44）」。[35]「世界上除
了書寫不曾有過任何東西，除了補充不曾有過任何東西。[36]在
原書寫中，所有的事物都處在同一個平面上，那裡沒有本源，
沒有中心，沒有等級關係，只有差異、延衍，只有平等的補
充（supplement）關係」。[37]事物的呈示都是借助另外的他者
而得以顯現，身體動作、姿勢之所以美，之所以令人感到意
境之內涵，身體的身體動作、姿勢才呈示了它所蘊藏的書寫
意涵。而這書寫意涵在同一時空中，又被差異地解讀詮釋著，
這也就是身體意象、身體動作姿勢的書寫是「擴散性」、「播
撒性」的。書寫的蹤跡是活的變異存在，在他者與他者之間
迂迴刻劃著、重複著，蹤跡上又一道道的蹤跡劃上，這是差
異與延遲的本質現象，是身體符號具有廣闊詮釋空間的意
蘊，「美」就在其中生發著。Jacques Derrida 指出：

> 蹤跡是活的現在的內在對其外在的關係，是向一般外
> 在、外在於“自身”的領域的“開口”，意義的時間
> 化從一開始就是“間離”。一旦人們承認同時作為
> “間隔”、差異、朝向外在的“開口”的間離，那就
> 不再會有絕對的內在性了；外在在運動中迂迴，非空
> 間的內在，即具有時間名稱的東西通過這運動自我顯

---

35 蕭錦龍，《德里達的解構理論思想性質論》（北京：中國社會科學出版
　　社，2004），23。
36 Jacques Jacques Derrida, trans. by G. C. Spivak Baltimore.Of Gammatology,
　　1976. p.159.
37 蕭錦龍，《德里達的解構理論思想性質論》（北京：中國社會科學出版
　　社，2004），24。

現、自我構成並自我在場。空間在時間之中，它是時間出離自己的純粹出口，它是作為時間對自我關係的"自我外在"。[38]

身體符號是一種「心靈書寫」的外顯蹤跡，是一種身與心互為補充的邏輯，這種外顯蹤跡是心靈書寫的延遲與差異的效應，可以說是心靈書寫的弦外之音。另而言之，當信念者接受到場域上的視覺與聽覺刺激的同時，另一種弦外之音因此而生發了，信念者由感知接受到的身體藝術訊息，向內在意識轉化，此時，由外在感知向內積澱，信念者的心靈書寫發生了，補充的作用發生了。在信念者的心靈書寫中正在增補著感官知覺所感知部分的空缺處，由於這樣的補充效應，信念者因此能獲得一種「美」的意象，感受到「美」的享受。對於身體藝術這種在時間與空間上不斷變異的藝術呈現，在舞者、信念者之間不斷地生發著延遲性、差異性的「心靈書寫」，刻劃出一道道弦外之音的蹤跡，也因此，身體作品被豐富地詮釋，它的氣漾能量不斷地播撒、擴散，由此可見，身體藝術的心靈書寫是大大地向外開放著，是向眾多的他者開放著，一種開放式詮釋的心靈書寫。如 Jacques Derrida 所言，「解構並不是封閉於虛無之中，而是朝他者開放」。[39]

「沒有那保留在同類中的不同的他者的蹤跡，差異將不

38 J. Jacques Derrida, trans, by spivak. Of Grammatology. The Johns Hopkins University Press,1976. P.86.（引自周榮勝，〈德里達的印跡論〉，《南京師大學報》，4（1999.07）：95-100。）

39 德里達（Jacques Derrida）著，《論文字學》（汪堂家譯）（上海：上海譯文出版社，1999），124。

會運作，意義將不會顯現」，[40]「蹤跡運動是必要的自我遮
蔽，它以自我的掩蔽生成自己，當他者聲稱它如此這般時，
它將自己表現在它自身的另一體中」。[41]事物的顯現總是借
助著與另一事物的差異來顯現自身，這是在差異運動中的補
充現象。身體藝術在專業劇場演出時，身體形成的符號常需
借助另一事物來顯現自身，例如筆者在 2005 年編創的《倚羅
吟》作品，是由漢代畫像磚的聯想而來，故在場域空間上卻
形塑出舞者的身影有如從畫像磚石中浮現出來，進而舞動的
藝術表現，則需借助包括燈光、場域設計等才能顯現身體符
號的意義。這就表示了身體藝術的書寫是存在於與眾多他者
的交互關係中刻劃出蹤跡的。身體藝術的身體意象的創構，
是在一連串的身體符號與相關的其他符號的關係中進行的。

　　身體文化蘊涵著內在神秘的內容與外在明顯的形式，身
體文化有著看得見的部分，亦有著看不見的現象，這二者是
成為身體文化的主體。看得見的存在於身體文化種種載體，
諸如種種的身體文化的制度、物品，包含典籍、藝術品、文
化儀式、服飾等；看不見的則是身體文化的靈魂，如理論學
說、文化意義、文化體驗等。這不是什麼神秘之說，而是存
在於主體與客體之間互動的變動性關係，此種關係是不斷質
變的、是互為主體性的關係，神秘的感知就在此關係中持續
生發著。身體的內在因素是看不見的現象，對主體而言，它
是支持信念行為的根基，對集體大眾而言，它是身體組織與

---

40 Jacques Jacques Derrida, trans. by G. C. Spivak Baltimore.Of Gammatology, 1976. p.62.
41 Jacques Jacques Derrida, trans. by G. C. Spivak Baltimore.Of Gammatology, 1976. p.47.

制度持續運行的能量。在身體文化活動中，主體從客體接收到的形象訊息形成一種感知，由於主體意識的多樣性與豐富性變化，瞬間轉化為主體腦海中的虛幻意象，引動主體身體情感，形成主體獨特的身體體驗，並重新地依照主體的獨特性再一次地詮釋。這一切都在於主體意識的作用，這種作用是一種看不見的現象，主體意識作用包括了感知、意象、判斷、體驗、詮釋，身體在主體意識中的作用過程也包括這五種階段。身體的存在性根源於人跟動物的本質區別－意識，意識是看不見、摸不著的現象，但卻主導著人們日常生活的行為舉止，生發著人們喜樂、恐懼、怨怒等情緒，主體意識的內涵包含了可感知的部分與不可感知的部分，另外主體意識也受集體意識與集體無意識的引動，不可感知的與集體無意識的部分都是看不見的現象，也是身體生發作用能量的場域。這如德里達（Derrida）的哲學研究「看不見的現象」，這看不見的現象是文化的作用力，文化的積澱，這如 Derrida 的「書寫（法語為 "Ecriture"，英語為 "Writing"），是 Derrida 解構理論的核心範疇。在 Derrida 那裡它有兩個含義：（1）指圖像文字，與口語相對；（2）指文化符號，與本體相對」。[42]「在 Derrida 看來，世界不是自然而然形成的，而是人類文化活動的產品，自然性的口語和世界本體不是人為性的圖像文字和文化符號的前提條件，相反人為性的圖像文字和文化符號卻是自然性的口語和世界本體的前提條件，

---

42 蕭錦龍，《德里達的解構理論思想性質論》（北京：中國社會科學出版，2004），45。

書寫才是人類知識和世界的根基」。[43]身體文化現象中的身體
活動，是一種實實在在的「身體書寫」，透過身體儀式性的運
作，來表達人們內心的身體信念、身體情感的意識，正是這
樣的「身體書寫」使內在心靈得以「身體化」的呈現。這種
書寫本身是變異性的，不定性的，在時間與空間上是不斷差
異與延遲的。「身體書寫」是內心身體情感的延遲呈現，而身
體運行的呈現又與內心身體情感的內涵存在著差異化。這些
都是「看不見的現象」，但它卻在文化傳承過程中，不斷地在
「書寫」著，這亦是本研究的重點之一。

　　身體真切的作用力就在於這文化積澱中「看不見的現
象」，它是一種看不見的書寫，留下看不見的痕跡，但它卻著
實地影響著人們的信念或信念。它的存在並不是靜態不變
的，而是動態變異的，在時間上持續變動著，在空間上持續
位移著。對於身體文化的研究，這一個場域是廣闊不清晰的，
但它卻是身體對人們最真實生發作用力的場域，可見這個「看
不見的現象」場域是重要的研究課題。這個如靈魂般的場域
創造了身體的神秘世界，這個場域既不存在於主體意識，也
不存在於客體形象，而是存在於二者之間的關係中，因此是
隱晦不清且難以理解的，我們要研究的對象是「看不見的現
象」，是「不可感的可感」，而卻又如實地存在，如實地生發
著。「一種神化了的感覺，即不能感覺的感覺，說不出的說，
消除了主觀性與對象性之間，唯心論與唯物論之間的界限」，

---

43 蕭錦龍，《德里達的解構理論思想性質論》（北京：中國社會科學出版，
　　2004），45。

[44]界限消失了，因其本質存在於互動關係中，是互為主體性的關係。Derrida 提出「書寫」的概念，每一種書寫都是一種文本的呈現，它同時包含著傳統思想的延續性，又包含著對文本創造式的新詮釋，但這二者並非因果關係的存在，而是開放式且差異性的存在。「他的文本不僅僅是指事物的表現形式語言符號，而且也指那些被編織在語言符號中的現實事物本身，它不僅是文化的同時也是自然的，是自然物和文化建構的混合體。"文本"在根本上是"文本間性"（intertextuality）式的」。[45]身體文化的這一個「看不見的現象」的場域隱含著多元的面向，身體文化活動的每一個時機、每一個空間、每一個個體、每一個現象都是一種文本，而文本與文本之間又交互作用而另成一個文本，所以說它是一種「書寫」。身體文化透過人們的「身體」來書寫身體文化的現象與歷史，不論是口語的、文字的、肢體的都是一持續差異存在的「書寫」，這具有「雙重敘事」的特點，例如舊思維與新詮釋、舊儀式與新體驗等，但這絕不是二元相對立的思維內涵，而是相互差異化而存在，它們不對立矛頓，而是在舊有的文化沃土上，不斷地「書寫」與「抹去」。

另外，這個場域在歷史發展的進程中，是不斷地轉化並不斷地積澱著。身體形成一種文化，而文化在歷史不斷進展的過程中，亦不斷也轉化，而這樣的轉化有著「雙重敘事」

---

44 尚杰，〈"看不見的現象"暨"沒有身體的身體" —— 再讀德里達《馬克思的幽靈們》〉，《教學與研究》，1（2005）：13-18。

45 蕭錦龍，《德里達的解構理論思想性質論》（北京：中國社會科學出版，2004），52。

的意義。一方面是外在形象、形態的轉化，例如身體制度、身體儀式、身體行為、身體禁忌、身體的種種規範等，這些改變都屬於外動向的一種轉化；另一方面則向內深入的轉化，是一種內動向的轉化，它將積澱著文化能量，前者是顯明可見的，而後者就是「看不見的現象」。內動向的轉化隨著歷史時間的流動，不斷地又被新的痕跡所覆蓋、所刻劃，文化向內的痕跡不斷地被隱匿在歷史記憶中。重點是，它並不是消失成了虛空，而是隱匿了並積澱著能量。當它被引動時，它依舊對人們的意識起著「作用力」，影響著人們的日常生活，這種情形在身體文化中最為明顯可見，例如身體教義、身體報償、身體哲理、身體藝術等。身體文化內動向的轉化與積澱，不斷地積累成為一種「能量源」，並一代接著一代的延續轉化，每一次的延續轉化都是雙重動向的現象，因此，「能量源」不會消失殆盡，而外在的形象、形態則不斷地改變以因應人們的需求。身體這種「看不見的現象」在歷史進程中不斷積澱的結果，隱匿在同一個民族或族群的意識中，它以一種「不可感的可感」影響著族群的身體發展，我們可以稱它為「集體無意識」或「隱跡作用」，這類似於人類的「基因」因子，人們總是無意識地遺傳著同一族群、遺傳著上一代所積澱下來的「文化文本」，這「文化文本」又是同一族群的歷史文化積澱而遺傳下來的，它不斷地質變著，不斷地轉化著，卻未曾消失，未曾中斷了作用力。

參考文獻

一、專　書

Donald A. Schön 著，《反映的實踐者（The Reflective Practitioner）》（夏林清等譯）（台北：遠流出版，2004）。

F.Nietzsche 著，《權力意志 ── 重估一切價值的嘗試》（張念冬、凌素心譯）（北京：商務印書館，1993）。

Ikujiro Nonaka & Hirotaka Takeuchi，《創新求勝（The Knowledge-Creating Company）》（楊子江、王美音譯）（台北：遠流出版，2006）。

Jacques Jacques Derrida, trans. by G. C. Spivak Baltimore.Of Gammatology, 1976.

Nietzche, The birth of Tragedy. Basic Writings of Nietzsche. Trans. by Walter Kaufman, New York: Random House, 1968,

于　民、孫通海，《中國古典美學舉要》（安徽：安徽教育出版社，2002）。

于　平，《中外舞蹈思想概論》（北京：人民音樂出版社，2002）。

王曉華，《個體哲學》（上海：上海三聯書店，2002）。

王克芬，《中國舞蹈發展史》（上海：上海人民出版社，2004）。

王國維著、劉鋒傑章池/集評，《人間詞話百年解評》（黃山書社，2002）。

毛斯（Marcel Mauss）著，《各種身體的技術》（佘碧平譯）（上海：上海譯文出版社，2003）。

白先勇、楊佳閑，《白先勇說昆曲》（臺北：聯經出版社，2004）。

布萊恩‧特納（Bryan S. Turner）著，《身體與社會》（馬海良、趙國新譯）（春風文藝出版社，2000）。

布萊恩‧特納（Bryan S. Turner）著，《身體問題：社會理論的新近發展》（汪民安譯）《後身體、文化、權力和生命政治學（汪民安、陳永國主編）》（吉林出版社，2003.12）。

可曉鋒，《從身體話語到身體寫作》（西南師範大學碩士論文）。

弗里德里希‧尼采著，《快樂的知識》（北京：中央編譯出版社，1991）。

弗里德里希‧尼采著，《權力意志》（張念東、凌素心譯）（北京：中央編譯出版社，2000）。

朱光潛，《西方美學史》（北京：人民文學出版社，1979）。

伊格爾頓（T. Eagleton）著，《〈身體工作〉歷史中的政治、哲學、愛欲》（馬海良譯）（北京：中國社會科學出版社，1999）。

李立亨，《Dance —— 我的看舞隨身書》（臺北：天下遠見出

版，2000）。

吉登斯著，《現代性與自我認同：現代晚期的自我與社會》
　　（趙旭東、方文譯）（北京：三聯書店，1998.05）。

伽達默爾（H. Gadamer）著，《真理與方法》（洪漢鼎譯）
　　（台灣：時報文化出版社，1993）。

吳汝鈞，《胡塞爾現象學解析》（台北：臺灣商務印書館，
　　2001）。

汪民安主編，《身體的文化政治》（開封：和南大學出版，
　　2004）。

汪民安主編，〈尼采與身體〉《身體的文化政治》（開封：
　　和南大學出版，2004）。

佘碧平，《梅洛龐蒂歷史現象學研究》（上海：復旦大學出
　　版社，2007）。

林穀芳，《期待民族舞的朗然存在：樂舞臺灣－臺北民族舞
　　團二十週年特刊》（臺北：台灣舞蹈雜誌社、台灣樂舞
　　文教基金會出版，2007）。

林安梧，《儒家革命論：後新儒家哲學的問題向度》（學生
　　書局，1998）。

宗白華，《美學散步》（上海：上海人民出版社，1981）。

周與沉，《身體：思想與修行》（北京：中國社會科學出版
　　社，2005）。

周　秦，《蘇州昆曲》（臺北：國家出版社，2002）。

胡伊青加，《人：遊戲者》（貴州：貴州人民出版社，1998）。

胡塞爾（Edmund Husserl）著，《笛卡爾式的深思》（中國
　　城市出版社，2002）。

胡塞爾（Edmund Husserl）著，《純粹現象學通論》（李幼蒸譯）（商務印書館，1996 年）。

苟志效、陳創生，《從符號的觀點看》（廣州：廣東人民出版社，2003）。

洪漢鼎，《理解與解釋》（北京：東方出版社，2001）。

姜宇輝，《審美經驗與身體意象 ── 思索德勒茲美學的一個視角》（上海：復旦大學哲學系博士論文，2004）。

約翰. 歐尼爾（John O'Neill）著，《五種身體》（Five bodies : the human shape of modern society）（張旭春譯）（台北：弘智文化出版，2001）。

馬壯寰，《語言研究論稿》（北京：中華書局，2002）。

馬丁・海德格爾（Heidegger, Martin）著，《尼采（Nietzsche）》（孫周興譯）（北京：商務印書館，2002）。

馬丁・海德格爾（Martin, Heidegger.）著，《林中路（Holzwege）》（孫周興譯）（上海：上海譯文出版社，2004）。

馬丁・海德格（Martin, Heidegger.）著，《存在與時間（Being and Time）》（陳嘉映譯）（北京：三聯書店，1999）。

馬丁・海德格（Martin, Heidegger.）著，《在通向語言的途中（Unterwegs zur sprache）》（孫周興譯）（北京：商務印書館，1997）。

馬克思、恩格斯，《馬克思恩格斯選集 ── 第 1 卷》（人民出版社，1996）。

席　勒，《審美教育書簡》（北京：北京大學出版社，1985）。

袁　禾，《中國舞蹈意象論》（北京：文化藝術出版社，1994）。

夏基松，《現代西方哲學教程》（上海：上海人民出版社，

1985）。

許義雄等著，〈台灣百年身體運動文化之建構〉，《運動文
化與運動教育 —— 許義雄教授退休紀念論文集》（台北：
師大書苑，2003）。

張公善，〈海德格爾對當代美學本體的啓示〉，《北京航空
航太大學學報》，17.02（2004.06）。

孫周興，《海德格爾選集》（上海三聯書店，1996 年）。

特納（Bryan S. Turner）著，《身體與社會》（馬海良、趙
國新譯）（春風文藝出版社，2000）。

索緒爾（Saussure）著，《普通語言學教程（Course in General
Linguistics）》（高名凱譯）（北京：商務印書館，2001）。

曾肅良，《傳統與創新 —— 現代藝術的迷思》（臺北：三藝
文化，2002）。

梅洛・龐帝（Merleau-Ponty），《知覺現象學（Phenomenology
of Perception）》（姜志輝譯），（北京：商務印書館，
2005）。

梅洛・龐蒂（Merleau, Ponty），《哲學贊詞》（北京：商務
印書館，2000）。

梅格-龐蒂（Maurice. Merleau-Ponty）著，《眼與心》（龔卓
軍譯）（台北：典藏藝術家庭出版社，2007）。

傑夫瑞・C・亞歷山大、史蒂芬・謝德門（Jeffrey C. Alexander,
Steven Seidman）主編，《文化與社會 —— 當代論辯
（Culture and Society-Contemporary Debates）》（古佳
豔等譯）（臺北：立緒文化出版，1997）。

黃俊傑，〈中國思想史中「身體觀」研究的新視野〉，《中

國文史哲研究集刊》，20（2002.03）。

斯圖亞特・西姆（Stuart Sim）《德里達與歷史的終結（Derrida and the End of History）（王昆譯）（北京大學出版社，2005）。

湯學良，〈東方人體文化〉，《前進論壇》，（1997）。

陳麟書、陳霞，《身體學原理》（北京：身體文化出版社，2000）。

楊儒賓、何乏筆主編，〈序言：從身體體現社會〉《身體與社會》（台北：唐山出版社，2004年）。

楊儒賓，《儒家身體觀》（台北：中國文哲研究所籌備處，1999.11）。

奧尼爾著，《身體形態 —— 現代社會的五種身體》（張旭春譯）（春風文藝出版社，1999.06）。

葉舒憲，《神話意象》（北京：北京大學出版社，2007），第四章〈身體的神話與神話的身體〉。

赫伯特・裡德（Herbert Read）著，《藝術的意義（The Meaning of Art）》（梁錦鋆譯）（臺北：遠流出版社，2006）。

廖炳惠著，楊儒賓、何乏筆主編，《身體與社會 —— 身體、文化與認同》（臺北：唐山出版社，2004）。

德穆・莫倫（Dermot, Moran）著，《現象學導論（Introduction to Phenomenology）》（蔡錚雲譯）（臺北：桂冠圖書，2005）。

德希達（Jacques Derrida）著，《立場（Positions）》（楊恆達、劉北成譯）（臺北：桂冠出版，1998）。

德里達（Derrida）著，《聲音與現象》（杜小真譯）（北京：

商務印書館，2001）。

德里達（Derrida）著，《論文字學》（汪堂家譯）（上海：上海譯文出版社，1999）。

蔣孔陽，《蔣孔陽全集》（合肥：安徽教育出版社，1999）。

劉一民，《運動哲學新論》（臺北：師大書苑出版，2005）。

劉畹芳，〈「身體-空間」經驗的現象研究〉（南華大學環境與藝術研究所碩士論文，2002）。

邁可‧博藍尼（Michael Polanyi）著，《個人知識 —— 邁向後批判哲學（Personal Knowledge:Towards a Post-Critical Philosophy）》（許澤民譯）（台北：商周出版，2004）。

錢穆，《靈魂與心》（台北：聯經出版公司，1976）。

潘詠周，《陳氏太極拳大全第二卷》（中華民國太極拳總會陳氏太極拳分會出版）。

鄭同剛，《中華武術諺語探究》（延邊大學漢語言文化學院碩士論文，2004）。

龔卓軍，《身體部署 —— 梅洛龐蒂與現象學之後》（台北：心靈工坊文化，2006）。

蕭錦龍，《德里達的解構理論思想性質論》（北京：中國社會科學出版社，2004）。

蘇珊‧朗格，《情感與形式 —— 中文版》（北京：中國社會科學出版社，1986）。

蘇珊‧朗格（Susanne. K. Langer）著，《藝術問題（Problems of art）》（滕守堯、朱疆源譯）（北京：中國社會科學出版，1983）。

羅伯‧索科羅斯基（Robert Sokolowski）著，《現象學十四

講（Introduction to phenomenology）》（李維倫譯）（台北：心靈工坊，2005）。

二、期刊論文

于蔚泉，〈舞蹈意象與審美建構〉，《山東藝術學院學報》，1（2005）：73-77。

卜　晨，〈中國早期舞蹈談略〉，《揚州教育學院學報》，20.2（2002.6）：39-41。

王玉婷，〈就神話思維論《山海經・海外經》的身體觀〉，《國立中興大學中國文學系第八屆碩士在職專班研究生論文發表會》，（1998）：1。

王曉東，〈梅洛 —— 龐蒂主體間性理論的雙重視域〉，《江蘇行政學院學報》，2（2004）：17-23。

王衛東，〈中國漢族舞蹈發展脈絡概述〉，《玉溪師範學院學報》，17.5（2001）：74-77。

王克芬，〈中國宮廷舞蹈發展的歷史軌跡及其深遠影響〉，《北京舞蹈學院學報》，（2004.03），15-24。

王文杰，〈身體現象學與視覺藝術〉，《浙江藝術職業學院學報》，1卷1期（2003.03）：86-90。

李建盛、劉洪新，〈德里達的解構哲學及其對藝術真理的理解〉，《湖南科技大學學報》，7.1（2004）：8-11。

李革新，〈在遮蔽與無蔽之間 —— 海德格爾現象學的一種理解〉，《復旦學報》，2：22-28。

李海峰，〈道說與家園 —— 海德格爾哲學解讀之三〉，《聊

城大學學報》，1（2004）：92-96。

李天民，〈東方人體文化與中國〉，《東方人體動作研修會發表-舞蹈》，1（1998），27-30。

尙黨衛、陳林（2002）：胡塞爾現象學的人學意蘊。江蘇大學學報，4.4，5。

尙　傑，〈現象學的問題如何發生 ── 德里達對胡塞爾發生現象學的解讀〉，《湘潭大學學報》，30.01（2006.01）：64-69。

尙　杰，〈"看不見的現象"暨"沒有身體的身體" ── 再讀德里達《馬克思的幽靈們》，《教學與研究》，1（2005）：13-18。

周榮勝，〈論德里達的本文理論〉，《北京社會科學》，4（2000）：120-130。

周榮勝，〈何謂"補充"？ ── 德里達的解構邏輯初探〉，《首都師範大學學報》，4（2003）：62-67。

周榮勝，〈德里達的印跡論〉，《南京師大學報》，4（1999.07）：95-100。

周榮勝，〈論德里達的本章理論〉，《北京社會科學》，4（2000）：120-130。

周翊雯，〈郭象注莊中身體思維探究 ── 由適性逍遙，論其身體的對象化〉，《鵝湖月刊》，31 卷 5 期（2005.11）：47。

周貴華，〈試論胡塞爾現象學的開放性及意義〉，《襄樊學院學報》，22 卷 4 期（2001）：15。

吳秀瑾，〈身體在世：傅科和布爾迪厄身體觀和施爲者之對比〉，《台灣社會研究季刊》，68（2007.12）：89。

胡　瀟，〈論個體無意識的非個體性－榮格無意識理論片議〉，《人文視野》，1，79-80。

高　寧，〈論伽達默爾對"遊戲"概念的重構〉，《瀋陽工程學院學報》，2.2（2006.04）：142-144。

郝寧湘，〈身體本質新探〉，《寧夏社會科學》，3（1998）：73。

張賢根，〈真理的顯現與藝術的不解之謎〉，《中北大學學報》，21.01（2005）：7-13。

張賢根，〈海德格爾美學思想論綱〉，《武漢大學學報》，54.04：413-418。

陳曉明，〈論德里達的補充概念〉，《當代作家評論》，1（2005）：12-23。

陳　春，〈論中國舞蹈的意境及審美特徵〉，《藝術·設計》，（2005.09）：191-192。

楊大春，〈意識哲學解體的身體間性之維 ── 梅洛·龐蒂對胡塞爾他人意識問題的創造性讀解與展開〉，《哲學研究》，11（2003）：69-75。

楊大春，〈意識哲學解體的身體間性之維 ── 梅洛·龐蒂對胡塞爾他人意識問題的創造性讀解與展開〉，《哲學研究》，11（2003）：69-75。

畢芙蓉，〈意象、風格與形式 ── 卡西爾形式理性說與中國古代意象說、風格論〉，《理論學習》，7（2000）：48-50。

劉月新，〈在物中尋求求詩意的棲居 ── 比較莊子的物化與海德格爾的物性〉，《國外文學》，1（2005）：10-20。

劉　鑫，〈文字與語言 ── 論德里達對索緒爾的解構〉，《清華大學學報》，9.4（1994）：64-71。

劉豔茹，〈語言的結構之思 ── 索緒爾哲學語言觀述評〉，
　　《北方論叢》，2 期（2005）：52-55。

劉少輝，〈論原始舞蹈在我國民俗舞蹈藝術中的歷史遺存〉，
　　《寧波大學學報》，27.3（2005.06）：119-129。

劉　銳，〈中國武術文化的哲學內涵〉，《四川體育科學》，
　　1（2000），8-10。

鄭仕一，〈臺灣傳統舞蹈之身體漾態的現象學分析〉，《大
　　專體育》，80（2005）：94-100。

董　敏，〈功能主義視角下索緒爾語言符號觀述評〉，《西
　　安外國語學院學報》，12.4（2004）：14-17。

謝　琳，〈民族民間舞的文化底蘊〉，《衡陽師範學院學報》，
　　25.2（2004.4）：142-144。

三、其　他

http://www.isdance.com/wdzy/lunwen/lunwen.htm。

2003 藝術講座宅急便（2005，12 月 29 日）：相關節目推薦欣
　　賞 ── 《花神祭》。資料引自
　　http://www.ntch.edu.tw/lecture92/program_18.htm。

石頭書屋 ── 昆曲論壇。
　　http://www.rock-publishing.com.tw/kanqu/forum/seminar/
　　default_041.asp。

高達美的詮釋學。
　　http://www.nhu.edu.tw/~sts/class/class_03_3.htm。

恆毓，〈周易的聖人觀與儒家的內聖外王〉，《世界弘明哲

學季刊》，2000：http://www.hkshp.org/hengyu/005-1.htm。

陳明珠，〈現象身體：性/別的本質還原〉。

　　http://cc.shu.edu.tw/~gndrshu/meeting/8_5.pdf。

臺北民族舞團，蕭君玲 2006 創作作品《幻境》（拈花節目冊，

　　2006.09）。